a linguagem dos
símbolos

david fontana

a linguagem dos **símbolos**

A história e os significados ocultos
em um guia completo e ilustrado

PUBLIFOLHA

COORDENAÇÃO DO PROJETO: PUBLIFOLHA
Editora-assistente: Paula Marconi de Lima
Produção gráfica: Mariana Metidieri
Assistência de produção gráfica: Rodrigo Andrade

PRODUÇÃO EDITORIAL: ESTÚDIO SABIÁ
Edição: Fernando Nuno
Tradução: Livia Chede Almendary
Preparação de texto: Bruno Salerno Rodrigues
Revisão: Valéria Braga Sanalios
Editoração eletrônica: Nobreart

DUNCAN BAIRD PUBLISHERS
Editor: Peter Bently
Designer: Gail Jones
Gerente editorial: Christopher Westhorp
Gerente gráfico: Manisha Patel
Pesquisa de imagens: Julia Ruxton
Editoração eletrônica: Neil Gower, Olaf Hajek, Katarzyna Klein, Clare Melinsky, Gary Walton, Mark Watkinson

Nota
O espaço reduzido obrigou o autor a suprimir do corpo do texto a data, o nome do artista e outros dados sobre as imagens. A opção foi preencher o espaço disponível apenas com o conhecimento sobre o simbolismo das figuras. Para mais informações sobre as imagens e os objetos reproduzidos neste livro, por favor consulte a seção "agradecimentos e crédito das imagens", na página 188.

Dados Internacionais de Catalogação na Publicação (CIP)
(Câmara Brasileira do Livro, SP, Brasil)

Fontana, David

A linguagem dos símbolos : a história e os significados ocultos em um guia completo e ilustrado / David Fontana ; [tradução Livia Chede Almendary]. -- São Paulo : Publifolha, 2012.

Título original: The new secret language of symbols : an illustrated key to unlocking their deep and hidden meanings.
ISBN 978-85-7914-331-1

1. Comunicação - Aspectos religiosos 2. Comunicação de massa 3. Poder (Ciências sociais) 4. Simbolismo I. Título.

11-08998 CDD-302.2223

Índices para catálogo sistemático:
1. Comunicação : Poder simbólico : Aspectos religiosos : Sociologia 302.2223

Este livro segue as regras do Acordo Ortográfico da Língua Portuguesa (1990), em vigor desde 1º de janeiro de 2009.

PUBLIFOLHA
Divisão de Publicações do Grupo Folha
Al. Barão de Limeira, 401, 6º andar
CEP 01202-900, São Paulo, SP
Tel.: (11) 3224-2186/2187/2197
www.publifolha.com.br

Impresso na Imago, China

sumário

PARTE I

INTRODUÇÃO AOS SÍMBOLOS

PENSANDO EM SÍMBOLOS

MUNDOS IMAGINADOS
Enquanto se esforçavam para entender o cosmo, os intelectuais da Idade Média e do Renascimento elaboraram requintados sistemas simbólicos. Esta miniatura otomana, tirada do *Zubdat al-Tawarikh* (*A Fina Flor das Histórias*), data de 1583 e mostra o cosmo com a Terra ao centro, cercada pelos signos do zodíaco e pelas fases lunares.

O ser humano tem a habilidade inata de pensar em termos de símbolos, que deriva, fundamentalmente, da tendência à representação. Por exemplo, ao ver uma fotografia, a imagem nos remete a uma paisagem ou a um rosto; quando lemos palavras, entendemos conceitos. Sem essa aptidão, não teríamos criado a linguagem nem a matemática. Os números expressam quantidade, um conceito filosoficamente sofisticado (pois é uma abstração, como a ideia de covardia, ou a cor vermelha), mas na prática são usados sem dificuldade pelo caráter "exato" das contas. No entanto, essa relação é mais complexa quando se trata de palavras. Os vocábulos se propagam com o som da voz e se fixam no papel ou na tela do computador, mas aludem a objetos, acontecimentos, emoções etc. que não estão necessariamente presentes quando falamos ou escrevemos. Por exemplo, uma simples palavra como "casa" pode despertar em alguém uma infinidade de conceitos relacionados a edifícios, a interiores, a apartamentos, a segurança e, quem sabe, até a hipotecas e a outros problemas. Dito de outra forma, uma palavra pode gerar associações inúmeras e complexas, mesmo que seu significado básico seja claro. Essa é a essência do simbolismo.

Os seres humanos são únicos na habilidade de simbolizar o mundo. A ausência dessa capacidade em outros primatas parece ser a razão pela qual não desenvolveram aptidões linguísticas comparáveis às humanas. Em geral, não damos muita importância à linguagem, mas, se pararmos um momento para pensar, reconheceremos o extraordinário feito que ela significa. A mente permite que palavras específicas suscitem uma gama enorme de significados.

CHAVES PARA O ENTENDIMENTO

A construção dos símbolos tem algo de misterioso, e até mágico. Sem essa aura quase fantástica em torno da representação simbólica, a paisagem interior da mente se simplificaria. As associações ligadas aos símbolos mais corriqueiros – como casa, cachorro, cabelo, mar ou Lua – são as fontes geradoras de valores em nossa vida. Ou seja, essas palavras produzem densidade semântica e emocional pelo simbolismo que carregam. Sem precisar de muita leitura ou experiência, sabemos, por exemplo, que a Lua não é apenas um disco brilhante no céu. Podemos lembrar a característica romântica há muito tempo associada à Lua (o cinema reforçou muito essa ideia, embora ela seja muito mais antiga que a câmera de filmar); ou pensar num diferente tipo de emoção – mais especificamente, na aventura maravilhosa do homem

PEDRAS QUE FALAM
Esta placa faz parte de um calendário maia e os desenhos talhados são palavras da língua maia. O desenvolvimento da escrita é uma das formas mais complexas e intrincadas de construção simbólica.

na Lua, em 1969. Quando a olhamos, lemos sobre ela ou simplesmente a mencionamos vez por outra, diferentes associações podem estar presentes em nossa mente ao mesmo tempo, ainda que não se manifestem no plano da consciência.

Como veremos adiante, existe uma diferença importante entre, de um lado, os símbolos que com o tempo acumularam significados organicamente, numa complexa interação de respostas conscientes e inconscientes e, de outro, aqueles escolhidos ou inventados deliberadamente. Os símbolos desta última categoria são chamados de *signos* e possuem função simbólica unicamente porque decidimos usá-los de determinada maneira. Por contraste, um círculo, por exemplo, carrega um significado intrínseco à própria figura: é uma linha que não possui início nem fim, sugerindo a ideia de completude, totalidade e talvez até de eternidade. Não precisamos de algum saber especial sobre o círculo para pensá-lo desta forma: o significado está contido na própria figura e é captado por intuição. Entre a nossa mente e o círculo, se estabelece uma comunicação imediata, espontânea – como se fosse uma afinidade intelectual. Haveria mais a dizer sobre o círculo, mas por agora esse exemplo nos ajuda a compreender a ideia de que alguns símbolos possuem o poder universal e intrínseco de comunicar algo para além de si mesmos – algo, porém, contido na própria figura.

ATRAVÉS DO TEMPO E DO ESPAÇO

Até agora, falamos da construção dos símbolos de uma perspectiva moderna e ocidental, partindo do princípio de sua universalidade. Contudo, nossos horizontes intelectuais são culturalmente determinados. Diferentes crenças e práticas sociais, assim como ambientes distintos (entre eles o clima, a paisagem, a flora e a fauna) podem levar à construção de conscientes e subconscientes próprios a cada lugar e cultura. Para complicar mais o cenário, sistemas de crenças e culturas estão relacionados o tempo todo. Assim, quando ampliamos o foco para outros séculos e outras culturas, o estudo dos símbolos torna-se ainda mais fascinante.

SÍMBOLOS, EMBLEMAS E SIGNOS

ESTRELA VERMELHA
(à direita) A estrela vermelha, símbolo de uma nova era marxista, e a foice e o martelo, que indicam respectivamente o campesinato e o proletariado industrial, eram muito usados como emblemas comunistas.

FERROVIA BRITÂNICA
A empresa de ferrovia Great Western Railway (GWR) adaptou os brasões da cidade de Londres (*abaixo à esquerda*) e de Bristol (*abaixo à direita*) para sugerir continuidade histórica, vigor e prosperidade.

Enquanto os símbolos são desenvolvidos organicamente ao longo do tempo, os signos se apresentam como marcas gráficas deliberadamente escolhidas para produzir convenções. A diferença entre as duas categorias reside sobretudo no florescimento espontâneo da primeira e na intencionalidade da segunda. Existe também uma terceira categoria: os emblemas, cujo modo de operar está mais próximo ao dos signos, embora em termos de aparência se aproximem mais dos símbolos.

Um signo comum e universalmente compreendido é o cifrão ($). Para a mente moderna, há algo de arbitrário nessa relação, pois ele não parece ter conexão intrínseca com o dinheiro físico. Tampouco precisamos de uma conexão intrínseca para entender uns aos outros quando falamos sobre quantidades específicas de dinheiro. Na verdade, há inúmeras teorias sobre como o dinheiro passou a ser relacionado ao signo $. Antes de 1963, o *Oxford English Dictionary* determinava como origem mais provável a nota de 8 dólares, ou seja, o cifrão seria um 8 cortado por um risco vertical, em referência a essa cédula. Outras teorias dizem que esse signo é derivado do símbolo do deus grego Hermes – um bastão com as serpentes entrelaçadas, associado também aos banqueiros. Explicações mais prosaicas dizem que o cifrão é a letra pê escrita de maneira elaborada, para designar o peso mexicano. De qualquer forma, nada disso importa ao estudante pobre que pede um empréstimo ao tio rico: eles se entenderão (ou não).

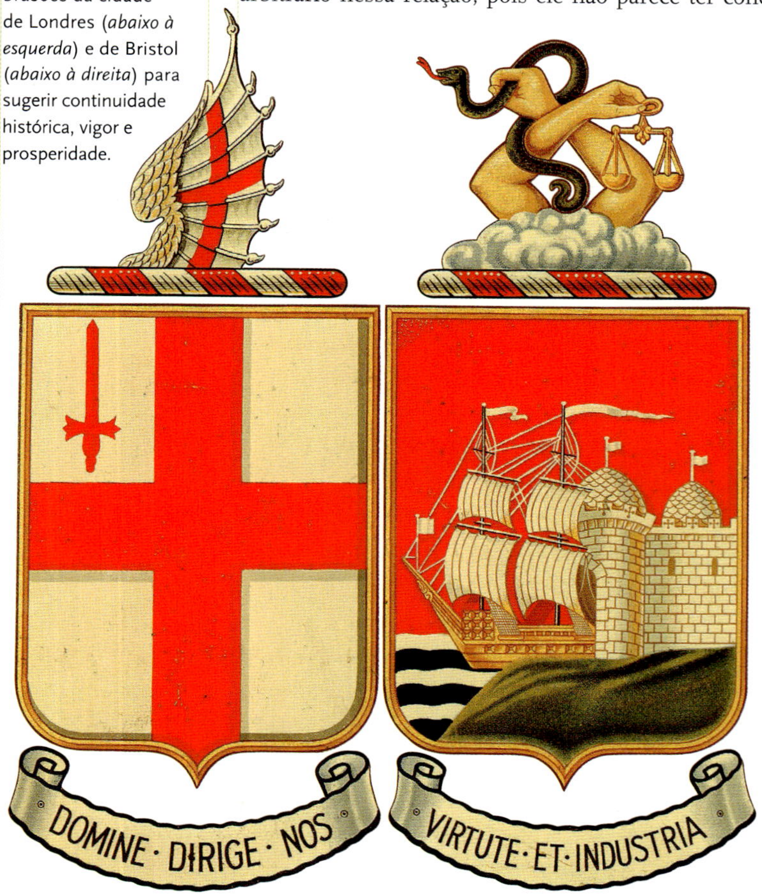

Outros signos são mais explícitos em relação ao referente (elemento real ou imaginário representado pelo signo). Por exemplo, uma placa na beira da estrada com um cervo desenhado põe o condutor imediatamente em estado de alerta para animais na pista. Signos tridimensionais também podem ser mais ou menos óbvios – em relação ao referente ou à etimologia. Quando levantamos o polegar para indicar aprovação, a razão histórica desse gesto parece menos explícita do que apontar um arco-íris para mostrá-lo a outra pessoa.

Os emblemas são artifícios inventados conscientemente para servir a determinados propósitos, mas diferem dos signos por serem fortemente pictóricos. O mesmo cervo da placa de trânsito pode ser usado como emblema de uma empresa de turismo, mas nesse caso é muito provável que figure colorido, com os olhos verdes e manchas marrons na pele. O cervo também é um símbolo associado à timidez e à velocidade. Em geral,

marcas e logos usados como recursos visuais para identificar um produto funcionam como signos, mas também podem ser emblemáticos se remetem a certos valores, como a agilidade do cervo. É comum pensar em bandeiras, brasões e insígnias (de partidos políticos, times ou escolas) como emblemas, embora muitas vezes incorporem símbolos em seus desenhos ou enveredem para o lado oposto, o da significação pura – e, nesse caso, se aproximariam mais dos signos. Essa superposição entre emblema, símbolo e signo faz parte da riqueza do simbolismo e, se parece confusa, é porque a simbologia é um campo complexo, do saber não científico.

SÍMBOLOS

Enquanto os emblemas e os signos podem representar entidades concretas, os símbolos aludem a conceitos mais profundos, difíceis de traduzir em palavras. Seus significados são construídos durantes séculos, muitas vezes por culturas diferentes. Como se fossem uma linguagem alternativa, eles insinuam aquilo que os olhos não veem – aspirações, desejos, medos e outros conceitos insondáveis, como divindade, alma, fé, imortalidade, inocência, beleza, pureza e transcendência.

São intuitivos: não são necessárias muitas explicações. Símbolos religiosos, como a cruz do cristianismo, a lua crescente do islã, a menorá do judaísmo, a roda do darma budista, o *taiji* do taoismo (*p. 13*), o aumkar do hinduísmo etc., tornam-se sagrados não apenas pelo uso, mas também pelo poder intrínseco de comunicar conceitos importantes. Os símbolos sagrados são repositórios de significados supremos, verdadeiros destilados de saberes e iluminações com grande poder transformador.

PROFUNDIDADE INATA

Acredita-se que muitos símbolos surgiram espontaneamente do inconsciente, impulsionados por intuições profundas alojadas nos recantos mais obscuros da mente. Em geral, esses símbolos despertam resposta emocional imediata, inclusive em pessoas para quem eles não são familiares – como se despertassem uma memória perdida. Por isso, muitas vezes intercedem duas realidades – uma externa, finita, que pode ser vista e tocada; outra interna, infinita, acessível somente pela meditação e pelos sonhos. De certa maneira, esses símbolos são criados por si mesmos.

Signos e emblemas são rapidamente esquecidos uma vez cumprida sua função, enquanto os símbolos permanecem na memória por ligarem-se a qualidades espirituais duradouras. Investigar o significado de um símbolo é destrinçar a cultura e descobrir aspectos importantes sobre o próprio sentido do ser humano.

CRUZ CRISTÃ
Esta cruz esmaltada decorada com pedras preciosas representa cenas do Velho Testamento. A imagem de Jesus sofrendo na cruz por seus pecados é, sem dúvida, o mais explicitamente emocional de todos os símbolos religiosos. A peça é francesa ou flamenga e data de c. 1165 d.C.

PORTAIS PARA O PODER DIVINO

A mente humana é misteriosa, um universo em expansão e sem fronteiras dentro de nós. A memória e os pensamentos conscientes dão uma ideia de onde começa a mente, mas seus limites permanecem desconhecidos. Ademais da capacidade de evocar pensamentos, construímos nossa existência pelo armazenamento das experiências vividas – um repositório se estende para muito além da consciência. Em níveis ainda mais profundos, a mente abrange o que o psiquiatra suíço Carl Gustav Jung (1875-1961) chamou de "inconsciente coletivo" – dimensão psicológica hereditária, da mesma forma que o corpo herda suas características físicas. As camadas mais profundas do ser estão associadas à alma ou ao espírito, definidos pelas grandes tradições espirituais como uma essência eterna, algo inefável que transcende o mundo material dos sentidos.

CAMINHOS PARA A PERCEPÇÃO

Os símbolos originados no inconsciente coletivo têm apelo universal e duradouro, por isso funcionam como portais para as dimensões mais profundas do ser humano. Esses símbolos aparecem com frequência nos sonhos – aventuras criadas pelo inconsciente e reveladas pelo teatro mágico da mente adormecida. Também podem ser usados como objetos de concentração

PODER SUPERIOR
Afresco do Templo de Meenakshi Sundareswarar, em Madurai, sul da Índia. O desenho é composto por mil pétalas estilizadas da flor de lótus, símbolo da consciência superior das deidades do templo: Sundareswarar ("Deus justo") e Meenakshi, formas do deus Shiva e sua consorte, Parvati.

durante a meditação, prática que busca acalmar o habitual frenesi da consciência. Ao neutralizar os pensamentos cotidianos, o ato de meditar permite a eclosão da linguagem sutil do inconsciente e estimula um estado de percepção aguçado e revelador. Se meditamos concentrados em um símbolo que nos exerce atração especial, incitamos seu potencial de revelar níveis de significado ainda mais profundos e mais próximos à nossa fonte espiritual. Há duas formas de meditar sobre um símbolo: sentado, de olhos fechados e visualizando a figura, ou com os olhos abertos e fixos numa imagem concreta do símbolo. A forma mais eficaz de conectar-se com as verdades profundas dos símbolos é usá-los como espelhos para meditar, alcançando assim a autocompreensão.

A GRANDE POLARIDADE

Um dos símbolos mais conhecidos do mundo é o **YIN-YANG** (*abaixo*), cujo nome original é **TAIJI** (ou t'ai chi, "grande extremo"). Ele encapsula graficamente o núcleo do pensamento taoista: o círculo representa o ilimitado, o infinito presente na natureza e no universo, enquanto as duas áreas internas representam forças opostas, mas complementares, em constante interação. Juntas, formam o desenho do ciclo da vida. A área negra é o *yin* — paixão, feminino e noturno. E a área branca é o *yang* — ativo, masculino e diurno. O *yin* representa o primordial, o instintivo, o intuitivo e o maleável. O *yang* representa o criativo, o racional e o inflexível. A imagem do **TAIJI** remete ao movimento constante e ao balanço dinâmico do mundo; um universo que contém dois impulsos flutuantes intimamente conectados e mutuamente dependentes — enquanto um avança, o outro recua, e vice-versa.

MITO E SÍMBOLO

Quando pensamos no grande tesouro mundial da mitologia, muitas vezes imaginamos primeiro seus aspectos dramáticos ou históricos. Narrar a aventura de Jasão e os argonautas em busca do velo de ouro ou as grandes batalhas das sagas nórdicas talvez seja uma maneira divertida e inofensiva de encantar as crianças ou aguçar a imaginação. Contudo, muitos dos grandes mitos e lendas mundiais – em particular os da Grécia e do Egito antigos – possuem referências simbólicas extraordinárias e o poder de abrir caminhos para as regiões mais profundas da mente: o inconsciente pessoal e o inconsciente coletivo.

O grande pioneiro dessa linha de pensamento, Jung, descrevia o inconsciente coletivo como um repertório de arquétipos – formas imateriais inatas, de natureza transcendente, que funcionam como essência e como matriz de valores simbólicos, como o amor, a verdade e o heroísmo, e de outros temas fundamentais da existência humana, como os deuses, a criação, a natureza, a sabedoria, o nascimento e a morte (*pp. 15-7*). Cada arquétipo é formado por várias camadas de significados complexos, em geral mais bem compreendidos no âmbito do simbolismo mitológico. Em alguns casos, esse simbolismo é expresso por objetos e criaturas, como anéis, tesouros escondidos, dragões e cachorros com muitas cabeças, ou ainda por características da paisagem, como cavernas, rios e montanhas. Noutros casos, assume formas mais alegóricas e abstratas, como uma viagem, um romance, uma batalha e até um sentimento (de heroísmo, de lealdade e etc.). Os arquétipos também podem representar forças negativas contra as quais a humanidade deve lutar, como a traição, a cobiça, a crueldade, o orgulho e o egoísmo.

TAIJI
O *taiji* representa a interação e o balanço perfeitos entre o *yin* (área negra) e o *yang* (área branca), as duas forças criadoras do universo no pensamento chinês (*quadro acima*). Cada espaço dentro da circunferência contém um ponto do elemento complementar para indicar que um está constantemente se transformando no outro. Uma versão desse símbolo está presente na bandeira da Coreia do Sul.

O que define alguns mitos e lendas como arquetípicos é a permanência duradoura na mente e a facilidade de serem identificados com experiências fundamentais da existência humana. Por exemplo, a luta entre um herói e um monstro pode ser significativa por remeter a lutas que também empreendemos dentro de nós – por exemplo, entre a fé e a descrença.

Tomar as lendas da Grécia Antiga ou da Mesopotâmia como meramente históricas ou de aventura, portanto, é diminuir o poder dessas narrativas de expressar aspectos vitais dos seres humanos. Esse potencial explica a permanência de mitos e lendas ao longo dos séculos e milênios.

Os arquétipos também podem emergir durante incursões aos níveis mais profundos da mente, como na psicoterapia. Os analistas que lidam com sonhos, memórias da infância, neuroses, depressão, medos e aspirações encontram linhas de interpretação iluminadoras nos mitos e narrativas populares. A psicoterapia moderna, originada com Sigmund Freud, Jung e seus seguidores, retoma conhecimentos – em particular os tabus – que, na realidade, já estavam presentes na Antiguidade. Algumas convenções proibitivas, como a condenação do incesto ou a atração sexual pelo pai ou pela mãe, já apareciam na mitologia grega – por exemplo, na história de Édipo, que matou o pai e casou-se com a mãe, e na história de Cronos, que castrou o pai, como nos conta o poeta Hesíodo. Pela riqueza de significados e perenidade, os mitos arquetípicos são ferramentas importantes na busca do autoconhecimento.

SABEDORIA ENCARNADA
Muitos mitos ao redor da figura de Buda expressam sua natureza iluminada e sua sabedoria suprema. Essa sabedoria é ao mesmo tempo extremamente profunda e notavelmente simples: conhecer as coisas como elas são. Na mão direita de Buda, a roda representa o darma, ou seja, seus ensinamentos. As duas mãos produzem o gesto simbólico da instrução. Outro símbolo comum é o *ushnisha*, uma saliência no topo de sua cabeça que representa a sabedoria, enquanto o *tilaka*, no centro da fronte, representa o "terceiro olho" da iluminação.

JUNG E OS ARQUÉTIPOS

O PÁSSARO BÁ
Para os egípcios, o pássaro Bá (*à esquerda*) representava a alma em seu estado essencial, purificada e abençoada pela vida após a morte. Reino do faraó Osorkon II (872-837 a.C.).

O conceito de arquétipos, como vimos, é relacionado a Carl Gustav Jung. Porém, sua origem remonta ao filósofo helenístico judeu Philo Judeus, ou Philo de Alexandria (c. 20 a.C.-50 a.C.), que o utilizava para representar o *Imago Dei*: aspectos do divino acessíveis ao homem. Jung empregava o conceito de forma mais geral – "imagens universais [...] que constroem o inconsciente coletivo" – e sustentava que os arquétipos, muito embora imateriais, emergem na consciência em forma de símbolos.

Philo, por outro lado, afirmava que os arquétipos são constituídos por aquilo que perdura quando a alma se purifica dos desejos egoístas e reconhece a unidade com o divino.

ANIMA E ANIMUS

Os arquétipos, em geral, são simbolizados por formas humanas, segundo Jung. É o caso, por exemplo, de *anima* e *animus*: respectivamente, o lado feminino dentro do masculino e o lado masculino dentro do feminino. Todos nós carregamos características de ambos os gêneros e, idealmente, o masculino deveria estar em contato com o seu anima, e o feminino com o seu animus. Se um ou outro torna-se dominante, o equilíbrio interno se desestabiliza. Jung argumentava que o homem dominado pela anima podia tornar-se exageradamente emocional e instável, e a mulher dominada pelo animus, exageradamente assertiva e hostil. Esses arquétipos proporcionam harmonia, previnem o comportamento excessivamente masculino ou feminino e, como todos

O DIABO
O diabo, senhor das trevas na tradição cristã, surge (*acima*) como um adorno de porta medieval para alertar contra o pecado. A figura possui chifres de bode, característica derivada do deus greco-romano Pã – senhor da natureza, símbolo do desejo primitivo e do apetite desenfreado, mas também das maravilhas naturais.

TILL EULENSPIEGEL
Esta cédula de 1921 (*à direita*) mostra Till Eulenspiegel, bufão da tradição germânica. Seu nome significa "espelho de coruja". O bufão arquetípico segura o espelho para que a coruja, tida como sábia, enfrente a si mesma.

os outros, podem projetar-se externamente em imagens idealizadas do sexo oposto. Por exemplo, aparecem como a mulher perfeita buscada por um homem, ou o homem ideal – modelo de proteção e carinho – esperado por uma mulher.

Nos mitos e contos de fada, muitas vezes a anima aparece como a princesa aprisionada ou sob a forma de uma jovem misteriosa que guia o herói perdido ou o ajuda a retornar para casa depois de uma missão perigosa. O animus aparece tipicamente como o jovem decidido e cheio de coragem cuja nobre missão é enfrentar os perigos do mundo ou as forças da natureza.

A SOMBRA E O BUFÃO

Outro arquétipo importante é a sombra (ou as trevas), o lado negativo da personalidade e soma de todas as qualidades instintivas que escondemos de nós mesmos. De acordo com Jung, o desconhecimento da própria sombra pode levar a ataques súbitos e incontroláveis em momentos de estresse, provocando comportamentos dos quais podemos nos arrepender. A sombra também pode projetar-se coletivamente e resultar em maus-tratos de minorias ou até mesmo nações. Os perigos desse arquétipo são óbvios, mas ele não é inteiramente negativo: quando suas energias são reconhecidas e compartilhadas, nos ajudam a descobrir os poderes da autodeterminação e da assertividade.

Outro arquétipo espinhoso é o bufão. Essa figura representa os reveses da vida: arrebata os frutos do sucesso, faz brincadeiras cruéis e desafia ou desestabiliza a ordem das coisas. Na dimensão interna do indivíduo, o bufão desperta a dúvida sobre si mesmo e recorda as ansiedades, fazendo-nos parecer ou sentir tolos quando mais precisamos ou queremos impressionar. No entanto, esse arquétipo, assim como a sombra, não é inteiramente negativo: pode propor desafios desejáveis, revelar uma decepção iminente e ajudar a encontrar outro lado de nossa personalidade, pouco convencional. Ademais, nos lembra a imprevisibilidade da vida: nada é permanente ou garantido e por isso não devemos levar as coisas tão a sério, tampouco ser complacentes. Na história, o bufão sempre aparece personificado no bobo da corte e é o único indivíduo com permissão para fazer piadas sobre a ordem estabelecida. Na mitologia nórdica, esse lugar era ocupado por Loki, que buscava frustrar os planos dos outros deuses. No folclore africano, o bufão é representado pela lebre. Com o comércio de escravos negros para as Américas, essa figura

terminou por se misturar com o coelho local e no sul dos Estados Unidos, por exemplo, deu origem a *Brer Rabbit*, o coelho esperto. Na natureza, o vento – caprichoso e fora de controle – é um dos símbolos mais duradouros do bufão.

O HERÓI E O SÁBIO

O herói representa a faceta mais nobre do ser humano: ideais elevados, autossacrifício, aspirações honrosas. Constitui-se como um aspecto de todos nós, masculino ou feminino, e simboliza o melhor que almejamos ser. Também pode projetar-se externamente, sob a forma de líder perfeito ou de super-homem com poder de solucionar qualquer problema. O herói é o arquétipo preferido dos filmes de guerra e do velho oeste. Também aparece em mitos trágicos e histórias arquetípicas, nas quais sempre revela alguma fragilidade – a única fraqueza capaz de arruiná-lo. Aquiles, por exemplo, morreu com uma flechada no calcanhar; Hamlet sucumbiu à indecisão; César perdeu a vida por não ter escutado um presságio; o rei Lear fracassou ao confundir adulação e amor. As derrotas desses heróis simbolizam a vulnerabilidade humana e a mortalidade como condição vital. Shakespeare escreveu na peça *Cymbeline*: "*Golden lads and girls all must,/ As chimney-sweepers, come to dust*" [Belos rapazes e damas, todos vão, / Como os limpadores de chaminé, cheios de pó voltar ao chão].

Junto ao arquétipo do herói, carregamos o do sábio, figura não raro dotada de poderes sobrenaturais, capaz de conduzir, curar e inspirar confiança. Aparece tipicamente como o ancião ou a anciã, o mestre, o mago e até mesmo o pai ou a mãe. Se às vezes projetamos o herói em vez de buscá-lo dentro de nós mesmos, também o fazemos com o sábio. Em consequência, muitas vezes assumimos a sabedoria dos outros como maior ou mais importante que a nossa – por exemplo, quando um cientista aparece na televisão, um político se mostra convincente ou alguém se proclama curandeiro. Isso ajuda a explicar por que, muitas vezes, somos facilmente ludibriados por falsos gurus e profetas.

HERÓI *VERSUS* SOMBRA

A batalha entre os lápitas – povo guerreiro mítico da Grécia Antiga – e os violentos centauros é interpretada como o conflito interno entre os arquétipos do herói e da sombra. Este detalhe vem de uma cerâmica grega datada do século VI a.C.

NARRATIVAS DE FÉ

ALMA NAS ALTURAS
Como mostra este detalhe da catedral de Wells (*acima*), na Inglaterra, os arcos pontudos, a abóbada e os pináculos da arquitetura gótica levam o olho – e o espírito – para o alto, em direção ao céu.

As grandes tradições espirituais do mundo sempre usaram símbolos – narrativos ou imagéticos – para representar realidades difíceis ou impossíveis de expressar com palavras. O significado dessas narrativas e imagens não está na dimensão literal de suas mensagens, e sim nas sugestões e sutilezas que carregam. Por exemplo, cada uma dessas tradições sagradas possui uma narrativa sobre a criação com profundas lições para a natureza humana, sua relação com o mundo físico e seu destino espiritual. A narrativa bíblica do primeiro homem e da primeira mulher expulsos do Paraíso ilustra as consequências de desobedecer ao poder divino (ou rebelar-se contra as leis da natureza), de buscar o conhecimento intelectual em vez do espiritual e de arrancar à força da terra o que não é ofertado. É admirável como esses ensinamentos podem soar atuais, apesar de a narrativa datar, provavelmente, do século VI a.C.

ARTE, ARQUITETURA E RITUAL

Verdades espirituais se expressam não só em histórias e narrativas sagradas, mas também em rituais, na arte, na arquitetura e nos objetos cerimoniais. De fato, episódios de histórias podem aparecer representados em pinturas, esculturas e objetos, como tecidos, cálices, caixas e candelabros. No entanto, edifícios, templos e igrejas também são manifestações concretas de temas sagrados. Se as paredes, o chão e as janelas oferecem espaços bidimensionais para afrescos, pinturas, desenhos, objetos e esculturas, a própria estrutura dessas construções é significativa. O simbolismo dos prédios pode combinar narrativa e geometria sagrada, como no caso das catedrais cristãs, cuja planta em forma de cruz e cujo pé direito altíssimo conotam a crucificação de Jesus e sua subida ao céu. Um exemplo é a Basílica de São Pedro, em Roma.

MONTANHA DIVINA
Iniciado no século XII, este templo, em Angkor Wat, no Cambodja, foi dedicado ao deus Vishnu. Como muitos outros templos hindus, suas torres representam a montanha Meru, onde moram os deuses. A torre central ergue-se bem acima do principal santuário do templo, onde acontecem os principais cultos.

As igrejas são narrativas em forma de arquitetura, combinadas com outras narrativas, mais explícitas, como a escultura, a pintura e os vitrais. Num período em que a maioria dos fiéis era iletrada, essa foi uma das formas de ensinar a fé. Na Europa, as igrejas góticas eram construídas em forma de cruz e alinhadas com o leste, o lugar de nascimento de Jesus. Os altares eram dedicados ao sacrifício de Cristo e seu sepulcro; os arcos pontiagudos simbolizavam as duas mãos em posição de reza e lembravam aos fiéis a importância da prece na vida espiritual. As esculturas e os santos esculpidos remetiam às virtudes sagradas e, a pintura das paredes, ao nascimento, aos milagres, aos ensinamentos e à morte de Cristo. Os afrescos do teto simbolizavam a necessidade de dirigir os olhos e o espírito para o alto, em direção ao mundo eterno.

Os objetos podem ser focos de concentração para pensamentos, preces ou meditação. O crucifixo, por exemplo, é uma lembrança simbólica de que vida e sofrimento físico são inseparáveis. As uvas, o milho, os peixes, a água e a pomba também carregam significados simbólicos populares e compreendidos pela congregação. O objetivo desses símbolos era guiar a mente até Deus, lembrar a brevidade da vida terrena e evitar as tentações da carne e as armadilhas do diabo. A vida física tinha um propósito em si mesma e as igrejas eram monumentos vivos a esse fato.

Significados análogos estão presentes em edifícios de outras tradições sagradas. Apesar de se manifestar em outros detalhes, a mensagem de que o mundo físico não é a única realidade, que o homem e a mulher devem buscar as verdades inquebrantáveis do espírito em vez de permanecer atados à vida terrena, aparece, por exemplo, no islã. Para aproximar a humanidade de Deus e expressar mensagens simbólicas, essa tradição utiliza formas geométricas em vez de formas vivas. No hinduísmo não há tabus em relação ao corpo, por isso usam-se formas esculturais nuas para expressar a natureza divina.

PADRÕES SAGRADOS O islã não permite representações pictóricas nas mesquitas, assim expressa o divino por uma impressionante variedade de motivos caligráficos, florais e geométricos. Este painel de azulejos da Mesquita de Sexta-Feira de Isfahan, no Irã, contém cinco excertos do Alcorão em grafia altamente estilizada.

EXPERIÊNCIA MÍSTICA

A experiência religiosa, produto antes da fé que do espírito, sempre se apoiou em formas de expressão não racionais, daí os diferentes significados de símbolos como a luz, o fogo, a água e, para os místicos, o êxtase – o corpo como analogia da experiência transcendental. Nas três grandes religiões monoteístas (judaísmo, cristianismo e islamismo), os anjos evocam a vida atemporal; a habilidade de voar e a música celestial dessas criaturas reforçam o simbolismo da transformação. Contudo, tanto no judaísmo (cabala) como no cristianismo (João 1:1), a palavra desempenha um papel fundamental – não como linguagem, mas como uma energia mística inefável Essa também é a função da sílaba sagrada *Om*, ou *Aum*, que representa a realidade superior personificada no deus Brahma e é recitada no início e no fim das preces hindus. De acordo com filósofos hinduístas, foi a primeira vibração que existiu e contém a essência da sabedoria.

SÍMBOLOS SECRETOS

SEGREDOS MÍSTICOS
Sociedades místicas, como os rosacrucianistas, usam conjuntos de símbolos muitas vezes tirados da tradição bíblica ou da alquimista, embora apenas os iniciados saibam interpretá-los em contextos particulares. Esta imagem, tirada de um trabalho alemão chamado *Os Símbolos Secretos dos Rosacrucianistas* (1785-1788), mostra a árvore do conhecimento do bem e do mal.

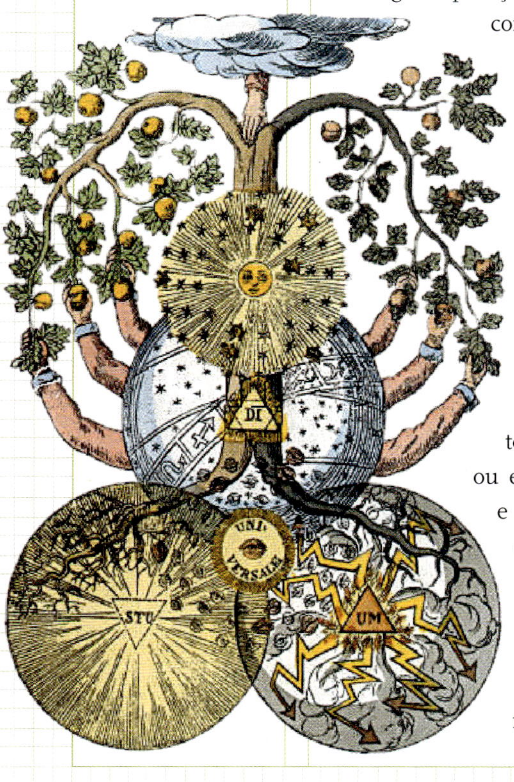

O fato de o best-seller de Dan Brown sobre ocultismo, simbolismo e a linhagem secreta de Cristo chamar-se *O código Da Vinci* não é mera coincidência. Falamos em *decodificar* o simbolismo e isso reflete o caráter da empreitada quando tentamos explicar o significado de um símbolo enigmático. Quanto mais complexo o símbolo, ou quanto mais remoto for em nosso meio cultural, mais apropriado se torna esse verbo.

O simbolismo é uma linguagem usada entre iniciados reunidos em torno de um particular conjunto de crenças – sobretudo aquelas consideradas poderosas, não ortodoxas, subversivas ou perigosas em certo sentido. Os guias de códigos visuais manejados por esses grupos são, em geral, inacessíveis aos de fora.

O propósito de manter essa linguagem em segredo não é fugir de punições ou perseguições. Os que lidam com símbolos esotéricos, por exemplo, atribuem-se um saber especial – em geral uma intuição aguçada que lhes confere poder. Manter certa exclusividade aos iniciados é uma das motivações para que esses grupos mantenham contato entre si.

CAMINHOS PARA O SAGRADO

Os símbolos podem ser descritos formalmente como exotéricos ou esotéricos – do grego, *eksoterikós* e *esoterikós*, "pertencente a um círculo externo" e "pertencente a um círculo interno", respectivamente. O significado exotérico é aquele compreendido pelos leigos, enquanto o esotérico é restrito a um círculo exclusivo de pessoas. No pensamento esotérico, está implícita a ideia de que alguns conhecimentos são secretos e por alguma razão devem ser preservados do grande público. Se essas informações caem nas mãos erradas, podem ser mal utilizadas. Para todos os efeitos, espalhar conhecimentos restritos enfraquece sua precisão.

Determinado símbolo também pode ter um significado para o grande público, em geral enraizado em tradições seculares, e ao mesmo tempo responder a um sentido mais profundo num círculo de iniciados. Durante séculos, a civilização ocidental manteve como parte do cânon literário as lendas da Europa medieval sobre a busca do cálice sagrado (Santo Graal). A peça é, supostamente, o cálice que Jesus utilizou na última ceia e, posteriormente, o recipiente usado por José de Arimateia para recolher as gotas do sangue de Jesus enquanto estava crucificado.

Acredita-se que o cálice possui poderes milagrosos e, por ter sido um objeto muito buscado, simboliza o elusivo e o inatingível. Interpretações mais recentes dizem que o graal não é um artefato, e sim um segredo – uma revelação que poderia abalar as fundações do mundo moderno. Uma versão dessa teoria (contada no livro *Sangue divino, cálice sagrado*, de Baigent, Leigh e Lincoln) é que, em vez de morrer na cruz, Jesus sobreviveu, casou-se com Maria Madalena e teve filhos da linhagem merovíngia, que continua até hoje. De acordo com essa teoria, o graal simboliza Maria Madalena como o receptáculo da linhagem sanguínea de Jesus. Essas ideias estão relacionadas à suposta existência da sociedade secreta Priorado de Sião, em cuja lista de mestres aparecem Leonardo da Vinci e Jean Cocteau e cujo braço militar seria formado pelos cavaleiros templários.

Tudo isso não ilustra necessariamente a função dos símbolos nas sociedades secretas (pois são histórias especulativas, afinal), mas certamente

representa a forma como o simbolismo esotérico gera respostas emocionais hoje em dia. Ao longo da história, apareceram incontáveis seitas, fraternidades e grupos que clamavam preservar e guardar a sabedoria dos antigos, protegendo-a da deturpação e da massificação.

MISTÉRIOS CULTUADOS

No imaginário popular, esse viés secreto do simbolismo é conhecido sobretudo por uma das maiores sociedades esotéricas, a maçonaria (*pp. 158-9*), cujos membros, os maçons, reúnem-se em torno da aquisição de conhecimentos profundos sobre a "lei sagrada". Com o tempo, construíram formas de comunicação – gestos, signos e códigos – conhecidas apenas por outros maçons.

O rosa-cruzismo (*pp. 48-9*), a cabala (*pp. 38-9*) e sistemas quase científicos, como a alquimia (*pp. 60-1*), lidavam com os símbolos de forma parecida, pois acreditavam que seus sistemas representavam verdades profundas e não podiam ser acessíveis a qualquer um, sob o risco de corromper seu verdadeiro sentido.

Para os não iniciados, os ensinamentos da alquimia muitas vezes parecem exemplos de obscurantismo. Vários de seus textos são virtualmente ilegíveis e desafiam até mesmo os mais treinados para lê-los. Alguns textos da alquimia admitem abertamente o uso de segredos. O *Rosarium Philosophorum* afirma: "Sempre que expressamos algo abertamente, não dizemos nada. Mas onde escrevemos com códigos e imagens guardamos a verdade". Apesar de seus preceitos singulares, a alquimia não deveria ser tomada como delírio. Não há evidências materiais de que seja possível transformar outros metais em ouro – objetivo principal dos alquimistas no imaginário popular. Porém, essa prática pode ser interpretada como a tentativa de transformar a base espiritual (composta por metais inferiores) no mais nobre dos materiais, o espírito de ouro.

Jung estudou a alquimia a partir dessa perspectiva e, em suas conclusões, assegura que se trata de um sistema espiritual com o fim de iluminar o processo de transformação dos pacientes pela psicoterapia, capaz de reconstituir personalidades de forma mais integral.

A alquimia e o rosa-cruzismo pertencem à tradição esotérica do Ocidente derivada do hermetismo. A teosofia, o gnosticismo e várias manifestações ocidentais da cabala são elementos do mesmo caleidoscópio de ideias. O hermetismo deriva de Hermes Trismegisto, que combinava características do deus grego Hermes e do deus egípcio Toth.

Nessa longa tradição de significados ocultos, os símbolos funcionam como textos sagrados, guardam ambiguidades e geram vastas possibilidades de significação àqueles que se dedicam a interpretá-los.

ESPÍRITO LIVRE
Esta imagem (*à esquerda*) foi tirada de um dos livros mais ilustrados da alquimia – o tratado *Splendor Solis* ("Esplendor do Sol"), do século XVI – e representa o processo simbólico de "ferver o corpo" para liberar o espírito, simbolizado pelo pássaro. É provável que esta figura tenha sido produzida em Augsburgo, Alemanha, no fim do século XVI (*pp. 60-1*).

PARTE 2

O MUNDO DOS SÍMBOLOS

O COSMO

CORPOS CELESTES
Sol
Lua
Astrologia

O UNIVERSO JÁ FOI CONSIDERADO ESFÉRICO E CONSTITUÍDO POR MÚLTIPLAS CAMADAS. ERA O DOMÍNIO DOS DEUSES E DE FORÇAS CÓSMICAS PODEROSAS, EM CUJO CENTRO ESTAVA O PLANETA TERRA. HOJE, ESSA CONCEPÇÃO MUDOU, MAS PARA MUITOS O UNIVERSO PERMANECE REPLETO DE SIGNIFICADOS MISTERIOSOS E PROFUNDOS.

corpos celestes

O universo intriga a humanidade desde tempos remotos com seus movimentos em ciclos aparentemente eternos e regulares. Os corpos celestes eram considerados reflexos desses movimentos, influenciando a natureza e o curso da vida na Terra.

ESTRELAS

Para muitas culturas, as estrelas exercem influência na vida dos humanos (*pp. 30-1*). Estrelas específicas podem representar anjos, fontes de vida ou centelhas da luz divina além da esfera do universo. A Via Láctea é a estrada celestial, ponte ou rio que simboliza a conexão entre a dimensão divina e a humana.

COMETAS

Cometas e meteoros são vistos como portadores de mensagens sobre eventos terrestres ou cósmicos. Para alguns, a estrela de Belém era o cometa Halley, que apareceu em 12 a.C. e também em 1066, quando tornou Haroldo II da Inglaterra doente, propiciando que Guilherme da Normandia conquistasse seu reino.

PLANETAS

Os planetas carregam nomes de antigas deidades, com seus simbolismos. Marte, o planeta vermelho, remete à guerra e à violência, enquanto os gigantes e lentos Júpiter e Saturno representam o majestoso e o misterioso, respectivamente. Mercúrio, para os gregos, era relacionado a dois deuses: Apolo, ao anoitecer, e Hermes, ao amanhecer. Vênus também possuía caráter dual de acordo com o momento do dia, assim como o Sol, arauto dos céus e relacionado à deusa da fertilidade e do amor – e, mais tarde, à Virgem Maria. Em culturas mesoamericanas, Vênus era uma potente força masculina e seu surgimento no céu indicava tempos de guerra.

FÁBRICA DE ESTRELAS
As estrelas, em geral, são representadas pelo pentagrama da renovação. Em realidade, algumas "estrelas" são galáxias, como o Rodamoinho (*à esquerda*), uma "fábrica" de estrelas novas.

sol

REI SOL
O Sol irradia seu brilho sobre todos e esse poder e mística se encarnam nos soberanos. O rei Luís XIV da França (reinou entre 1643-1715) cultivava a própria imagem como Rei Sol (*Roi Soleil*, em francês), ao redor do qual girava sua corte. O motivo do Sol é muito usado no Palácio de Versalhes, como neste detalhe (*acima*).

O Sol, corpo celeste mais brilhante que conhecemos, é o símbolo quase universal de vida, luz, renovação criativa, soberania e poder real. Por ser a grande fonte de luz, simboliza a sabedoria divina, a iluminação e a sabedoria exotérica. Também representa a inspiração, a criatividade e a arte, simbolizada pelo deus solar clássico, Apolo, líder das musas. Milhares de monumentos sagrados ao redor do mundo são alinhados com os pontos do horizonte onde o Sol nasce nos dias mais longos e mais curtos do ano, marcas cruciais nos calendários da Antiguidade. A data do Natal provavelmente reflete a tentativa da Igreja de cristianizar o festival romano Sol Invictus (*p. 27*), celebrado nos dias após o solstício de inverno, o período mais escuro do ano.

O Sol figura, na maioria dos panteões, como a grande deidade ou a suprema manifestação do poder divino. No Egito Antigo, o deus sol Rá era o grande protetor cujos poderes e bençãos encarnavam no faraó, "o filho de Rá", e no próprio Sol, personificação do deus Hórus. Os egípcios tinham muitas maneiras de representar o deus sol ao longo do dia – e também da noite, quando o astro passava para o mundo inferior (*quadro abaixo*). Os incas se autodenominavam "filhos do Sol" e revestiram com ouro o templo do deus sol Inti, em Cusco. Para os astecas, apenas o sacrifício humano em massa podia matar a sede de sangue do Sol e garantir sua luz diária.

Como fornecedor de calor, o Sol representa a energia, a paixão e o ardor juvenil. Em geral, é relacionado ao masculino, mas como fonte de vida pode ser também feminino, como no Japão e em algumas tradições nativas da América do Sul e da Oceania.

SENHOR DE TODOS

Nenhum outro povo desenvolveu um simbolismo tão complexo e sutil em torno do sol como os egípcios. O deus **RÁ** (ou **RÉ**) — o sol e criador supremo — era representado sob várias formas. O deus **ESCARAVELHO KHEPRI** (*à direita*) era o sol ao amanhecer: representava a saída diária do **MUNDO INFERIOR**. A imagem remete à espécie de besouro que esculpe uma bola de lama ou esterco com as patas para revestir seus ovos. Assim como a bola protege e nutre os ovos do escaravelho, o sol alimenta a criação no início da jornada. O deus **FALCÃO**, ou **HARAKHTI**, indicava o sol em seu zênite. O falcão representado com um disco de luz sobre a cabeça era o símbolo solar egípcio mais comum, além de emblema do poder real. O deus com cabeça de carneiro, **ATUM**, ou **RÁ-ATUM**, era o deus sol do entardecer, que descia ao mundo inferior para defender o universo do caos e da destruição, antes de amanhecer como **KHEPRI**. O deus **ATEN** simbolizava o disco visível do sol, venerado no reino de **AKHENATEN** (c. 1353-1332 a.C.) como deidade suprema e senhor da vida.

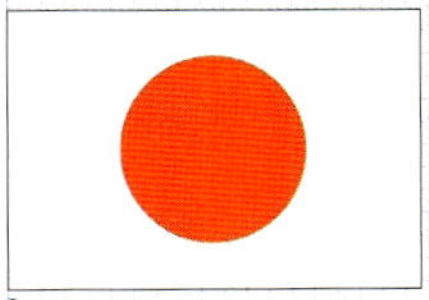
1

2

3

4

5

6

O SOL DAS NAÇÕES

O sol aparece em muitas bandeiras nacionais como símbolo de soberania, liberdade e renovação. Alguns exemplos (*à esquerda, de cima para baixo*): a bandeira do **JAPÃO** (1) mostra o sol nascente e reflete o próprio nome do país, *Nihon* ou *Nippon*, literalmente "fonte do sol" ou "terra do sol nascente". A deusa do sol, **AMATERASU**, é o antepassado comum dos imperadores japoneses. O emblema nas bandeiras do **URUGUAI** (2) e da **ARGENTINA** (3) é o **SOL DE MAIO**, símbolo da rebelião contra o domínio espanhol em maio de 1810, quando os dois países se emanciparam. A bandeira da **TAIWAN** (4) é a mesma da **REPÚBLICA DA CHINA** pré-1949 e simboliza o nascimento de uma nova era após a queda da dinastia Qing, em 1911. As formas nos estandartes uruguaio e taiwanês são inspiradas na bandeira dos Estados Unidos. Na bandeira de **ANTÍGUA E BARBUDA** (5), o sol surge do oceano azul em forma de "V", de vitória, para celebrar a independência em relação à Grã-Bretanha. O fundo negro com o sol nascente da bandeira do **MALÁUI** (6), também ex-colônia, rende homenagem à herança africana.

SOL INVICTUS
(*acima*) Em Roma, o deus grego do Sol, Hélio, era conhecido como Sol Invictus, ou Sol Invencível, cujo renascimento era celebrado no dia 25 de dezembro. A igreja católica escolheu essa data para o nascimento de Cristo, o "Filho da Virtude". Sol Invictus, em seu carro solar, tinha um disco brilhante ao redor da cabeça (Fáeton, *acima*.)

SUÁSTICA
(*à esquerda*) Corrompida pelos nazistas, a suástica é um antigo símbolo solar encontrado em formas similares na Mesoamérica, no leste da Ásia e no mundo celta. Representa as forças criativas do Sol, girando eternamente ao redor de um centro cósmico.

ECLIPSE
Eclipses solares eram os presságios do mal. Para os incas, significava que o deus sol Inti (*acima*) estava furioso. Um eclipse precedeu a chegada dos espanhóis ao Peru. O fenômeno também pode explicar o mito japonês da deusa do Sol, que, ao esconder-se numa caverna, mergulhou o mundo na escuridão.

CORVO SOLAR
Na tradição chinesa, o Sol representa o *yang*, o masculino – habitado por um corvo de três patas que simbolizam o amanhecer, o meio-dia e o entardecer. Mitos chineses contam que antes havia dez sóis, mas nove foram assassinados pelo herói divino Yi, o Arqueiro.

CRUZ CELTA
Este símbolo representa a radiação do Sol nas quatro direções, a partir do centro da criação cósmica. A cruz celta era um símbolo pagão pré-histórico, adaptado para ser a cruz característica do cristianismo celta. Os deuses celtas da luz, como Lugh ou Lugus, já foram deuses do Sol.

FILHO DO JAGUAR
O deus sol maia era Ahau Kin, "Senhor do Rosto do Sol", simbolizado pelo jaguar, rei das feras no mundo mesoamericano. À noite, Ahau Kin viajava ao mundo inferior na forma do deus Jaguar.

HUITZILOPOCHTLI
O "Colibri do Sul" era o deus do Sol e da guerra, deidade suprema para os astecas. Identificado com o Sol (Tonatiuh), Huitzilopochtli era central no culto asteca do sacrifício humano, praticado em larga escala para satisfazer a sede solar de sangue.

FÁETON
O filho de Hélio simboliza a temeridade. Ele pediu ao pai, Hélio, que o deixasse conduzir o carro solar romano. Hélio, relutante, concordou. Porém, Fáeton não conseguiu controlar os cavalos e saiu desvairado, provocando oscilações nos astros e colocando a Terra em perigo. Para acabar com o caos, Zeus matou Fáeton com um raio.

DAZBOG
O nome de Dazbog, o deus sol dos eslavos pagãos, significa "deus que oferta". Irmão do deus do fogo, Dazbog vivia num paraíso onde passeava diariamente, como o grego Hélio, em sua carruagem solar.

Lua

A Lua e o Sol parecem ter o mesmo tamanho quando vistos da Terra, coincidência certamente responsável pela ideia universal de que são pares cósmicos, corpos celestes complementares, chefes do dia e da noite, da luz e da escuridão. Em diferentes cosmogonias, a Lua e o Sol aparecem como marido e mulher ou como irmão e irmã incestuosos. Por outro lado, esses astros também representam os olhos de um deus, como no Egito (Hórus), na China (o gigante cósmico Pan Ku) e no Japão (Izanagi).

Na maioria das culturas, a Lua representa o feminino, sem dúvida por sua relação com os ciclos de fertilidade das mulheres – as palavras "Lua", "mês" e "menstruação" estão todas relacionadas. Para o povo akan, de Gana, a Lua é o símbolo supremo da criação, representada pela deusa Niame. É mais comum, no entanto, que o papel de criador seja reservado ao Sol, enquanto a Lua é relacionada à fertilidade e ao poder. Na Antiguidade, a Lua era associada a deusas importantes, como a egípcia Ísis e a grega Ártemis (Diana), a virgem caçadora. Ártemis era implacável na defesa da castidade e, por isso, refletia as ambiguidades da Lua: se por um lado preside aspectos benignos como a fertilidade, as marés e o tempo, também governa as ameaças ocultas da escuridão noturna.

Contudo, às vezes a Lua representa o masculino, como no Japão, onde a parte complementar da deusa do Sol, Amaterasu, é o deus da Lua, Tsukiyomi. Na Oceania, o Sol era feminino e a Lua masculina, pois as mulheres trabalhavam de dia e os homens pescavam à noite. No Egito, as fases da Lua representavam a transformação mágica e a sabedoria do desconhecido, aspectos encarnados no deus Toth, com sua cabeça de íbis e bico curvado como a Lua crescente. Hermes, seu equivalente grego, era o guia dos mortos, simbolizado pela luz da Lua na escuridão.

TARQEQ (*à esquerda*) O espírito lunar dos inuítes (povo esquimó) representa a fertilidade, a moralidade e o espírito dos animais. Tarqeq castiga as transgressões humanas com doenças, tempestades e fracassos na caça. Nesta máscara de Tarqeq, a borda branca representa o ar, os círculos são as camadas do cosmo e as penas simbolizam as estrelas.

LUA ISLÂMICA A Lua crescente, usada como símbolo do islã, deriva do Império Otomano, que por sua vez provavelmente a adotou da bandeira de Constantinopla, capital do Império Bizantino, conquistado pelos otomanos em 1453. Originalmente, simbolizava a deusa Ártemis, protetora de Bizâncio, predecessora de Constantinopla.

FASES DA LUA

As fases da Lua — nova, crescente, cheia, minguante — simbolizam, em geral, o eterno ciclo da criação, da dissolução e da recriação. Na China, o ano-novo ocorre na primeira **LUA NOVA** após o inverno e representa o potencial de crescimento de todas as coisas vivas. A **LUA CHEIA** representa a plenitude do **YIN**: receptividade, passividade, escuridão, feminilidade e opacidade. Na tradição chinesa, a Lua cheia mais brilhante acontece no oitavo mês lunar, quando se comemora o festival da Lua (ou de outono): as famílias se reúnem para compartilhar refeições e comer bolos circulares, símbolos da Lua cheia. Na tradição budista, a Lua cheia brilhante simboliza a pureza e a serenidade.

Na Índia, a **LUA CRESCENTE** é o emblema da transformação cósmica de **SHIVA**. Também está relacionada ao deus egípcio **TOTH** e ao clássico **HERMES** (**MERCÚRIO**), deuses da transição e da transformação. Os maoris explicavam as fases lunares como uma batalha constante entre a Lua e outro deus. A palavra "crescente" significa "que aumenta" (do latim *crescere*), contudo a Lua crescente com os bicos apontados para o leste — muito encontrada no simbolismo — é, em realidade, Lua minguante.

BABUÍNO LUNAR
Os babuínos eram animais lunares para os egípcios, pois acordavam antes do amanhecer e anunciavam o nascer do Sol. O deus lunar Toth muitas vezes figurava como um babuíno com um disco apoiado sobre a cabeça, simbolizando a Lua cheia e, ao mesmo tempo, a Lua crescente. Esse adorno representava as diferentes fases da Lua e a transformação da alma.

ROSTO NA LUA
(*acima*) A tradição folclórica ocidental diz que é possível ver um rosto humano na superfície lunar. Supostamente, esse homem foi à Lua reunir lenha para o dia sabático.

LOUCURA LUNAR
A luz da Lua foi muito associada a influências sinistras e à instabilidade mental, razão pela qual as pessoas com doenças mentais eram chamadas "lunáticas". Os efeitos do luar eram considerados mais fortes na Lua cheia no folclore, era nesse momento que os lobisomens se transformavam.

CONCEPÇÃO IMACULADA
Em algumas representações da Virgem Maria, a Lua aparece a seus pés como símbolo de pureza. Esta imagem, a Imaculada Conceição, se refere à crença de que Jesus foi concebido sem a herança humana do pecado e era muito comum na arte popular espanhola produzida no século XVII.

COELHO NA LUA
O equivalente ao "rosto na Lua" de muitos países do leste asiático e tradições americanas é o coelho, ou lebre. Na mitologia chinesa, o coelho lunar segura uma cuia e um pilão, com os quais prepara o elixir da imortalidade. Na crença tradicional chinesa, a Lua é uma fonte de vida cujo começo é o útero, com a criação da "alma Lua" (*po*).

ASTROLOGIA

Um dos sistemas simbólicos mais antigos e complexos é a astrologia, o estudo do movimento dos astros e suas influências no mundo. Originada na Babilônia, foi desenvolvida por gregos e romanos, elaborada pelos árabes medievais e, mais recentemente, incluiu Urano e Plutão. Seus princípios mudaram pouco nos últimos dois milênios e apenas a partir do século XVII ela se distinguiu da "científica" astronomia. Para muitos, a astrologia ainda simboliza a íntima conexão entre a humanidade e o cosmo.

A astrologia funciona segundo o princípio hermético "como está em cima, está embaixo": o que ocorre no universo (macrocosmo), se reflete em nosso próprio mundo (microcosmo). Os antigos eram fascinados pela forma como os sete planetas (aparentemente) dinâmicos – Sol, Lua, Vênus, Mercúrio, Marte, Saturno e Júpiter – moviam-se de forma regular em relação a cada um deles e à Terra, enquanto as estrelas permaneciam "fixas". Esse cenário era dividido em doze "casas", cada uma nomeada de acordo com sua constelação "regente". O conjunto desse mapa é chamado zodíaco (*à esquerda*), que em grego quer dizer "animal", pois todas as figuras, com exceção de uma, simbolizam criaturas vivas. Neste mapa do hemisfério Norte (*à direita*), do século XVIII, o zodíaco está ao redor do "equador celestial" (o equador projetado no espaço).

Acredita-se que as qualidades específicas das estrelas e dos planetas, bem como suas posições relativas, influenciam a vida dos seres vivos e das nações. O astrólogo identifica essas influências num determinado horário e constrói o horóscopo, ou o mapa dos céus, naquele momento. O horóscopo do momento de nascimento de uma pessoa, por exemplo, é considerado um panorama de seu caráter e destino.

Libra, a balança (23 de setembro a 22 de outubro) Equinócio terrestre; equilíbrio entre intelecto e intuição; seu elemento é o ar.

Scorpio, o escorpião (23 de outubro a 21 de novembro) Natureza em retrocesso, início dos dias escuros; ligado à intensidade, profundidade emocional, tenacidade, percepção; seu elemento é a água.

Virgo, o virgem (22 de agosto a 22 de setembro) Entressafra; ligado à dependência, honestidade, análise crítica; seu elemento é a terra.

Leo, o leão (23 de julho a 21 de agosto) Signo solar por excelência, rege o verão no hemisfério Norte; ligado ao poder, orgulho, coragem, ambição; seu elemento é o fogo.

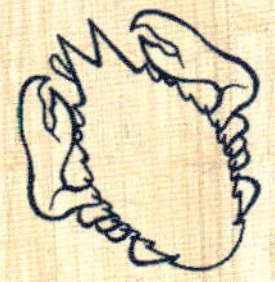

Câncer, o caranguejo (21 de junho a 22 de julho) Ligado à calma e sensibilidade, criatividade e independência; seu elemento é a água.

ASTROLOGIA CHINESA

A astrologia chinesa é usada em todo o Oriente e seus princípios básicos, assim como os da astrologia ocidental, também sustentam a ideia de que mudanças celestes (**TIAN**) influenciam os acontecimentos na Terra. Contudo, ao contrário da astrologia ocidental, abarca os fenômenos meteorológicos, como **TROVÕES** e **ARCO-ÍRIS**. Também está relacionada aos **CINCO ELEMENTOS** e ao **YIN** e **YANG** (*p. 88*).

Os astrólogos chineses dividem o céu em 28 "compartimentos" (**XIU**) correspondentes ao mês lunar e a **LUA** está cada noite num compartimento diferente. O zodíaco chinês, por outro lado, também possui doze constelações: **RATO, BOI, TIGRE, COELHO, DRAGÃO, COBRA, CAVALO, CARNEIRO, MACACO, GALO, CACHORRO** e **PORCO** (*abaixo*). Cada um tem seu caráter e influências, e preside um ano do ciclo de doze. Esse ciclo funciona em conjugação com o yin, o yang e os cinco elementos para produzir um ciclo de 60 anos, que começa com o rato (*yang*) e termina com o porco (*yin*).

Sagitário, o centauro ou arqueiro
(22 de novembro a 22 de dezembro) Ligado à força e equilíbrio intelectual, assertividade, inspiração, força moral; seu elemento é o fogo.

Capricórnio, a cabra
(23 de dezembro a 19 de janeiro) Signo ligado à reflexão, ao cuidado, à criatividade; seu elemento é a terra.

Aquário, o carregador de água (21 de janeiro a 19 de fevereiro) Tempos de retorno da luz; ligado à esperança, visão, compaixão, ao compartilhamento da sabedoria; seu elemento é o ar.

Pisces, os peixes
(20 de fevereiro a 20 de março) Tempo de fluidez, desabrochar da primavera; ligado à adaptabilidade, sensibilidade, emoção, sonhos; seu elemento é a água.

Áries, o carneiro
(21 de março a 19 de abril) Primeiro signo do zodíaco, coincide com o início da primavera no hemisfério Norte; ligado à energia e ao impulso; seu elemento é o fogo.

Taurus, o touro
(20 de abril a 19 de maio) Tempos de criatividade máxima; ligado à determinação, força, coragem; seu elemento é a terra.

Gemini, os gêmeos
(20 de maio a 21 de junho) Ligado ao intelecto, adaptabilidade, dualidade, contrastes de caráter; seu elemento é o ar.

NATUREZA

As sociedades originárias viviam mais conectadas com o mundo natural e sabiam discernir com precisão suas dádivas e perigos. A ideia generalizada da natureza como beleza instável e selvagem ganhou corpo apenas no século XVIII.

Mar e terra

A humanidade sempre projetou seus desejos em paisagens distantes: as nuvens, o horizonte oceânico, o céu noturno. O mundo físico conforma, assim, a topografia particular do inconsciente, expressado nos sonhos e nas angústias do ser humano.

ILHAS

A ilha é um símbolo de solidão, de isolamento do ser ou do ego. John Donne tornou-se conhecido por sua frase sobre a interdependência humana: "Nenhum homem é uma ilha, um todo em si mesmo". A ilha também significa refúgio, e até paraíso. Nas tradições grega e celta, a "ilha dos afortunados" abrigava os mortos de espírito virtuoso.

COLINAS E MONTANHAS

As montanhas são consideradas pontes espirituais entre o céu e a terra. O hinduísmo e o budismo concebem o cosmo da mesma maneira: como uma construção ao redor da forma cônica do monte Meru. No Purgatório de Dante, quanto mais alto alguém sobe uma montanha, mais perto estará da iluminação ou da salvação.

MARES, LAGOS E NASCENTES

O mar traz à mente ideias de liberdade absoluta e aventuras, mas também de profundidade insondável (o inconsciente). Sua imensidão pode ser, ao mesmo tempo, aterradora e reconfortante. As ondas simbolizam a força da paixão, mas também a possibilidade de afogamento, como no mito grego de Hero e Leandro. Água fresca remete à fertilidade. Enquanto nascentes e mananciais representam a força vital, as águas tranquilas e aconchegantes das lagoas lembram o útero. Os lagos são tradicionalmente chamados de "olhos do planeta".

RIOS

Em fluxo constante, os rios simbolizam o implacável passar da vida. Seguir um rio até o mar significa buscar uma consciência elevada. Na Índia, o rio Ganges, personificado na deusa Ganga, é o fluxo purificador que corre pelas tranças de Shiva.

Árvores

As árvores têm simbolismo complexo e, em muitos aspectos, universal. As árvores decíduas (que perdem as folhas sazonalmente) são o símbolo supremo do ciclo de crescimento, decadência e regeneração, mas tanto as decíduas como as perenes (que nunca perdem folhas) simbolizam o vigor, a constância, a fortaleza e a longevidade. Com raízes embaixo da terra e galhos ao ar, as árvores são consideradas pontes entre o mundo inferior, a terra e os céus. Para alguns povos sul-americanos, a humanidade nasceu no mundo inferior e emergiu na copa de uma árvore. A árvore conecta os quatro elementos: se alimenta da terra e do ar, possui água em seu interior (seiva) e abastece o fogo. No antigo festival de Yule, celebrado durante o solstício de inverno no norte europeu, os povos germânicos queimavam um tronco de carvalho e enfeitavam uma árvore com velas para simbolizar o renascimento da natureza e o retorno da luz e da vida após o longo sono invernal.

As árvores também eram consideradas moradas dos espíritos; bosques e clareiras em meio a florestas densas e escuras eram vistos como espaços sagrados por natureza. Os celtas realizavam seus cultos entre as árvores e a palavra *nemeton* significa, ao mesmo tempo, "bosque" e "santuário". As florestas celtas abrigavam Cernuno, deus com chifres ligado à fertilidade. Para Buda, cujos ensinamentos eram transmitidos no meio da floresta, as árvores simbolizavam a tranquilidade alerta do estado meditativo.

FIGUEIRA-DE-BENGALA
Esta figueira é a árvore nacional da Índia; cresce do topo de uma árvore hospedeira em direção ao chão e é considerada um exemplo de árvore invertida descrita nos upanixades (textos sagrados hindus).

DUAS ÁRVORES, UMA RAIZ
Uma variante da árvore cósmica possui dois troncos intercalados ou dois troncos gêmeos, que se originam na mesma raiz. Representa o dualismo de forças opostas, mas complementares – vida e morte, Terra e céu, corpo e espírito.

ÁRVORE CÓSMICA
O centro cósmico e a fonte da vida são representados por uma grande árvore, o eixo do mundo que comunica a terra aos céus. Nos upanixades e no *zohar* (um texto da cabala), a árvore cósmica aparece invertida, com as raízes voltadas para o céu, a origem da existência.

TAMAREIRA
Símbolo romano do triunfo militar, as folhas da palmeira foram usadas para receber Cristo em Jerusalém. No simbolismo cristão, a palmeira representa a morte pela fé, e a vitória contra a morte. Na tradição árabe, é a árvore da vida. No Alcorão, Maria (Mariam) pariu Jesus (Isa) no deserto, sob uma palmeira carregada de frutos maduros e de onde brotava uma nascente.

O CARVALHO SAGRADO

O **CARVALHO**, árvore imensa e muito difundida como símbolo de vigor e força (física e moral), sempre foi relacionado a deidades masculinas poderosas, como **ODIN** (o principal deus da mitologia nórdica). O carvalho era a árvore mais sagrada para os antigos celtas e, talvez por sua resistência aos **RAIOS**, também remetia aos deuses do trovão, como **ZEUS**, **JÚPITER**, **THOR** e o celta **TARANIS**. Foi Caio Plínio, o Jovem (23-79 d.C.) quem criou a palavra "druida", derivada do grego *drûs* ("carvalho"). Os druidas, dizia Plínio, coletavam sua **SEIVA** sagrada apenas das árvores de carvalho. Os celtas realizavam seus cultos principalmente em bosques dessa árvore; o *drunemeton*, ou "bosque de carvalho", era o principal santuário dos gálatas, celtas da Anatólia.

O carvalho também simbolizava tenacidade, valentia — "coração de carvalho" — e vitória. A folha do carvalho era usada na Grécia Antiga para confeccionar as **COROAS** usadas pelos vencedores dos jogos píticos de Delfos e aparece nas medalhas a soldados corajosos.

Contudo, o carvalho também possui associações femininas. Por ser uma das maiores coisas vivas que brotam do solo, essa árvore é sagrada para as deusas da terra e para as deusas mães, como Hera, dos antigos gregos, e a **MÃE TERRA**, dos povos nativos americanos. Hera e seu cônjuge, Zeus, casaram ritualmente num bosque de carvalho, talvez para representar a união da **TERRA** e do **CÉU**. Para os gregos, os espíritos arbóreos femininos eram as **DRÍADAS**, ninfas associadas ao carvalho.

Essa árvore também está associada à profecia e ao presságio. No oráculo grego de Dodona — originalmente consagrado à deusa mãe **DIONE** e, depois, a Zeus —, os sacerdotes ou sacerdotisas interpretavam o sussurro das folhas de carvalho ao vento como a voz dos deuses.

LIMEIRA

De vida longa e flores perfumadas com propriedades medicinais, a limeira era considerada fonte da veracidade. Os adivinhos iranianos citas enrolavam sua folha ao redor dos dedos e, na Alemanha, as assembleias comunitárias e da corte eram realizadas embaixo da limeira. Essa árvore também simbolizava o amor e a amizade – debaixo de sua copa, ocorriam os festejos dos povoados.

ÁRVORE DA MORTE

Árvores podem ser explicitamente associadas ao sacrifício ou à morte, como a árvore do conhecimento do Gênesis, cujo fruto trouxe a mortalidade ao ser humano. Para os cristãos, seu equivalente é a cruz, "árvore" da crucificação (e da vida eterna de Cristo). Na mitologia nórdica, Odin se pendurou por nove dias na Yggdrasil (o freixo cósmico) como autossacrifício para obter as runas da profecia.

ACÁCIA

Era a árvore sagrada do tabernáculo israelita. Também o material da coroa de espinhos de Jesus. Suas flores representam a dualidade da morte e da vida eterna.

PILRITEIRO

No folclore europeu, possui poderes mágicos. Nas ilhas Britânicas, para espantar o mal, as portas das casas eram enfeitadas com suas flores no dia 1º de maio, mas trazê-las para dentro de casa antes dessa época era sinal de má sorte.

AZEVINHO

Árvore que frutifica no inverno, o azevinho simbolizava vida nova para os romanos. No cristianismo, suas frutinhas vermelhas representavam as gotas de sangue de Jesus.

LOURO

O louro denota castidade e triunfo. A ninfa Dafne se transformou num loureiro para escapar de Apolo, que a decretou como sagrada. Suas folhas eram usadas para coroar poetas e vencedores.

AS TRÊS AMIGAS DO INVERNO

Na tradição chinesa, o **PINHEIRO** (*song*), o **BAMBU** (*zhu*) e a **AMEIXEIRA** (*mei*) são conhecidos como as "árvores amigas do **INVERNO**". O pinheiro, verde o ano inteiro, é muito resistente à intempérie, por isso representa a constância e a durabilidade em tempos difíceis. É também o emblema da longevidade e da imortalidade, em geral ao lado de outros símbolos, como o **PÊSSEGO** e a **GARÇA**. Um presente decorado com nove pinheiros significa votos por uma vida longa — em chinês, as palavras "nove" e "eterno" são pronunciadas da mesma forma. O pinheiro simboliza a resistência máxima ao tempo e é associado aos sábios e anciãos de vida muito longa.

O bambu também é perene e compartilha o mesmo simbolismo do pinheiro, além de representar a versatilidade — possui muitos usos, de alimento a material de construção. Por sua maleabilidade e resistência, também é emblema, ao mesmo tempo, de firmeza e flexibilidade. A ameixeira (*prunus*), árvore decídua, carrega um simbolismo especial: é a primeira árvore do ano a florescer, antes mesmo da **CEREJEIRA**. Suas delicadas flores vermelhas, brancas ou cor-de-rosa anunciam a **PRIMAVERA** e simbolizam esperança, beleza, pureza e — em função do período curto de floração — a fugacidade da existência. Também é associada à coragem nas adversidades e remete à expressão "quebrar o gelo (formado no inverno)". As três amigas do inverno representavam o ideal confuciano de servidor do imperador: impávido em qualquer clima (político).

AMÊNDOA
Na Ásia, a amendoeira, cuja flor é a primeira a desabrochar, simboliza vida nova. Seu fruto representa tesouros secretos, especialmente os espirituais. A amêndoa é associada a Cristo – Deus (a semente) é revestido de carne humana (a casca) – e também à Virgem Maria (o receptáculo sagrado que contém Cristo). Jesus e Maria aparecem, muitas vezes, representados numa mandorla, medalhão em forma de amêndoa.

AVELÃ
Na Europa, a aveleira é a iluminação divina, a sabedoria mágica e a fertilidade; também era o material da varinha de condão. Na mitologia irlandesa, um salmão ficou imbuído de sabedoria universal ao comer as avelãs de uma árvore; o herói Finn, por sua vez, adquiriu conhecimento depois de provar o peixe. Os camponeses normandos dão três batidinhas nas vacas com uma vara de aveleira para que elas produzam muito leite.

TEIXO
Com seus frutos venenosos, o teixo simboliza a morte desde a Antiguidade, mas também é associado à imortalidade por não perder suas folhas e por ter vida longa. Ambas as tradições alimentam o costume secular inglês de plantar teixos em cemitérios (*acima*). É comum, no Natal, usar galhos e ramos de outras árvores perenes para enfeitar a casa, mas o teixo nunca foi utilizado, pelo temor de atrair morte à família no ano vindouro.

OLIVEIRA
Fonte do azeite e de energia, a oliveira era sagrada em Atenas. É considerada a árvore da paz: um galho de oliveira anunciou a Noé o fim da ira de Deus (Gênesis 8:11).

CIPRESTE
Há muito tempo, o cipreste é associado à morte. A árvore já foi sagrada para Hades, deus grego do mundo inferior, e, na Ásia, é reverenciada como símbolo de longevidade – o "Cipreste de Abarqu", no Irã, tem quatro mil anos.

CEDRO-VERMELHO
(à direita) O gigante cedro--vermelho é um emblema de solidariedade entre os povos nativos do Pacífico Noroeste: sua casca fibrosa e flexível, mas durável, era muito usada para produzir esculturas e utensílios. Os totens sagrados dos clãs ainda são feitos de cedro.

FREIXO
A árvore cósmica nórdica, o Yggdrasil, era um freixo com raízes em três fontes do mundo inferior e a copa em direção ao céu. Representava a unidade de toda a existência. Para os gregos, o freixo era emblema de força e sua madeira era usada para fabricar lanças.

CEDRO
Por suas características – crescimento linear, grande altura, vida longa, madeira durável e perfumada – o cedro é relacionado à longevidade, eternidade e ao reino celestial ou espiritual. O Templo de Salomão era de cedro. (Reis 6:1).

FIGUEIRA
Em muitas regiões, a figueira (*ficus*) é a principal fonte de alimento e representa o sustento, a abundância e a reprodução. No Egito e em muitos lugares da Ásia, é a árvore da vida. Para os budistas, simboliza a sabedoria: Buda alcançou a iluminação debaixo da Árvore de Bodhi (*ficus religiosa*).

AMOREIRA
A fruta da amoreira nasce verde ou branca, fica vermelha e, finalmente, torna-se roxa ou preta. Esse processo simboliza os estágios da vida: inocência, vigor e declínio. Na China, é a árvore cósmica: a casa do Sol é uma amora gigante além do horizonte.

TAMARISCO
Acredita-se que o tamarisco-do-deserto, venerado no Oriente Próximo, tem origem no céu. Abraão o plantou em Bersabá (Gênesis, 21:33) e sua resina doce pode ter sido o maná bíblico. Diz-se que é a árvore da sabedoria do Éden e, na China, junto ao pinheiro, representa a longevidade e a resiliência (*quadro, p. 36*).

ÁLAMO
Os álamos crescem rapidamente e, na Independência dos Estados Unidos (século XVIII), foram plantados aos montes como símbolo da "liberdade crescente". Revolucionários franceses seguiram o exemplo: enfeitaram essas árvores com fitas tricolores e o barrete frígio vermelho (*p. 153*).

SALGUEIRO
Na China, o salgueiro representa a resiliência e a flexibilidade, além de possuir poderes protetores. O galho dessa árvore afugenta os espíritos malignos e também é usado pela deusa budista Kuan Yin para espalhar o néctar curativo do salgueiro entre os pobres e doentes. Na Bíblia, os israelitas aflitos penduravam suas harpas nos salgueiros à beira das águas da Babilônia (Salmo 137) e, por isso, a árvore é particularmente associada ao luto. Na Inglaterra, queimá-la trás má sorte.

CABALA

A cabala é uma tradição esotérica desenvolvida a partir do judaísmo medieval, embora suas raízes estejam no antigo misticismo judaico. O trabalho central da cabala é o *Zohar* (livro do esplendor), escrito em aramaico por Moisés de León, na Espanha, por volta de 1.200. A palavra cabala (*kabbalah*, em hebraico) quer dizer "tradição oral". O primeiro a receber essa sabedoria secreta teria sido Adão, mas, com sua queda, ficou esquecida até Abraão, o primeiro patriarca de Israel iniciado nos escritos místicos por Melquisedeque, o rei sábio de Salém (*acima*).

A cabala oferece explicações simbólicas e complexas sobre a origem do cosmo e a relação entre Deus, a humanidade e o resto das criaturas existentes no mundo. De acordo com esse tratado, todos os fenômenos se originam no *ain soph aur*, ou "luz sem limites", um termo místico para designar Deus como a primeira causa e fonte de tudo, nem material, nem espiritual, mas criador de ambos. O universo procede de dez emanações (*sefirot*) do *ain soph aur*. A primeira delas é a *kheter* (coroa) e a última, a *malkuth* (reino), o fenômeno manifesto do mundo. Deus fez o universo à sua imagem e cada *sefira* representa um aspecto dessa entidade. A iluminação espiritual pode ser alcançada com o estudo do simbolismo esotérico das *sefirot* e das relações e caminhos complexos que as conectam. O mapa dessas relações é representado simbolicamente pela cabalística "árvore da vida" (*ao lado, p. 39*).

As *sefirot* às vezes são comparadas aos chacras do hinduísmo, também representados visualmente por esferas que conformam a ascensão do espírito (*pp. 100-1*). Ambos os sistemas não oferecem apenas uma explicação simbólica para a conexão entre matéria e espírito, mas também o caminho para a transformação humana. As *sefirot* também são relacionadas a arquétipos míticos e aos arcanos maiores do tarô (*pp. 122-3*).

OS QUATRO MUNDOS

A cabala reconhece quatro "mundos" ou níveis de manifestação que descendem do **AIN SOPH AUR** em direção ao mundo material, nível mais baixo. cada mundo contém as dez **SEFIROT** em maior ou menor grau e é misticamente associado a uma letra do **TETRAGRAMA** sagrado (*abaixo, à esquerda*). o primeiro mundo, **ATZILUT** (emanação), é repleto de luz infinita de *ain soph aur* e o mais puro dos quatro. o segundo mundo, **BRIAH** (criação), é a residência dos arcanjos e onde nasce a criação, ainda sem forma manifesta. é no terceiro mundo, **YETZIRAH** (formação), que a criação toma forma, identificada com o *yesod* da **ÁRVORE DA VIDA**. o processo das manifestações se completa no quarto mundo, **ASSIAH** (ação), o mais "denso". o *assiah* tem duas subdivisões: a espiritual e a física, que corresponde ao mundo material.

A UNIFICAÇÃO DAS FÉS

Para os cabalistas, Deus é imutável e eterno, razão pela qual as diferenças entre o judaísmo, o cristianismo e o islamismo seriam apenas externas. Este símbolo do século XVIII (*acima*) representa a união das três fés e foi desenhado pelo rabino Jacob Emden.

ADÃO KADMON

Na cabala, o arquétipo humano é Adão Kadmon, o ser primordial forjado na criação. Representa o homem em sua forma mais pura e simboliza o divino em nós, acessível apenas pela contemplação.

TETRAGRAMA YHVH

O tetragrama da cabala é o nome sagrado de Deus, escrito em hebraico com quatro letras (YHVH). As consoantes estão impregnadas de poder místico e o nome é tão sagrado, que não deve sequer ser pronunciado.

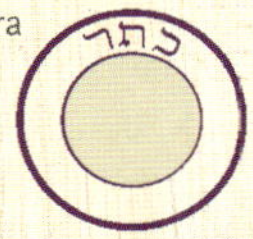

KETHER "coroa", primeira emanação; potencial de toda a existência, radiante, repleta de *ain soph aur*.

BINAH "compreensão", terceira emanação; o útero do ser, ou a "mãe" mística da criação.

GEVURAH "força" ou "justiça", quinta emanação; o julgamento severo de Deus, em balanço com a *hesed*.

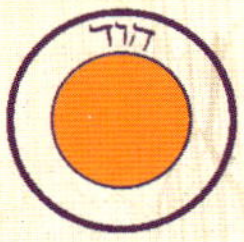

HOD "esplendor" ou "majestade", oitava emanação; a glória da criação ganha fruição com o dom divino da forma.

YESOD "fundação", nona emanação; onde o espírito é transformado em realidade material, torna-se ser.

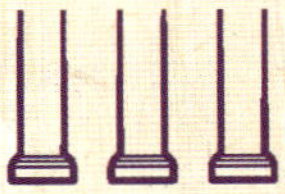

TRÊS PILARES Vontade divina (*centro*), justiça (*esquerda*) e piedade (*direita*), ou neutro (*centro*), feminino (*esquerda*) e masculino (*direita*); os pilares estão conectados por 32 caminhos.

HOKHMAH "sabedoria", segunda emanação; semente do ser interpretada por alguns estudiosos como o "pai" místico da criação.

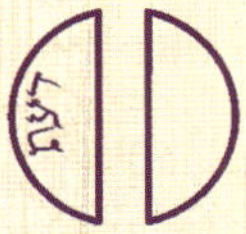

DAAT Não estritamente uma *sefira*, mas sim as dez *sefirot* unidas em uma.

HESED "graça" ou "perdão", quarta emanação; amor gentil, universal e incondicional.

TIFERET "beleza" ou "harmonia", sexta emanação; com a qual todas as coisas são agraciadas.

NETSAH "vitória" ou "resistência", sétima emanação; o umbral do vir a ser, também descrito como "infinito agora".

MALKUTH "o reino", décima emanação; o reino da matéria; a presença divina em sua realidade; existência.

Frutas

NATUREZA MORTA
Artistas europeus do século XVII usavam frutas em abundância para simbolizar a generosidade da criação de Deus, embora essas pinturas também tivessem algo de mortalidade: alguns pintores mostravam as frutas já decompostas, nos primeiros estágios da podridão.

Em termos funcionais, as frutas são repositórios de sementes, usadas também na alimentação. No mundo dos símbolos, remetem à ideia de "frutífero", associada à generosidade e fertilidade da terra. Pintores clássicos mostravam frutas em variedade e profusão transbordando de cornucópias, ou "vasos da abundância". Há também associações negativas em torno das frutas, sendo a principal delas o "fruto proibido" da "árvore da sabedoria", no jardim do Éden (Gênesis). Na tradição cristã, Adão e Eva cometeram o pecado original e perderam a primeira inocência ao experimentar o fruto dessa árvore. No judaísmo, o mesmo ato marca a primeira desobediência do homem frente a Deus. A Bíblia não especifica a espécie da árvore mas a arte cristã tende a usar a maçã. A origem do termo "pomo de Adão" estaria nessa passagem bíblica e se refere ao pedaço ou caroço da fruta que supostamente teria ficado preso na garganta de Adão. Mas há também uma explicação derivada do latim: a palavra *malum* quer dizer tanto "maçã" como "mal", daí a opção por esse símbolo.

As frutas também estão ligadas à sexualidade por seu papel de incubadoras da nova vida (a semente); no caso da banana, uma fruta sem sementes, a associação estaria em sua forma.

LIMÃO
Com sua combinação de doce e azedo, flores frágeis, casca grossa e polpa suculenta, o limão representa a fidelidade frente às vicissitudes do amor.

FRUTAS VERMELHAS
Pela cor, frutas como a cereja e a framboesa se associam à vida e ao sangue. Na tradição cristã, indicam remorso: Judas, que traiu Jesus, enforcou-se num galho de sabugueiro, de frutos vermelho-sangue.

PERA
Os romanos usavam a mesma palavra (*pirus*) para a pera e a genitália masculina, relação que perdurou até a Renascença. Na mitologia grega, a pera era sagrada para as deusas Hera e Afrodite; em Roma, para Pomona.

ROMÃ
Esta fruta cheia de sementes denota fertilidade, mas também tentação. Perséfone, filha de Deméter (deusa grega da agricultura), comeu seis sementes de romã e foi presa por Hades no mundo inferior.

PÊSSEGO
Símbolo auspicioso da longevidade na China e no Japão, o pêssego tinha outro sentido na cristandade: a fruta com uma folha ainda presa no caule era símbolo da verdade. Esse significado se deve ao antigo uso dessa imagem, que simbolizava a língua falando pelo coração.

MAÇÃ
Apesar da relação com o pecado original (*texto principal, p. 40*), a maçã é símbolo de riqueza, sobretudo no Ocidente. Na mitologia grega, as maçãs de ouro do Jardim das Hespérides são o fruto da imortalidade. Estudiosos do cristianismo interpretam a maçã mencionada no Cântico dos Cânticos como a generosa e doce palavra de Deus.

FIGO
O figo é ligado à sexualidade e a Dioniso (Baco), o deus clássico do vinho. A figueira seca da parábola de Jesus é uma igreja cujos galhos foram atingidos pela heresia. No budismo, o figo é sagrado: Buda alcançou a iluminação debaixo da árvore Bodhi, uma figueira.

FRUTAS DO ORIENTE

Na China, a **LICHIA**, desconhecida no Ocidente até a modernidade, simboliza sorte e fortuna porque soa como a palavra "interesse" no sentido financeiro; também parece outra palavra, que quer dizer "bebê". A **MAÇÃ** possui conotações de harmonia porque é foneticamente igual à palavra "paz". Coincidências como essas têm importantes significados na China. Por exemplo, dois amantes jamais dividem uma **PERA**, pois a palavra que designa essa fruta é o homônimo perfeito de "separação". A pereira, contudo, por sua longa vida, é associada à longevidade, uma das principais virtudes e dádivas da tradição chinesa. A flor da **CEREJEIRA** é o símbolo nacional do Japão e o emblema da casta dos samurais — sua beleza breve, mas intensa, representa a natureza efêmera da vida do guerreiro, enquanto a carne vermelha e suculenta da fruta denota autossacrifício em função do derramamento de sangue.

UVA
Esta fruta representa o vinho que Cristo comparou ao seu sangue na última ceia e sua ressurreição, mas também evoca a liberdade grega bacante. Na Torá, o vinho é abençoado pela abundância.

DAMASCO
Os chineses associavam o damasco com a educação – Confúcio supostamente ensinava sob uma damasqueira.

BANANA
A bananeira morre após dar frutos sem semente, o que a torna símbolo da futilidade mundana para os budistas (na verdade, a planta se propaga por rizomas, no solo). Nos sonhos, a forma fálica da banana é associada à sexualidade masculina.

TÂMARA
A tamareira era a árvore sagrada dos babilônios. Na Torá, designava os cidadãos justos. No islã, é associada à figura de Maria (Mariam), que deu à luz Jesus (Isa) sob uma tamareira.

ALCAÇUZ
Em chinês, as palavras "alcaçuz" e "logo" são pronunciadas da mesma forma (*ji*), por isso o fruto dessa árvore simboliza o voto para uma noiva ter filhos logo.

LARANJA
Símbolo do casamento, a flor de laranjeira era tradicionalmente usada pela noiva virgem. A forma e a cor dessa fruta também remetem ao sol (**TANGERINA**, *p. 43*).

CAQUI
Apesar de nascer azedo, o caqui torna-se muito doce ao amadurecer e, para os budistas, é símbolo da transformação espiritual.

FRUTAS EM ABUNDÂNCIA

Referência ao chifre de **AMALTEIA**, a ninfa em forma de cabra que amamentou **ZEUS**, a **CORNUCÓPIA** era considerada uma fonte inesgotável e abundante de frutas, além de tributo à fertilidade da deusa **DEMÉTER** (a romana **CERES**). Na arte clássica, aparece ainda associada a **DIONISO** (**BACO**), o deus do vinho e da festa; a **FLORA**, deusa das flores; e a deidades alegóricas como a **FORTUNA**, a **PAZ** e a **CONCÓRDIA**. Em geral, a cornucópia representa a abundância e é usada como **EMBLEMA** de vários exércitos dos Estados Unidos.

A deusa **POMONA** *(p. 53)* sempre aparecia ao lado de uma **CESTA DE FRUTAS**, que também simboliza o sentido do paladar.

Os **ANJOS** levavam cestas de fruta para **JESUS** no deserto, simbolizando a virtude da **CARIDADE**. Mas também pode representar o vício da **GULA**.

CIDRA

Parecida com um grande limão, a cidra (*à direita*) é uma fruta sagrada para o judaísmo. A variedade de cidra que cresce da base em forma de dedos é conhecida na China como "mão de Buda" (foshou), em referência ao gesto de Buda conhecido como *bhumisparsamudra* – tocar o chão e convocar a terra para participar de sua iluminação. Num jogo de palavras chinês, a fruta simboliza vida longa (*fu*) e felicidade (*shou*). A cidra, o pêssego e a romã formam o trio conhecido como "três copiosas" ou "três abundantes", que, simbolizam respectivamente, a prosperidade, a vida longa e a procriação.

MORANGO

Sua forma – e sua voluptuosidade vermelha – transformou o morango em símbolo da sexualidade feminina e, mais antigamente, de Vênus, a deusa romana do amor. Em algumas partes da França, os recém-casados compartilham um prato de sopa de morango como afrodisíaco. Outra tradição popular diz que um casal se apaixona perdidamente se cada um comer a metade do mesmo morango. Essa fruta também é associada ao Sol e, na América do Norte, representa o verão.

ABACAXI

Abacaxis de pedra, às vezes confundidos com pinhas, enfeitavam os muros e portões de muitas mansões europeias do século XVIII. Na época, poucos europeus tinham acesso a essa e a outras frutas exóticas, importadas dos trópicos e trazidas de longas distâncias ou cultivadas em estufas especiais. Pelo preço inacessível à maioria das pessoas, tornou-se um símbolo de riqueza e hospitalidade generosa.

CASTANHA

Na China, um jogo de palavras com a castanha (*lizi*) associa a fruta à "geração" (*li*) e à "procriação" (*zi*). Na Escócia, na época do *halloween*, namorados punham duas castanhas juntas próximo do fogo: se as duas queimassem de forma similar e homogênea, significava um bom futuro para a relação; do contrário, significava a separação.

AMEIXA

Para o povo ameríndio *pawnee*, a ameixa selvagem era símbolo de fertilidade. Na China, é uma das "três amigas do inverno" (*p. 36*) e a fruta ainda verde simboliza o pupilo diante do mestre (maduro). Para os cristãos, denota fidelidade e independência.

NOZ

As frutas secas são muito relacionadas à fertilidade e à vida nova (**AVELÃ** e **AMÊNDOA**, *p. 36*). Os romanos comiam nozes cozidas para trazer fertilidade. Caio Plínio, o jovem, alertava para os efeitos da sombra da árvore: dormir debaixo de uma nogueira podia trazer sonhos sobre o ano vindouro. A semente da fruta, revestida por uma dura casca, simboliza o conhecimento profundo e de difícil aquisição. Na arte, Cristo foi representado por uma noz; segundo Santo Agostinho, a camada mais externa, verde, simbolizava o corpo mortal de Cristo, a casca da semente era a cruz de madeira e o núcleo, sua divindade. Os seguidores de Jesus muitas vezes figuram como pássaros ou esquilos que buscam uma noz aberta (*à direita*).

PIMENTA E TOMATE

Muitas espécies de frutas do continente americano se espalharam pelo mundo. Na Índia, a pimenta (*à direita*) e a lima são colocadas juntas em veículos ou em casas para afastar o mau-olhado e os espíritos malignos. É provável que os primeiros tomates cultivados tenham sido produzidos pelos astecas. Eram chamados *tomatl*, de formato pequeno e amarelos, mas quando chegaram à Itália foram rebatizados de *pomodoro*, ou "pomo dourado". Os índios pueblos dos EUA usavam sementes de tomate em rituais de adivinhação.

CEREJA

Na tradição cristã, as cerejas são as "frutas do paraíso". Pinturas da Madona e seu filho mostram o menino Jesus com cerejas nas mãos para simbolizar as recompensas da virtude.

LIMA

Na Índia, a lima afugenta os maus espíritos, talvez por sua aspereza. No exército britânico do século XVIII, os soldados comiam uma lima todos os dias para evitar o escorbuto: daí o termo "limas" para designar os britânicos.

TANGERINA

No simbolismo do Extremo Oriente, ao contrário do Ocidente, as laranjas são substituídas pelas tangerinas – que representam a riqueza por sua cor próxima ao dourado e sua forma redonda quase perfeita.

POMELO

No ano-novo chinês, esta fruta cítrica grande e amarela é símbolo de prosperidade: sua cor é associada ao ouro e seu nome (*you*) é um homófono de "ter" ou "possuir".

MARMELO

"Jantaram picadinho/ e pedaços de marmelo", escreveu Edward Lear em seu poema "A coruja e o gato". O marmelo, antigamente, simbolizava o casamento e era uma fruta sagrada para Afrodite (Vênus) e Dioniso (Baco).

MELANCIA

Na arte mexicana, a melancia figura como fruta dos mortos. Em chinês, a palavra zi quer dizer "semente" e "criança", razão pela qual a melancia e outras frutas cheias de sementes significam a esperança de uma prole generosa.

Flores e plantas

Flores e plantas são usadas como adornos e estampas no mundo inteiro e o simbolismo relacionado a elas é quase inesgotável. Muitas vezes, os significados das flores estão associados à sua forma ou cor: flores de três pétalas, por exemplo, remetem à Santíssima Trindade e flores amarelas caracterizam o simbolismo solar. Boa parte da simbologia vegetal tem suas raízes na antiga ideia de "correspondência" entre o mundo natural e a humanidade. Assim, a forma ou a cor de uma planta pode ser entendida como "característica" ou símbolo de seu uso medicinal apropriado: por exemplo, uma erva com flor vermelha seria usada para tratar a escarlatina ou doenças do sangue.

As flores simbolizam a primavera e o começo do verão, época em que a maioria delas desabrocha; também representam a brevidade da existência: o ser humano "cresce, desabrocha e depois cai, como uma flor", diz o *Livro de oração comum*. Um grupo de poetas renascentistas clamavam pelo rápido despertar das donzelas para o amor, antes que sua juventude e beleza se tornassem, como escreveu Shakespeare, uma "violeta desvanecida".

Nenhuma flor gerou tantos significados como a rosa (*p. 45*) e a tradição cristã é uma das que mais contribuiu para isso. Deus havia criado a rosa sem espinhos, mas, com a queda de Adão e Eva do paraíso, o caule ganhou pontas afiadas para simbolizar a perda da inocência. A Virgem Maria era a "rosa sem espinhos". A rosa vermelha também representa o martírio e teria adquirido essa cor pelas gotas do sangue de Cristo.

LÍRIO
O lírio branco denota pureza e virgindade e é a flor da Virgem Maria, a "açucena celestial", e outras virgens santas. O arcanjo Gabriel figura com um lírio nas mãos no momento da Anunciação e a flor representa a concepção milagrosa de Maria pelo Espírito Santo. Em outras tradições, o lírio é ligado à fertilidade e ao sexo, talvez pela forma fálica de seus botões. A heráldica flor de lis (lírio ou íris) era a insignia real da França e suas três pétalas representavam a Santíssima Trindade.

CRISÂNTEMO
O crisântemo, cujo nome significa "flor de ouro", desabrocha entre o fim do verão e o começo do inverno, e na tradição do Extremo Oriente representa a longevidade. Na China, também é símbolo de perfeição intelectual e realização porque a palavra "crisântemo" é homófona de "todo" ou "completo" (*ju*). No Japão, o crisântemo é a flor da heráldica nacional e representa o Sol. O "trono do crisântemo" se refere à monarquia japonesa.

A LINGUAGEM DAS FLORES

Na época vitoriana, os **BUQUÊS, RAMALHETES** e **ARRANJOS** de flores faziam parte dos códigos entre amigos e amantes. Expressar a intimidade de forma explícita não era um costume socialmente bem-visto e as flores representavam um bom passatempo nesse sentido. Muito da "linguagem das flores" derivava do simbolismo tradicional — as **VIOLETAS**, por exemplo, tornaram-se símbolo de galanteria e afeto. As cores das **ROSAS** representavam diferentes níveis de amor: as **BRANCAS** significavam inocência e castidade; as **AMARELAS**, amizade; e as **VERMELHAS**, paixão intensa. Hoje, a arte dos arranjos florais pode seguir critérios apenas estéticos, mas muitas vezes também utiliza o simbolismo tradicional nas composições. **FLORES BRANCAS**, por exemplo, remetem à pureza e à virgindade e são muito usadas em casamentos. O Japão possui um código floral similar chamado **HANA KOTOBA** ("linguagem das flores"), cujo uso vai muito além das demonstrações de afeto: era comum entre os samurais, por exemplo, adotar flores como emblemas heráldicos (**MON**). Mais recentemente, o *hana katoba* incorporou muita coisa do simbolismo floral do ocidente.

NARCISO
Os deuses puniram o jovem e belo Narciso (por ter recusado o amor da ninfa Eco) fazendo-o apaixonar-se pelo próprio reflexo num riacho. Ele se apaixonou por si mesmo e se afogou ao tentar agarrar sua imagem. Os deuses, o transformaram em flor, o narciso, símbolo da morte prematura.

ANÊMONA
Esta flor de vida breve representa a fragilidade da vida. Antigas tradições associavam-na à morte e à ressurreição: na mitologia clássica, cresciam onde Adônis, amante da deusa Afrodite, havia morrido, e no cristianismo figuravam em pinturas e afrescos da crucificação de Jesus.

VIOLETA
A pequena violeta simboliza a humildade e é relacionada ao menino Jesus: apesar de demonstrar grande sabedoria desde pequeno – para a surpresa dos mestres do Templo –, permaneceu obediente aos seus pais (Lucas 2:51). A cor da flor remete à condição de Cristo de rei dos reis e é também a cor do luto pela sua morte na cruz.

ROSA
As rosas representam o centro cósmico, o coração místico. As brancas remetem à perfeição, à pureza e à inocência, em contraste com as vermelhas, símbolo do coração apaixonado e do desejo sexual. A rosa vermelha era usada para homenagear Afrodite (Vênus) e seus espinhos representavam as dores do amor.

AMOR-PERFEITO
Chamada popularmente de amor-perfeito pela junção harmoniosa de duas cores, esta flor é um parente selvagem da violeta. Na França, se chama *pensée*, "pensamento", pois ao florescer pende para a frente e parece um rosto contemplativo.

MARGARIDA
Ligada ao simbolismo solar, abre quando o Sol nasce e fecha quando ele se põe. Esse movimento também remete à proteção contra a feitiçaria: antigamente, acreditava-se que as margaridas protegiam as crianças das bruxas durante o sono.

DENTE-DE-LEÃO
O nome dessa flor se deve ao formato de suas folhas, similares aos dentes do leão. É um símbolo cristão do luto e da tristeza, por seu amargor. Assoprar o miolo das pétalas quando seco é uma forma tradicional de adivinhação amorosa.

NARCISO
Os narcisos eram símbolo de má sorte. Se levados a uma casa inglesa, podiam tornar as galinhas estéreis. O nome dessa flor deriva do mito grego de Narciso, jovem transformado em flor depois de morrer obcecado por sua imagem *(fig. à esq.)*.

CRAVO
Os cravos compartilham alguns simbolismos com as rosas, como a pureza (quando são brancos) e a paixão (quando vermelhos). Por serem associados à Virgem Maria, são emblemas da maternidade e do amor de mãe; também denotavam noivado e casamento nos Países Baixos dos séculos XV e XVI. Os significados de casamento e maternidade aparecem juntos na pintura *Madona do cravo*, de Rafael, na qual a flor faz alusão a Maria como a Virgem mãe de Cristo.

A ASCENSÃO DO ESPÍRITO DE LÓTUS

A **FLOR DE LÓTUS** ou **LÍRIO-D'ÁGUA** germina na lama do fundo de lagos e riachos e vem à superfície para florescer sob a luz do sol; em muitas tradições, simboliza o processo de criação e de ascensão espiritual. No Egito Antigo, a flor representava a criação e remetia ao nascimento do primeiro deus, que veio à existência num morro saído de **NUN**, o oceano primordial. Também era a planta da heráldica do Alto Egito, a parte mais ao sul das Duas Terras do faraó. Na tradição hindu, a flor de lótus nasceu no umbigo de **VISHNU** entre os ciclos da criação, enquanto o deus descansava sobre o espiral de uma **SERPENTE** cósmica nas águas do caos (*p. 80*). Do lótus, saiu **BRAHMA**, que atuou como demiurgo para levar o mundo adiante no início do ciclo seguinte.

Os lótus com muitas pétalas representam o **CHACRA** principal, ou o centro energético do corpo (*pp. 100-1*), e é um símbolo recorrente na religião e na arte budistas. **BUDA** muitas vezes figura segurando a flor (*acima*), usada por ele como metáfora do ciclo da vida, ou seja, o caminho percorrido entre a ignorância (as profundezas lamacentas) e a iluminação da mente. Buda e outros seres iluminados aparecem com frequência sentados sobre um **TRONO** de lótus ou rodeados por uma **NUVEM** de pétalas. O mantra sagrado mais popular do budismo tibetano, *om mani padme hum*, invoca os valiosos ensinamentos de Buda como uma joia (*mani*) cravada no lótus (*padme*).

PEÔNIA
Os antigos usavam as sementes desta flor para espantar o mal e seu nome vem de Péon, a deidade que curava as feridas dos deuses na Guerra de Troia. Na China, a peônia era a flor do imperador, muito apreciada por suas cores fortes; simbolizava realeza, honra, nobreza, saúde e as alegrias da primavera.

GIRASSOL
Esta flor está sempre virada em direção ao Sol. Além de ser emblema desse astro, é um símbolo tradicional de devoção – particularmente de um súdito leal a seu monarca ou de um cristão fiel à Igreja. Por seu miolo grande e denso, com muitas sementes, a flor do girassol também alude à fecundidade, ao potencial e à renovação.

HERA
Em algumas tradições, o azevinho e a hera denotavam o masculino e o feminino, respectivamente. Ambos eram símbolos da resistência e continuidade da vida no inverno, por serem plantas perenes. Mas a hera ficou de fora das decorações natalinas por ser tóxica e ganhou fama de trazer azar.

VISCO
O visco produz flores amarelas e frutinhas brancas durante o inverno e representa a continuidade e a fertilidade da natureza. Os druidas, sacerdotes celtas, consideravam-no sagrado e o cortavam com uma lâmina de ouro se crescia no carvalho (*p. 35*). De acordo com Plínio, os druidas usavam a planta em poções da fertilidade.

ORQUÍDEA

No Extremo Oriente, a orquídea (*à esquerda*) é a flor da elegância, muito apreciada por seu delicado perfume. Simboliza, de um lado, a beleza e o amor femininos e, de outro, o refinamento masculino. Acredita-se que a orquídea, flor fortemente associada à fertilidade, protege contra a esterilidade. Essa relação também aparece no Ocidente: o nome da flor deriva do grego *orkhis*, cujo significado é "testículo". Por contraste, a beleza da orquídea se relaciona à espiritualidade e à pureza.

PAPOULA

Sagrada para a deusa grega da terra (Deméter), a papoula simbolizava o limbo entre a morte e o renascimento, por seu efeito narcótico. O costume de enfeitar monumentos a soldados mortos com essa flor deriva de um poema de John MacRae, de 1915: "Nos campos crescem papoulas,/ Entre cruzes, de fila em fila".

CAMÉLIA

Na China, a camélia representa a beleza e a permanência porque floresce no inverno. Suas flores, vermelhas e auspiciosas, são comumente usadas em enfeites de ano-novo. Por outro lado, no Japão, são sinal de morte inesperada.

GLICÍNIA

Esta flor é chamada *fuji* no Japão e é celebrada nos meses de abril e maio em vários *fuji matsuri*, ou "festivais da glicínia". Conota a tristeza de um amor perdido que perdura no coração.

JACINTO

Jovem querido pelo deus Apolo, Jacinto foi atingido acidentalmente por um disco e faleceu. Onde seu sangue foi derramado, nasceram muitas dessas flores, que simbolizam a chegada da primavera e o retorno da vida com o Sol, representado por Apolo.

JASMIM

Em árabe, o nome da perfumada flor de jasmim significa "presente de Deus" e, tanto no Ocidente como no Oriente, é associada à graça e à beleza feminina. A flor também alude à Virgem Maria na tradição cristã e é símbolo de maternidade na Tailândia.

TREVO

O trevo faz parte da heráldica da Irlanda e diz a lenda que foi usado por São Patrício para ensinar a Santíssima Trindade, "três em um", aos irlandeses. Trevos de quatro folhas são considerados grandes protetores contra feitiços.

HELIÓTROPO

A flor do heliótropo é considerado um emblema solar por "girar em direção ao Sol" – expressão que remete ao próprio nome da flor. Clície, abandonada por Apolo, deus do Sol, transformou-se em heliótropo. Era usada como enfeite na coroa dos imperadores romanos.

CALÊNDULA

Com pétalas laranja ou amarelas, a calêndula é uma flor solar, sagrada para os deuses da Índia, onde é usada em cerimônias. Na China, é chamada "flor de dez mil anos"; simboliza a longevidade e figurava nas roupas imperiais. Na língua inglesa, seu nome é *marigold* (ou Maria de Ouro), e remete à Virgem.

ROSA-CRUZISMO

O rosa-cruzismo designa as crenças e práticas de sociedades ocultas e esotéricas descendentes de Cristian Rosenkreuz. O nome "Rosenkreuz", cujo significado é "rosa-Cruz", é bastante simbólico: a cruz é o emblema central do cristianismo, enquanto a rosa é um importante símbolo não só cristão, mas também da alquimia. A existência dessa ordem secreta cristã – cujos membros incluíam filósofos e alquimistas – foi mencionada pela primeira vez num trabalho anônimo, *Fama Fraternitatis Roseae Crucis* (Relatório da Fraternidade da Rosa-Cruz), publicado na Alemanha em 1614.

O documento possui uma linguagem altamente simbólica e metafórica e descreve como Cristian Rosenkreuz descobriu a antiga sabedoria e os conhecimentos mágicos da sociedade. O primeiro texto foi seguido das obras *Confessio fraternitatis* (1615) e *Casamento químico de Cristian Rosenkreuz* (1616) – esta última, uma alegoria da alquimia com a descrição de diversos rituais místicos.

A busca pela transformação espiritual e física do rosa-cruzismo era baseada na noção de que a humanidade havia se tornado impura com a Queda de Adão, mas ainda assim era possível resgatar a pureza por uma série de iniciações que conduziam a um plano elevado, onde os mistérios do universo seriam aprendidos e o coração se encheria de sabedoria divina, representada pela rosa e pela cruz (*à esquerda*). A rosa-cruz é um símbolo complexo, mas, colocado de forma simples, expressa o empenho na conquista da pureza física e espiritual.

O rosa-cruzismo atraiu muitos alquimistas devido à semelhança com a Grande Obra (*p. 60*), por isso não surpreende o fato de o simbolismo alquimista ser influenciado por ele. A gravura (*ao centro*) foi tirada de um trabalho germânico de 1785 chamado *Os símbolos secretos do rosa-cruzismo dos séculos XVI e XVII*, e demonstra a ascensão espiritual a partir do *Mons Philosophorum*, ou "Monte dos Filósofos".

HOMEM MICROCÓSMICO
Sustentado por anjos, o homem microcósmico do rosa-cruzismo possui os pés fincados no reino da terra e a cabeça, no reino da luz celestial. A estrela de seis pontas representa a premissa hermética "como está em cima, está embaixo".

A ROSA E O CORAÇÃO
A cruz e a rosa às vezes figuram acompanhadas de um coração. Para os rosa-cruzistas, o coração do verdadeiro iniciado é fechado na parte inferior (para não ser tentado pela influência terrena) e aberto na parte superior (para permitir a entrada da influência divina).

BACIA Purificação externa pelo poder dos céus, representado pelo Sol e pela Lua. Para a purificação interna, um ancião sábio planta a árvore do sucesso espiritual.

CORVO Na alquimia, esta ave simboliza o *nigredo* (ou escurecido): é o início da transformação.

DRAGÃO ALADO
Esta criatura emerge da escuridão profunda e significa a matéria terrena tomando forma espiritual.

FILÓSOFO
O filósofo é o guardião do portão da caverna da montanha, aquele que protege a sabedoria.

INICIADOS As três figuras representam o corpo, a alma e o espírito: todos precisam colaborar para a meta ser atingida.

O ORBE E A COROA A esfera do divino e a meta da busca. A coroa é Deus Pai; o orbe, Cristo. Abaixo está a mística "Casa do Espírito Santo". A cor vermelha alude ao *rubedo*, palavra em latim usada pelos alquimistas cujo significado é "avermelhado".

ÁRVORE DA TRINDADE As três estrelas remetem ao mistério sagrado da Santíssima Trindade, fonte de toda a verdade.

FORNALHA O fogo da refinaria da purificação. Assim como a bacia de lavar roupa, é uma imagem bíblica (Malaquias 3:2).

ÁGUIA BRANCA O elemento alquímico *albedo* (esbranquiçado) vem depois do *nigredo*: o ponto de transformação está próximo.

LEÃO Guardião do Castelo Real e dos últimos estágios da ascensão: representa a verdade, o poder, a força e a vigilância espiritual.

GALINHA A galinha chocando simboliza a contemplação paciente dos mistérios sutis para chegar ao topo.

LEBRE A arte da alquimia, que mergulha fundo nas verdades sagradas; representa também a rapidez do intelecto daquele que busca a ascensão espiritual.

AURORA DOURADA

O rosa-cruzismo influenciou os rituais de muitas sociedades devotas da **MÁGICA CERIMONIAL** — o uso de símbolos mágicos, ritos e cerimônias na busca da sabedoria mística e sobrenatural. A mais influente dessas sociedades ocultas era a **ORDEM HERMÉTICA DA AURORA DOURADA**, fundada na Grã-Bretanha em 1888. Entre seus membros, estavam William Butler Yeats e Aleister Crowley. O iniciado da Aurora Dourada ascendia dez níveis baseados nas **SEFIROT** da **ÁRVORE CABALÍSTICA** (*pp. 38-9*). No entanto, a ideia de ascender estágios refletia a prática rosa-cruzista. O rosa-cruzismo também influenciou os rituais dos sete primeiros níveis, que correspondem à "ordem da **ROSA VERMELHA** e da **CRUZ DE OURO**". A força de vontade é essencial: sem ela, não é possível transitar por nenhum caminho. É a partir da determinação que o mago controla as forças sobrenaturais. Esta gravura germânica (*abaixo*) mostra como a vontade (*wille*) pode ser uma força voltada para o bem (*wohl*) ou para o mal (*wehe*).

jardins

Os primeiros jardins de que se tem notícia – com flores, árvores e lagoas repletas de peixes – são do Egito Antigo, representados por desenhos em tumbas, algumas de 3,5 mil anos atrás. No entanto, é provável que os mais antigos tenham sido criados no Neolítico, quando os homens começaram a cultivar espécies para a alimentação. Desde esses tempos, os jardins representam o assentamento humano, em contraposição à vida nômade dos caçadores. Nos jardins, a natureza é controlada, restringida e contida – por isso estão associados à paz, à tranquilidade, à ordem e à liberação da ansiedade e da mente consciente. Por contraste, as florestas e desertos atrás dos muros ou grades dos jardins representam o caos, a desordem, o imprevisível e os medos escondidos. Os terrenos cultivados para alimentação ou deleite também são, há tempos, usados em estampas e decorações – como mostram os desenhos deste azulejo otomano (*à direita*). Em termos psicológicos mais genéricos, os jardins remetem à consciência, enquanto a natureza selvagem denota o inconsciente.

Os jardins são considerados refúgios dos problemas do mundo. Podem simbolizar o ideal romântico de natureza, como os jardins aristocráticos ingleses, ou o ideal de ordem e regularidade, como nos jardins franceses (*p. 52*). Nas tradições monásticas cristã e budista, os jardins são locais de profunda contemplação. Podem representar o paraíso, como no Oriente Próximo e no mundo islâmico; evocar lugares onde os seres humanos viviam em estado de júbilo; ou ainda remeter ao mundo celeste para onde vão os abençoados após a morte.

JARDINS DO PARAÍSO

A antiga ideia de paraíso no Oriente Próximo vislumbrava um reino ditoso alimentado por quatro rios que fluíam a partir do Éden. O jardim era dividido, portanto, em quatro partes e refletia o paraíso descrito no Alcorão. Os jardins tradicionais cultivados no Irã, espécies de oásis que representam o paraíso na Terra, são repletos de flores perfumadas, árvores frutíferas e temperos. A palavra "paraíso" deriva do termo persa antigo *pairi-daeza*, cujo significado é "clausura". Um exemplo de jardim paradisíaco de quatro partes é o mausoléu de Mumtaz Mahal, o Taj Mahal, na cidade indiana de Agra (*à esquerda*).

FLORA

A deusa romana da primavera e das flores, Flora (equivalente à grega Clóris), vivia com seu esposo Zéfiro, o vento do oeste, num jardim com uma miríade de frutas e flores onde a primavera era permanente. A deusa era homenageada com um festival romano exuberante e repleto de flores, a *Florália*. Botticelli representou Flora em seu famoso quadro *Primavera* (*detalhe à esquerda*).

GETSÊMANI

O jardim de Getsêmani era uma alameda de oliveiras onde Jesus, na véspera de sua crucificação, sofreu a agonia mental durante horas de vigília solitária e oração, enquanto seus apóstolos dormiam. A palavra "getsêmani" representa o "lado negro da alma", a transição dolorosa para chegar à iluminação e à autoconsciência.

PARAÍSO CHINÊS

A popular deusa chinesa Xi Wang Mu, a "Rainha Mãe do Oeste", reside num paraíso localizado nas montanhas de Kunlun (extremo oeste da China), a morada celestial dos imortais. Xi Wang Mu cuida de lindos jardins cujo centro é uma pessegueira carregada de frutos da vida eterna, consumidos pelos deuses e deusas para alimentar sua imortalidade.

A VIRGEM DO JARDIM

o ***HORTUS CONCLUSUS*** (**JARDIM CLAUSURADO**) é um espaço murado ou gradeado cheio de árvores frutíferas — símbolo tradicional da **VIRGEM MARIA** derivado do livro bíblico cântico dos cânticos (4:12). na arte, em figurações da **ANUNCIAÇÃO** ou da **MADONA E SEU FILHO** (*acima*), a virgem é representada muitas vezes num jardim ideal, associado à pureza e à **IMACULADA CONCEIÇÃO**. na concepção livre do pecado original, o jardim representa o útero onde cresceu jesus e remete ao estado de pureza primordial de **ADÃO E EVA** no **ÉDEN**. o jardim clausurado possui variações, como a **PÉRGOLA DE ROSAS** ao redor da virgem (maria é a "rosa sem espinhos") ou ainda o jardim com o **UNICÓRNIO**, emblema de castidade e pureza.

JARDIM DO ÉDEN

De acordo com o Gênesis, Deus colocou **ADÃO E EVA**, os primeiros homem e mulher, no **ÉDEN**, um jardim **PARADISÍACO**, onde viviam em harmonia com a natureza e em estado de inocência — livres do sofrimento, da ansiedade, da dor, da necessidade ou da morte. Esse lugar simbólico representa a relação ideal entre o homem e Deus, rompida quando, tentados por **SATANÁS** em forma de **SERPENTE**, Adão e Eva desobedeceram à ordem de Deus e comeram o fruto da **ÁRVORE DO CONHECIMENTO** do bem e do mal (*acima*). No judaísmo, esse ato antecede a inclinação da humanidade à desobediência a Deus. Para os cristãos, o ato tornou a humanidade irremediavelmente pecadora até a vinda de Jesus, que deu ao homem a possibilidade da redenção. Adão e Eva foram expulsos do paraíso sem experimentar o fruto da **ÁRVORE DA VIDA**, o que poderia ter-lhes concedido a imortalidade. A história do Éden busca explicar a condição humana da morte e sua propensão ao mal. O jardim ainda é símbolo do paraíso perdido e do estado de perfeição inatingível.

JARDINS INGLESES
As casas de campo da aristocracia inglesa do século XVIII inauguraram um novo estilo de jardim: um espaço que simbolizava o ideal de iluminação pela perfeita harmonia entre razão e natureza. Esses jardins ingleses eram planejados e plantados com muito cuidado, mas desenhados de forma assimétrica, informal e "natural". Possuíam lagos ou lagoas artificiais rodeados por vastos gramados ou bosques e muitas vezes ganhavam um elemento romântico em forma de ruína clássica artificial – para evocar a antiguidade romana e a ideia de que "tudo passa".

JARDINS FRANCESES
Os jardins franceses dos séculos XVII e XVIII foram desenhados como microcosmos: eram altamente simétricos; localizavam-se no centro do palácio ou mansão; possuíam canteiros formais elegantes, além de arbustos recortados com formas diversas; contavam com gramados amplos e bem cortados, e também com avenidas e alamedas de passeio. Simbolizavam a ordem perfeita da sociedade cujo pináculo ou senhor era o monarca – em consonância com o modelo de Deus, cuja mansão era o centro do universo perfeitamente ordenado.

JARDIM ZOOLÓGICO

As origens dos zoológicos atuais remontam à Europa medieval, quando alguns jardins incluíam animais exóticos além de plantas e flores. O rei Henrique I da Inglaterra (governou de 1100 a 1135) é lembrado por ter mantido nos jardins do palácio leões, leopardos, linces, camelos e porcos-espinhos, símbolos de poder e riqueza. Os jardins astecas também misturavam plantas e animais. Montezuma (governou de 1502-1520), o último rei dos astecas, possuía belos jardins com plantas de todo o império – o que simbolizava a amplitude de seus domínios.

POMARES

Os pomares, espaços reservados para árvores frutíferas, são uma variação do *hortus conclusus* (*p. 51*) e compartilham o simbolismo de fertilidade e fecundidade com os jardins comuns. Tema recorrente na arte do Renascimento, a ninfa Pomona era a deusa das árvores frutíferas.

FONTES

As fontes representam a origem da força vital e simbolizam o curso de água que começa na árvore da vida, no Paraíso, e segue para todos os outros mundos – como descreve o Gênesis. Na arte, significam juventude e imortalidade.

JARDINS ZEN

Com arranjos assimétricos – porém cuidadosos – de pedras, musgo, arbustos e lagoas, ou ainda caminhos de areia meticulosamente marcados que remetem ao mar de *samsara* (o ciclo da vida, morte e renascimento), os jardins zen são desenhados como lugares ideais para a meditação. São representações em forma da paisagem do ideal estético e espiritual budista *wabi-sabi*, ou "elegância silenciosa e simples" – característica necessária para a disciplina requerida na busca do *satori* (iluminação).

JARDINS CHINESES

Na China, os jardins variavam muito: podiam ser grandes e espaçosos no caso das residências imperiais, ou mais intimistas no caso dos templos e casas particulares. Até mesmo nos pequenos jardins urbanos, a intenção era criar a ilusão de estar inserido na natureza, que podia ser contemplada de pavilhões ou abrigos estrategicamente posicionados. Os jardins chineses também simbolizavam o cosmo em equilíbrio pela harmonia de elementos *yin* e *yang*, como plantas de luz e sombra, sol e sombra, água e terra.

os quatro elementos

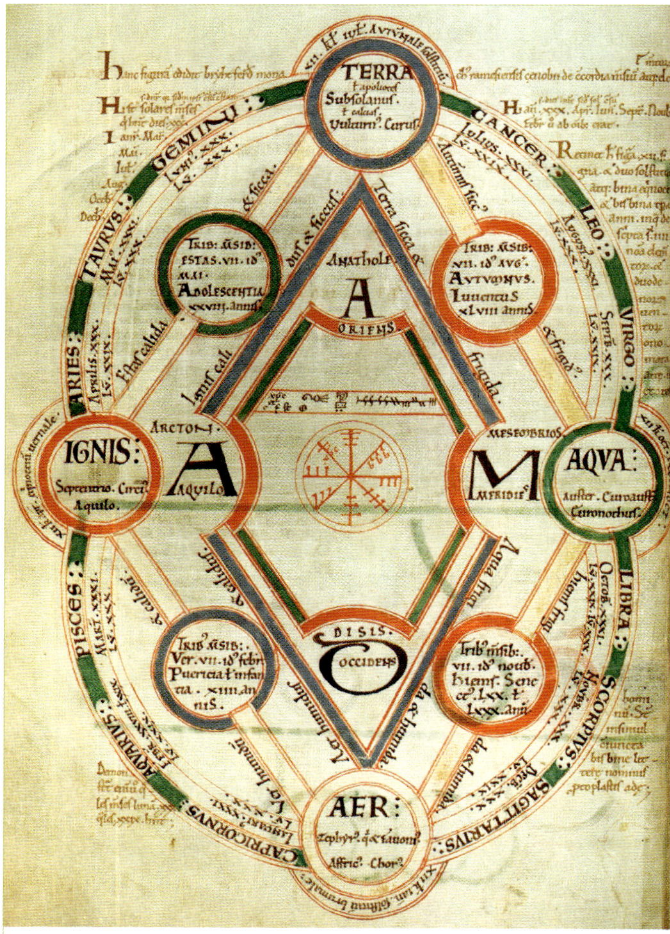

As antigas tradições ocidentais da cosmologia e da alquimia concebem o cosmo como quádruplo (*ilustração à esquerda*), ou seja, a partir de quatro pontos cardeais (norte, sul, leste e oeste) e de quatro elementos (terra, ar, água e fogo). Essas quatro categorias de matéria e espírito se combinam de infinitas maneiras. As quatro estações também estavam relacionadas a esse simbolismo quádruplo. A primavera figurava quase sempre como uma mulher jovem – talvez a deusa Flora, ou Vênus (Afrodite) – com flores e uma enxada ou pá. Um feixe de trigo, frutas e uma foice eram atributos do verão, em geral personificado na deusa da terra, Ceres (Deméter). Vinhas eram símbolo do outono, estação de Baco (Dioniso), o deus do vinho e da liberdade. O inverno é caracterizado por um ancião ao lado do fogo, abrigado do frio; às vezes é personificado no deus Bóreas, o vento do norte, ou Vulcano (Hefesto), deus do fogo.

A cosmologia chinesa reconhece cinco elementos ou "fases" (*wu xing*): madeira, fogo, terra, metal e água – essencialmente, tipos de energia. A primavera, o leste e o vento remetem à madeira; o verão, o sul e o calor, ao "fogo"; o centro e o trovão são associados à terra, enquanto o outono, o oeste e o frio, ao "metal"; o inverno, o norte e a chuva remetem à água.

TLALOC E CHAC
Os maias personificavam as frequentes chuvas tropicais no deus Chac (*à direita*), rei das águas e da luz, guardião da agricultura e criador do primeiro milho (*maize*). Seu correspondente asteca, Tlaloc, era um deus ambivalente: trazia chuvas fertilizadoras, mas também tempestades desastrosas.

VENTO
No Gênesis, os primeiros gestos da criação são representados por Deus ao mover o vento sobre as águas primordiais. Na mitologia clássica, o ar em movimento é personificado em deidades como Zéfiro, o gentil vento oeste da primavera, ou Bóreas, o cortante vento norte do inverno. O senhor dos ventos é Éolo, que presenteou Ulisses com uma bolsa cheia de ventos favoráveis – aberta estupidamente por um marinheiro.

DILÚVIO
Mitos sobre dilúvios – em geral, instigados por algum deus contrariado, como no caso de Noé – existem no mundo inteiro e muitos têm o significado de destruição catastrófica seguida da reordenação do mundo. Os chineses falavam do "dilúvio *qi*", uma força universal que, cultivada, propiciaria "fluidez" em direção ao bem – como um rio corre em direção ao mar. No budismo, estar submerso em água simboliza a perda de si mesmo.

TERRA

O elemento terra, como a água, liga-se ao feminino e ao passivo na cosmologia do Ocidente; representa o reino dos seres mortais em oposição à esfera celestial e divina. A terra é também o lugar da criação, simbolizada por mitos em que deuses forjam as primeiras pessoas a partir do solo, ou fazem emergir terra das águas primordiais.

FOGO

Elemento ativo e masculino, o fogo simboliza o processo dinâmico da transformação espiritual e material. No plano doméstico, o fogo para cozinhar, esquentar e iluminar representava os valores familiares. Era, em suma, o coração do lar, sentido evidente na própria palavra que designa o fogo em latim, *focus* – ou "coração".

ÁGUA

Apesar de passivo e feminino, este elemento carrega uma intensa força transformadora: pode ser rápido e violento como uma tempestade marítima, ou sutil e vagaroso como um rio que corta um vale. Muitas tradições, como a da Bíblia e a do Egito Antigo, descrevem o mundo antes da criação como um vazio cheio de água e repleto de potencial.

AR

Tradicionalmente visto como masculino e ativo, o ar representa a região entre a Terra e os céus, o reino do espírito ou do etéreo. Na tradição hindu, o ar é associado ao Brahma, o sopro da vida, e na China remete ao *qi*, a força invisível da vida. As nuvens podem ser manifestações ou veículos do divino e representar a fertilidade por trazerem a chuva.

APARIÇÕES

No Ocidente, "aparições" são criaturas associadas a algum dos quatro elementos, como duendes e gnomos (terra); silfos (ar); sereias (água); e salamandras (fogo).

ARCO-ÍRIS

Na África, o arco-íris representa a serpente cósmica, mãe de toda a criação. No centro e no sul da África, é *chinaweji*, que dividiu o mundo com seu esposo, Nkuba, a luz. A serpente arco-íris faz parte das tradições aborígenes.

FURACÃO

O ciclone é, para os índios da América do Norte, símbolo do poder imaculado do Grande Espírito. Na Bíblia, os furacões representam a majestade divina e conectam a Terra e os céus.

TROVÕES E RAIOS

Para muitos povos originários das Américas, os **TROVÕES** eram o bater das asas do **PÁSSARO TROVÃO** e os **RELÂMPAGOS** eram emanações da luz de seus olhos. Muitas vezes, essa deidade figurava como uma grande águia (*à direita*). Entre o povo nootka, do noroeste dos Estados Unidos, os raios eram a manifestação de **HAIETLIK**, o senhor dos ventos, em forma de **SERPENTE**. Para os gregos, as tempestades expressavam a ira de Zeus, o deus dos céus e do tempo, que lançava **TROVÕES** sobre a Terra em seus acessos de cólera. No norte da Europa pré-cristã, os trovões resultavam dos golpes de martelo do deus **THOR** numa **BIGORNA** e as faíscas luminosas produzidas eram os relâmpagos. Na tradição indiana, o deus **INDRA** desempenhava papel similar ao de Thor e possuía como arma o **VAJRA**, ou relâmpago. Na tradição budista, o "relâmpago de diamante" simboliza a total claridade e agudeza da mente iluminada.

Metais e pedras

Metais, pedras e rochas representam a durabilidade, a força e a eternidade em contraposição à impermanência da matéria orgânica. A máscara de ouro de Tutancâmon (*à direita*) conferia ao faraó imunidade contra a morte e a deterioração. Os gregos consideravam as rochas os ossos da mãe terra primordial, Gaia. A tradição chinesa do *feng shui* entende as rochas de maneira similar: seriam os ossos dos dragões cujos corpos conformaram a paisagem. Nos Salmos, Deus é a rocha que fornece abrigo em tempos de angústia. Pedro (em grego, *Petros*) é a rocha (*petra*) com a qual Jesus constrói sua igreja.

Pedras brutas representam ambivalência, assexualidade e passividade, mas também potencial: a transição do estado bruto ao polimento é a metáfora central da maçonaria (*p. 158*), do impuro à maturidade espiritual e sabedoria. Refinar os metais para torná-los puros remete ao exorcismo dos pecados, processo ao qual Malaquias se refere como "fundição e purificação da prata" pelo "fogo da refinaria" (3:3, 13:9). Na alquimia, a busca da transformação dos outros metais em ouro – o elemento solar supremo – pode ser uma analogia à purificação da alma: a hierarquia dos metais (do ouro ao chumbo) reflete a astrológica dos planetas (do Sol a Saturno). Pedras preciosas e semipreciosas também possuem essa correlação com os signos do zodíaco, os quais possuem, cada um, a "pedra de nascimento".

O metal é um dos elementos ou energias cósmicas da tradição chinesa (*p. 54*). Sua força se relaciona ao *yin* e sua energia é a da declinação e da retração – talvez pela necessidade de refino da jazida antes de se chegar ao metal. Essas características associam o elemento metal ao oeste, onde o Sol se põe, e ao outono, época do ano em que a vida declina.

OURO

Símbolo universal do Sol, o ouro é associado a deidades solares supremas. O Koricancha, templo inca do deus sol Inti, foi todo revestido de ouro. Os egípcios acreditavam que o deus do Sol tinha o corpo de ouro e os ossos de prata, enquanto na tradição hindu o ouro representava os raios solares petrificados. O ouro está relacionado ao coração pela noção de correspondência: assim como o ouro corresponde ao Sol na esfera terrestre, o coração é o Sol do homem. Também remete à perfeição espiritual e à claridade da iluminação mística – daí muitas figurações de Buda serem douradas. Como o velo de ouro do mito grego ou o ouro dos alquimistas, esse metal simboliza a meta suprema, seja ela física ou, em termos simbólicos, espirituais. O ouro também é o metal por excelência da realeza, usado em coroas e outros emblemas do poder real ou supremo, como o cetro e o orbe (*p. 150*).

AS IDADES DO HOMEM

os gregos acreditavam que a humanidade rumava para a degeneração e já havia passado por vários estágios: a idade do **OURO**, da **PRATA**, do **BRONZE** e do **FERRO**. para ovídio, a idade do ouro representava a ausência da doença, do trabalho e da velhice — o homem morria suavemente no sono. zeus decidiu criar uma nova raça, na idade da prata: os homens viviam por um século, mas eram violentos, arrogantes e dominados por suas mães. zeus destruiu-os e criou uma terceira raça, correspondente à idade do bronze: esses seres humanos descobriram o metal e fundaram a civilização, mas matavam-se uns aos outros com armas de bronze. zeus criou, então, a raça final, inaugurando a idade do ferro: a humanidade moderna, equilibrada entre o bem e o mal.

MERCÚRIO

O mercúrio, metal líquido também conhecido como "prata viva", representa o planeta homônimo e também o deus romano de mesmo nome (Hermes, para os gregos), deidade das transições e das trocas. Na alquimia taoista, mercúrio estava associado à imortalidade e era combinado com outros metais em elixires para prolongar a vida – às vezes com consequências fatais.

PRATA

A prata é amplamente relacionada à Lua e a deidades femininas lunares, como Ártemis (Diana). Também representa figuras maternais como a Virgem Maria (*à esquerda*) e rainhas soberanas. Como metal associado à escuridão, era ambivalente: simbolizava a sabedoria e a eloquência (a "língua de prata"), mas também trevas e traição (as trinta moedas de prata de Judas).

FERRO

Inferior ao ouro, à prata e ao bronze, o ferro simboliza Marte – deus e planeta da guerra. Talvez por seu uso comum em armas, foi proibido como material da construção do Templo de Salomão. Como metal marcial, representa a valentia: a cruz de ferro (*à direita*), usada como medalha de coragem entre os militares prussianos e germânicos, é inspirada na insígnia medieval dos cavaleiros teutônicos.

BRONZE E LATÃO

O bronze (cobre com alumínio) e o zinco (latão com ferro) são ligas que denotam a união de opostos: o cobre e o ferro são associados ao Sol e os metais brancos, à Lua. Mais resistente que o ferro, o bronze representa o poder celestial; é usado em sinos e instrumentos sagrados; também foi com ele que Moisés forjou a serpente para curar os que haviam sido picados por cobras. Para os egípcios, o firmamento era feito de bronze.

COBRE

Este metal está associado ao planeta e à deusa Vênus (Afrodite). Ela nasceu em Chipre, onde o cobre era explorado: a ilha deu seu nome ao metal (em latim, *cypirum* ou *cuprum*). Ele era o mais versátil dos metais, em especial nas ligas de bronze (*acima*).

CHUMBO

O peso e o aspecto sinistro do deus e planeta Saturno refletem as características do chumbo, metal relativo a ele. Na alquimia, é onde a transcendência começa.

ALUMÍNIO

O alumínio se associa ao deus e planeta Júpiter. A bandeira da Cormalha, onde esse metal era explorado na Antiguidade, possui uma cruz branca sobre fundo preto, consideradas as cores do alumínio.

JADE

O jade verde (*à esquerda*) é muito apreciado na China há mais de seis mil anos. Para Confúcio (551-479 a.C.), o brilho suave, a pureza, o som, a dureza e a durabilidade do jade simbolizam, respectivamente, humanidade, integridade moral, sabedoria, justiça e perseverança. Acreditava-se que a pedra preservava o corpo, por isso era associada à imortalidade. A deidade suprema, rei dos céus, era o "imperador de jade", enquanto o disco de jade (o círculo do céu) era conhecido como *bi*, ou "portão dos céus".

TURQUESA

Em tradições americanas nativas, a turquesa era a pedra dos deuses. Esta serpente asteca de duas cabeças (*abaixo*) é um parapeito de madeira talhada, revestida de mosaico de turquesa e de outros materiais, como a concha de um molusco chamado *spondylus* (nas áreas vermelhas). O deus do fogo dos astecas era Xiuhtecuhtli, o "Senhor Turquesa". O Menino Turquesa protegia os índios navajos.

ESMERALDA

A cor dessa pedra é associada ao crescimento da primavera, à fertilidade e à regeneração: a Irlanda é, tradicionalmente, a Ilha Esmeralda. Também é símbolo cristão de fé, esperança e vida eterna, além de ser a pedra universal do casamento e popularmente usada em figurações de deuses – como, por exemplo, no "Buda de Esmeralda" tailandês (*à direita*), potente símbolo nacional.

DIAMANTE
Símbolo universal de durabilidade e eternidade, o diamante é a pedra mais usada em alianças e anéis de casamento: representa a esperança de um amor duradouro. No budismo, representa a limpidez total do estado de iluminação e aparece como um "relâmpago de diamante" (*vajra*) que atravessa a ignorância. No Tibete, também é conhecido como *vajrayana*, o "veículo do relâmpago de diamante".

O PODER CURATIVO DAS PEDRAS

Os sumérios seguiam os princípios de correspondência cósmica e associavam certos minerais aos planetas: **DIAMANTE** (**SOL**), **SELENITA** (**LUA**), **ÁGATA** (**MERCÚRIO**), **ESMERALDA** (**VÊNUS**), **RUBI** (**MARTE**), **JACINTO** (**JÚPITER**) e **SAFIRA** (**SATURNO**). O mais antigo registro sobre o uso medicinal de cristais é o papiro Ebers (c. 1550 a.C.), o segundo texto médico mais antigo. Hoje, esses simbolismos e conhecimentos sobre as propriedades curativas, protetoras e psicoespirituais foram ampliados para uma gama maior de pedras. Algumas características derivam de associações tradicionais ou da correlação direta relacionada à cor ou à aparência dos minerais. A **GRANADA** vermelha, por exemplo, é considerada benéfica para desordens do coração e do sangue; a **AMETISTA** rosa, ou "pedra do amor", libera emoções negativas e estimula o amor por si mesmo e pelos outros; as **OPALAS**, sagradas para xamãs de povos nativos norte-americanos e australianos, são associadas à **LUA** e à **ÁGUA** por sua translucidez, além de promoverem o bem-estar físico.

AETITA
Conhecida como "pedra grávida", a aetita – pedra que em seu interior contém outra menor e mais bonita – era usada por crianças e mulheres como amuleto de proteção durante o nascimento de um bebê. Também se dizia que detectava ladrões.

BENBEN
No Egito Antigo, estruturas piramidais simbolizavam Benben, a pedra primordial de Heliópolis, reverenciado por ser o lugar onde se deu o primeiro ato de criação – o deus sol ganhou vida ao tornar-se o pássaro Benu.

SÍLEX
As flechas e setas pré-históricas feitas de sílex eram chamadas de "pedras-relâmpago". Na Europa antiga, eram muito usadas como talismãs.

"OSSOS DE GAIA"
Os deuses destruíram o mundo com o dilúvio, mas Deucalião e Pirra sobreviveram e recriaram a humanidade com os "ossos de Gaia" – pedras do chão. As jogadas por Deucalião são os homens e as atiradas por Pirra, as mulheres.

LÁPIS-LAZÚLI
Encontrado no Afeganistão e no Chile, era uma pedra cósmica e celestial para o Oriente Próximo, China e Egito antigos. Simbolizava deidades solares e, na China, era a pedra do paraíso (*Tian*).

LINGAM
Pilares de pedra cuidadosamente polidos representam o *lingam*, o falo do deus hindu Shiva, o procriador divino, e simbolizam a fertilidade e a recriação. O disco de pedra em volta da base dos pilares representa o *yoni*, ou vulva, e simboliza a união das forças masculina e feminina.

PEDRAS DE LITERATOS
Sábios chineses colecionavam pedras e rochas cujas cores, formas e texturas fossem pouco comuns e as usavam como objetos de contemplação e símbolos do amorfo *qi*, a força invisível da vida presente na natureza.

METEORITO
Pedras do céu eram veneradas como presentes divinos, com poderes extraordinários. A antiga pedra negra no templo da Caaba, em Meca, é provavelmente um meteorito, símbolo físico dos laços entre Deus e a humanidade.

ÔNFALO
Sagrada tanto para a deusa da terra, Gaia, como para o deus solar Apolo, Delfos era reverenciada pelos gregos como o centro do mundo, representado por uma pedra sagrada: o ônfalo, ou "umbigo", de Gaia.

PÉROLA
As pérolas remetem à Lua e à fertilidade feminina e são consideradas símbolo de segredo ou sabedoria esotérica. O fato de crescerem no interior de uma concha lhes conferia certo mistério e, na tradição cristã, representa Jesus no útero de Maria.

RUBI
Rubis vermelhos denotam amor, paixão e zelo. Acreditava-se que, usados em anéis de casamento, tornavam-se pálidos quando o amor se esvaía. Na Antiguidade, adornavam coroas e insígnias reais; também eram usadas contra a tristeza e o envenenamento.

SAFIRA
Por sua cor, a safira foi por muito tempo associada aos céus e simboliza a paz celestial, a verdade e a harmonia. Na tradição dos chacras, essa pedra remete ao terceiro olho, à iluminação e à devoção ao divino.

SÍSIFO
Sísifo, rei de Corinto, tentou enganar a morte e terminou condenado a passar a eternidade empurrando uma grande pedra morro acima até ela rolar de novo para baixo e ele reiniciar o trabalho. A pedra representa o limite da liberdade humana ao desafiar a natureza.

ALQUIMIA

A alquimia é descrita como a arte da transformação. A meta (ou Grande Obra) dos alquimistas era transformar a matéria bruta (substância primordial) – fosse a alma humana ou, fisicamente, uma misteriosa substância metálica raramente identificada – em algo puro e perfeito. A façanha envolvia a descoberta de uma poderosa essência (conhecida como elixir ou tintura) que pudesse transformar metais inferiores em ouro ou prata. Muitos alquimistas buscavam a "pedra filosofal" em seus laboratórios, mas outros tomavam a alquimia como uma transformação interna mais profunda: o refinamento e o aperfeiçoamento da natureza humana.

A matéria bruta deveria passar por diferentes fases de transmutação representadas por uma grande variedade de símbolos (*abaixo*). Não havia um repertório padrão: enquanto alguns alquimistas usavam sempre os mesmos símbolos, outros empregavam símbolos idênticos para coisas diferentes, inclusive no mesmo manuscrito. Por exemplo, o *nigredo*, ou escurecido, podia ser representado por um sapo (*à esquerda*) ou pássaro negro como os da imagem principal (*à direita*), tirada de um manuscrito germânico sobre alquimia do século XVI chamado *Splendor Solis* (Esplendor do Sol), famoso pelas abundantes e belas ilustrações simbólicas.

Árvore da vida
A árvore simboliza o processo de ascensão da matéria bruta (a terra na qual a árvore está enraizada) ao estado de pureza transcendente (o crescimento em direção ao céu).

Metais planetários
O homem subindo a escada representa o adepto recém-iniciado no caminho ascendente da busca pela perfeição espiritual – os "frutos" serão colhidos e postos na cesta. Ele representa também a matéria física primordial no estágio *nigredo* (escurecido).

Filósofos
O "adepto" (veste vermelha) e seu "mestre" (veste branca) representam as duas etapas finais da Grande Obra: o *albedo* e o *rubedo* (*quadro à direita*).

DRAGÃO ALADO
A pedra filosofal era representada por diferentes símbolos. Um deles era o uróboro (*p. 81*), e outro, o dragão alado que devora sua própria cauda (*à esquerda*) – figura que representa a complexidade da Grande Obra e a superação de dualidades e forças voláteis.

METAIS PLANETÁRIOS
Cada um dos sete principais metais da alquimia é um reflexo microscópico do cosmo, representado pelo símbolo ou emblema do corpo celeste do qual sofre influência. Estes símbolos (*à esquerda*) representam Marte (*em cima*), regente do ferro, e Vênus (*embaixo*), que rege o cobre.

PÁSSAROS Símbolos da alma purificada e da libertação dos sofrimentos terrenos, os pássaros da imagem tornam-se mais claros conforme a etapa do progresso em relação ao estágio inicial (*nigredo*, o corvo).

COROA DOURADA A coroa ao redor da árvore da vida simboliza a Grande Obra, a chegada à perfeição na forma de ouro ou de plenitude espiritual – representada pela coroa em forma de círculo.

FLORES Representam a tintura vermelha ou a pedra filosofal – a "flor dourada" da Grande Obra.

A GRANDE OBRA

Na alquimia, cada fase da transformação tem uma cor e um conjunto de símbolos. A primeira é o NIGREDO, ou escurecido (**CORVO OU SAPO**), em que a MATÉRIA BRUTA é reduzida a uma substância negra para liberar seus elementos "masculinos" e "femininos" (**REI** e **RAINHA**, ou **SOL** e **LUA**). Eles serão reunidos (**CASAMENTO DO REI E DA RAINHA**) na fase seguinte, o ALBEDO, ou esbranquiçado (**CISNE, ÁGUIA BRANCA** ou **ESQUELETO**). Depois, vem a *viriditas*, fase amarelada ou esverdeada (**LEÃO VERDE**), seguida de uma irisação (**CAUDA DO PAVÃO, ARCO-ÍRIS**). Se essa fase é bem-sucedida, chega o estágio da **PEDRA BRANCA**, ou **TINTURA BRANCA** (**UNICÓRNIO, LUA, ROSA BRANCA**), no qual é possível transformar o chumbo em prata. A fase seguinte, o **RUBEDO**, ou avermelhado (**PELICANO, GALO, ROSA VERMELHA**), leva à transformação final (**SOL, FÊNIX** renascido do fogo) e produz a **TINTURA VERMELHA**, ou **PEDRA FILOSOFAL**, que pode transformar a matéria em **OURO**. A **GRANDE OBRA** está completa.

GRANDE LEÃO DEVORANDO O SOL
O leão verde era um poderoso símbolo da força vital que deveria ser destilada da matéria bruta. No nível físico, representava ácidos como o vitríolo (ácido sulfúrico) e o ácido nítrico, fortes o suficiente para dissolver até mesmo o ouro (simbolizado pelo Sol).

Mamíferos

Animais são centrais no simbolismo. Figuram na imaginação humana desde os primeiros registros artísticos encontrados, de aproximadamente 34 mil anos, na caverna de Chauvet-Pont-d'Arc, no sudeste da França. Desde a descoberta, reconheceu-se que esses desenhos do Paleolítico e outras pinturas de gatos gigantes, ursos, cavalos, mamutes, bisões e rinocerontes não tinham sido criados por mero passatempo. Embora a arte rupestre represente sobretudo os animais com os quais o homem tinha contato físico direto – no papel de caçador ou caça –, é evidente que essas criaturas eram símbolos poderosos. Talvez remetessem a algum tipo de prática mística com o intuito de controlar os animais mais fortes, rápidos e perigosos ou até mesmo de incorporar as características selvagens desses bichos – costume ainda vigente em culturas tradicionais xamanistas.

Os animais – desde ruminantes domesticados até cavalos (*à esquerda*) – tornaram-se centrais na vida humana e também no simbolismo, seja do ponto de vista físico (formas, cores, hábitos) ou das características a eles atribuídas, como agilidade, velocidade, lentidão, valentia, astúcia, persistência, artimanha, cuidado. Virtualmente, qualquer traço físico ou psíquico humano possui um símbolo animal; logo, o reino animal como um todo pode ser considerado espelho da humanidade – seja da consciência seja dos instintos subconscientes e inconscientes mais profundos: "a besta em nós", ou o que Jung chamava de "alma animal".

LOBO
Símbolo quase universal de selvageria, o lobo representa os inimigos de Cristo (o carneiro). A intrepidez desse animal também transformou-o em insígnia de guerreiros. É ainda símbolo de Roma: a Lupa Capitolina, uma loba, teria amamentado os gêmeos Rômulo e Remo, fundadores da cidade.

RAPOSA
Astuta, a raposa é pouco confiável; representa as armadilhas e hipocrisias de Satanás, príncipe das trevas. Nas lendas chinesas, raposas se transformam em belas mulheres e desviam os homens de seu caminho; no Japão, são as mensageiras da Inari, deusa do arroz e da prosperidade.

COIOTE
O coiote (*à esquerda*) é um animal sorrateiro e seu nome é usado para designar pessoas glutonas. O coiote sabe ludibriar monstros, mas também desperta sua ira. Para os navajos, ele facilitou a luta contra os monstros, mas impediu a tentativa dos homens de se tornarem imortais.

ONÇA
As onças eram símbolos de realeza, poder e fertilidade entre os povos nativos mesoamericanos. Fosse em terra, na água ou nas árvores, caçando de dia ou de noite, a onça era a senhora dos animais e representava a sabedoria secreta.

TIGRE
Maior animal entre os felinos, o tigre é mais solitário que o leão e raramente sai da floresta, exceto em épocas de procriação – e por isso é considerado misterioso e dotado de poderes sobrenaturais, além de representar a ferocidade e valentia. Na China, é protetor de tumbas e guardião da alma. O celestial tigre branco representa o oeste e o outono: a serpente do *yang* e do renascimento que permanece dentro do *yin* quando a retração da vida desponta.

PUMA
Habitantes das cadeias montanhosas da América do Norte até o Chile, os pumas também são conhecidos como suçuaranas, leões-da-montanha ou panteras. Emblemas de realeza e soberania, esses animais tinham grande importância heráldica para os incas – cujo império andino era concebido como um puma, daí o nome de sua capital, Cusco ("grande puma"). A cabeça do puma era o templo e forte Saksaq Waman, e sua cauda formava parte da cidade conhecida até hoje como Pumachapan – ou, "rabo do puma".

LEOPARDO
O leopardo tem reputação de vigilante devido aos "olhos" de sua pele e, de fato, esse animal simboliza a diligência na heráldica europeia (*p. 79*). Assim como o leão (*abaixo*), o leopardo remete à feracidade, mas também à astúcia, por seu método de caçar: sozinho e à noite, quando irrompe em ataques súbitos e fatais. Em algumas partes da África, espíritos malignos podem tomar a forma de leopardos; em outras partes do mundo, contudo, as manchas na pele do animal simbolizam a chuva, daí ele ser associado à fertilidade da terra.

LEÕES: PROTETORES FEROZES
O mais conhecido dos grandes felinos, o LEÃO é símbolo de valentia, poder e soberania desde os tempos antigos. Na Suméria, os palácios e templos assírios eram protegidos por figuras híbridas de leão, touro e homem (*abaixo, ao centro*). Túmulos de guerreiros gregos muitas vezes contavam com desenhos de leões para afastar espíritos maléficos. Na arte cristã, não raro o portal do **INFERNO** era representado por uma boca de leão; por outro lado, CRISTO como messias era o "leão da Judeia", enquanto o leão alado era o emblema de **SÃO MARCOS** — símbolo do poder físico e espiritual de Cristo. A deusa hindu **DURGA**, a destruidora do mal (*abaixo, à direita*), era representada cavalgando um leão.

Os machos têm aparência majestosa, mas a ferocidade das leoas — elas cuidam da maior parte da caça — era representada pela deusa egípcia **SEKHMET** (*abaixo, à esquerda*), filha do deus sol **RÁ**, responsável pelas pragas e castigos lançados aos inimigos do Egito. A leoa como protetora remete ao papel de Sekhmet como deusa da cura.

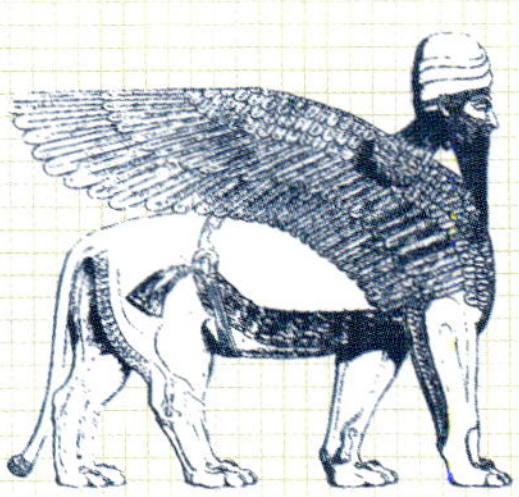

PRIMATAS, OS PRIMOS DA HUMANIDADE

similares aos humanos em seus hábitos, aparência, mímicas e destreza, **MACACOS** como os **GORILAS** ganharam um lugar especial no simbolismo animal. para muitas culturas, esses animais encarnam certos aspectos dos seres humanos, como a cobiça e a sexualidade desenfreada, e sua curiosidade e inteligência são muito associadas à astúcia e à duplicidade. **SUN WUKONG**, o **MACACO REI** do livro *jornada ao oeste*, romance épico chinês do século XVI, é tipicamente malicioso: nem mesmo os deuses podiam evitar que roubasse os pêssegos da imortalidade. Depois de punido, acompanhou um peregrino beato na busca de textos budistas e, mais tarde, foi deificado. Essa trajetória remete à dualidade inerente no simbolismo associado aos primatas.

Na Índia, apesar de também serem considerados maliciosos, os macacos são as criaturas sagradas e invioláveis de **HANUMAN**, o popular deus macaco (*à direita*). Filho do deus do vento, Hanuman é leal, valente e destemido, e utiliza seus poderes de transmutação para ajudar o herói divino **RAMA** a lutar contra **RAVANA**, o rei maligno de Lanka. No Egito, o deus babuíno **TOTH** foi o criador da escrita hieroglífica e guardião da sabedoria e da magia secretas. De forma similar, os maias da América Central reverenciavam macacos como os inventores da arte, da escrita hieroglífica e da matemática.

TOURO

Poderoso símbolo de força e virilidade masculina, também é associado às urgências e instintos dos seres humanos. O deus persa Mitra era representado matando um grande touro para simbolizar a vitória sobre a natureza selvagem; os iniciados no culto dessa deidade masculina eram batizados com sangue de touro. O animal também era a fera totêmica real da antiga ilha de Creta, cenário de diversos mitos gregos de apelo sexual, como a história do sequestro da donzela Europa por Zeus na forma de touro e a história do Minotauro, o monstruoso híbrido de homem e touro, filho da rainha Pasífae, morto pelo herói Teseu (*p. 125*). Capturar o touro "pai" do Minotauro era um dos doze trabalhos de Hércules.

CAVALO

O cavalo evoca rapidez, força, nobreza e energia para as culturas do Velho Mundo e ganhou sentido parecido entre os índios após sua introdução na América pelos espanhóis. Era o animal real dos antigos celtas e na mitologia nórdica representava a sabedoria dos deuses; o próprio Odin cavalgava um garanhão de oito patas. Na China, os cavalos também simbolizavam *status* e poder militar e eram os guardiões dos talentos espirituais e materiais.

CERVO

Os cervos simbolizam a fertilidade e o renascimento, e eram considerados a encarnação da deidade celta Cernuno, o "deus chifrudo" e rei dos animais. Por sua velocidade e orelhas pontudas, também representava a audição em pinturas sobre os cinco sentidos. Na arte budista, o cervo alude ao parque onde Buda compartilhou seus ensinamentos pela primeira vez: simboliza a humildade e a atenção do pupilo ideal. O cervo na beira de um riacho representa a alma que anseia por Deus (Salmos, 42:21).

URSO

Às vezes, os ursos se erguem e andam eretos como pessoas; entre alguns povos nativos norte-americanos e em outras tradições xamanísticas, são reverenciados como seres aparentados aos humanos e como espíritos guardiões com poderes mágicos, de metamorfose e de cura. A tradição europeia dizia que os filhotes de urso nasciam sem forma até serem esculpidos pelas lambidas da mãe – seriam, por isso, símbolos da criação. Na Grécia, o urso (*arktos*) era sagrado para Ártemis, deusa da caça.

URSO-POLAR

Tradições do Ártico temem e respeitam os ursos-polares por sua força, paciência e inteligência parecida à humana – podem engatinhar com cuidado até uma morsa adormecida e matá-la com um bloco de gelo, esperar uma presa pacientemente durante horas ao lado de um buraco no gelo e construir um ninho gélido para dar à luz. É o principal animal xamanístico entre os povos esquimós e, por sua cor, é associado à Lua: o Homem Lua, o padroeiro dos caçadores inuítes, usava uma pele de urso-polar.

CANGURU

O canguru figura em histórias aborígines sobre o Tempo do Sonho, uma época primordial em que heróis ancestrais criadores atravessavam paisagens e moldavam suas formas. Malu, o canguru vermelho, viajou centenas de quilômetros até o centro da grande ilha australiana, deixando marcas sagradas como rios, cavernas e rochas esculpidas por seu espírito criativo.

VACA

Sagradas e protegidas no hinduísmo, as vacas são amplamente reverenciadas como animais ligados à alimentação. No Egito Antigo, Hathor, a poderosa – porém bondosa – deusa vaca, era a protetora das mulheres e dos mortos, além de deusa da fertilidade, do amor sexual, da música e da dança, assim como mãe divina simbólica do faraó. Na mitologia nórdica, Audumbla era a grande vaca cujas tetas formavam os quatro riachos de leite que alimentavam Ymir, o rei dos gigantes do gelo e a partir de quem foi criado o mundo.

ELEFANTE

Apesar do tamanho, os elefantes (*à esquerda*) são dóceis e gregários: ajudam-se uns aos outros e não abandonam um membro do grupo à beira da morte. Esses aspectos teriam contribuído para a antiga crença na sagacidade desse animal: os gregos veneravam sua sabedoria e os tailandeses sussurravam suas aflições na orelha de um elefante. Na Índia, antes de agir, muitos hindus rezam para a divindade com cabeça de elefante, Ganesha, deus da sabedoria e removedor de obstáculos.

JAVALIS E PORCOS

Perigoso, veloz e agressivo, o javali (*acima*) é um símbolo ambivalente de força, soberania e tirania destrutiva. Na Grécia Antiga, havia vários mitos sobre caçadores épicos de javalis. Inteligente, o javali era considerado um animal profético e sagrado pelos celtas, com propriedades mágicas protetoras.
O porco pode ser símbolo de fertilidade, como nas imagens egípcias da deusa do céu Nut e seus porquinhos (as estrelas). Porém, no Oriente Próximo, os porcos eram vistos como escavadores sujos e alimentar-se de sua carne é proibido para judeus e islamitas praticantes.

CABRAS E CARNEIROS

Cabras e carneiros (*à esquerda*) eram antigos símbolos de fertilidade masculina e luxúria devido a seus chifres fálicos e ao vigor do seu acasalamento. Como símbolo de poder gerador, a cabra era reverenciada no Egito e associada às deidades da criação Amun e Khnum, em geral representadas com cabeça de cabra. Jesus é o bom pastor do rebanho de fiéis e do inocente cordeiro de Deus sacrificado na Páscoa. O bode expiatório do Levítico (16:22) carrega os pecados da humanidade. O pastor cristão separa as ovelhas (os fiéis). O bode é a besta do demônio, tipicamente representado por suas patas de ponta fendida, barbicha e chifres – imagem derivada do lascivo deus Pã, senhor da natureza, e de seus assistentes híbridos de homens e cabras, os sátiros.

BÚFALO

Na América do Norte, antes de ser dizimado por caçadores no século XIX, o búfalo americano, ou bisão, corria pelas pradarias do Canadá ao México em manadas impressionantes, em manifestação de poder e vitalidade animais, e eram fonte de sobrevivência para muitos povos nativos. O búfalo já aparecia em pinturas rupestres na Europa e talvez também representasse força espiritual. No budismo tântrico, as deidades da força protetora Mahakala e Yamantaka figuram com cabeças de búfalo, que simbolizam o poder sobre forças maléficas.

LEBRES E COELHOS

A esperteza e a velocidade de lebres e coelhos fizeram-nos ser considerados – na Ásia, Europa, África e Américas – símbolos da astúcia e da artimanha. Muitas tradições mencionam a presença da cabeça de uma lebre ou coelho na Lua; na China, a lebre lunar detém o elixir da vida eterna. Conhecidos pela rapidez com que se reproduzem, estão associados à promiscuidade e à fertilidade. No folclore britânico, o pé do coelho é usado como amuleto de boa sorte e na cura de câimbras e reumatismo. Essa superstição pode ser um eco da crença dos antigos celtas de que eram espíritos poderosos.

CÃES E GATOS

Gatos e cachorros são os animais mais familiares e companheiros dos seres humanos. Praticamente iguais aos seus ancestrais, os **GATOS** estão envoltos em simbolismos contraditórios: ao mesmo tempo que apreciam a presença humana, são independentes e em geral possuem vida misteriosa fora de casa, sobretudo à noite. Talvez por isso sejam suspeitos de flertar com o demônio e com bruxas malignas. A ambivalência desses animais existe desde o Egito Antigo, quando eram sagrados para **BASTET** (*à direita*), deusa bondosa porém vingadora: na forma de gato, à noite, decapitava a serpente **APEP**, inimiga do deus sol.

A ciência afirma que todos os **CACHORROS** descendem de **LOBOS** criados na China em c. 14000 a.C. Animais de estimação por natureza, os cachorros têm percepção aguçada e simbolizam lealdade e solidariedade. No Japão, acreditava-se que eles sentiam a presença de espíritos; entre os maias, eram enterrados com os donos para guiá-los ao além. Também figuravam como guardiões e protetores, como **CÉRBERO**, o cão de três cabeças que guardava a entrada do **HADES**. Este mosaico romano (*acima*) é um aviso da presença de cão de guarda. Na China, os "cães de fo" guardavam o Darma.

JUDAÍSMO

O judaísmo derivou da religião de Judá, o antigo reino israelita que sucumbiu em 586 a.C. Seus elementos básicos são Deus, sua lei e seu povo, Israel. Os judeus acreditam numa deidade universal e eterna, o criador e senhor de tudo. Deus fez um pacto com os israelitas (circuncisão), escolheu-os como "luz das nações" (Isaías 49:6) e incumbiu-os de reunir todos os povos ao redor Dele. Em retribuição à proteção divina, os judeus seguem os mandamentos (*mitzvot*) e as leis de Deus (Torá), apresentados nos primeiros cinco livros da Bíblia hebraica (os cinco livros de Moisés, ou Pentateuco), os textos sagrados do judaísmo.

Muitos símbolos judaicos se referem à relação entre Deus e Israel. A estrela de Davi (*quadro abaixo*) é popular, mas outro símbolo mais antigo é o candelabro de sete braços, ou menorá. Uma menorá gigante ornava o Templo de Jerusalém, fundado pelo rei Salomão e centro de devoção e peregrinação, até sua destruição pelos romanos, em 70 d.C. Muitas casas judaicas possuem uma menorá, acendida no *shabat* e em festas religiosas. A de nove braços é acesa durante o Hanukká (Reinauguração), quando se celebra a retomada do Templo em 164 a.C., após a derrota dos gregos. Na Espanha medieval, representações de detalhes sagrados do Templo adornavam as bíblias judaicas: o exemplo ao lado (*p. 69*) foi tirado de uma Torá aragonesa de c. 1299.

A maior parte das casas judaicas conta com a mezuzá, uma caixinha com um rolo de pergaminho dentro, a oração de *shemá Israel* (Deut. 6:4), fixada na entrada. Ela relembra que a casa também é um lugar sagrado. Entre outros símbolos, está a hamsá, ou "mão de Míriam", usada para invocar a proteção divina (muito difundida também no islamismo, é chamada de "mão de Fátima nessa religião).

A ARCA DA ALIANÇA Acreditava-se que Deus vivia no Templo de Salomão, dentro da arca sagrada, segurando as tábuas de pedra com os Dez Mandamentos. A arca é guardada por dois querubins.

PÁS DE INCENSO Essas duas pás eram usadas para queimar incenso durante os cultos no Templo.

PÃO DA PRESENÇA Esses pães eram expostos numa mesa especial como oferta permanente a Deus. Há um filão para cada uma das doze tribos de Israel.

A ESTRELA DE DAVI

O símbolo judaico mais usado é a **estrela de Davi**, que aparece nas sinagogas (*à direita*) e na bandeira de Israel. O uso dessa estrela de seis pontas — derivada do místico e hermético **SELO DE SALOMÃO**, um **HEXAGRAMA** formado por dois triângulos intercalados — é relativamente moderno e originou-se na cidade de Praga na Idade Média. Na mística **CABALA**, o selo simboliza a inter-relação entre o céu e a terra e a inextricável fronteira entre Deus e a humanidade.

O selo também pode representar os **QUATRO ELEMENTOS**, de acordo com outras leituras. O **TRIÂNGULO** que aponta para **BAIXO** simboliza a **ÁGUA** e o que **APONTA** para **CIMA** representa o **FOGO**. Quando são superpostos, uma linha horizontal corta o triângulo perto do vértice ao alto, enquanto outra linha horizontal se forma perto do vértice abaixo. Essas linhas representam, respectivamente, o **AR** e a **TERRA**. O hexagrama representa a unidade da criação divina.

MENORÁ O candelabro dourado é, historicamente, o símbolo judaico mais comum. Os sete braços representam os seis dias da criação mais o *shabat* (sábado, o dia de descanso), ou os sete planetas conhecidos pelos povos antigos.

PINÇA E APAGADOR Esses instrumentos eram usados para acender e apagar velas (dentro das menorás) no Templo.

VARA A vara simboliza Aarão (irmão de Moisés), o primeiro sacerdote dos hebreus, que, com esse instrumento, fazia sinais prodigiosos diante do faraó. Uma vez, a vara floriu miraculosamente.

criaturas aquáticas

Seres dos mares, rios e lagos compartilham em grande medida o simbolismo relacionado à água. Dois terços do nosso planeta correspondem a esse elemento, que afeta a humanidade de duas formas contraditórias: por um lado, é essencial para a vida e para o cultivo, e por outro é responsável por enchentes, dilúvios e tsunamis catastróficos. Muitas mitologias concebem o cosmo antes da criação como um caos primordial de água – um espaço ilimitado de pura força e potência que muitas vezes é representado por uma criatura aquática gigante, como o bíblico Leviatã (*p. 73*). Pela associação da água com o útero, os seres aquáticos remetem, em geral, à fertilidade, além de serem símbolos fálicos.

A água é muito relacionada a rituais de limpeza e purificação, e um dos símbolos mais antigos do cristianismo. Neste mosaico de chão do século IV (*à esquerda*), os peixes representam os povos. Águas escuras aludem a conhecimentos esotéricos profundos; criaturas do mar refletem a habilidade de penetrar nas profundezas da sabedoria; e, em muitas tradições, as criaturas aquáticas são intermediárias entre o terreno e o divino ou reinos espirituais. Antigas deidades eram, às vezes, representadas em forma de peixe, como o deus fenício Dagon ou o mesopotâmico Adapa, o detentor da sabedoria. Em termos psicanalíticos, os seres aquáticos representam a atividade do subconsciente – submerso na consciência, longe da visão.

BÚZIO
O búzio é usado como instrumento em rituais budistas e hindus, talvez porque suas notas se assemelhem ao som primordial *Om*. No budismo, o búzio também é um dos oito símbolos auspiciosos. A concha do molusco cresce em sentido horário e essa “volta à direita” significa o darma (os ensinamentos de Buda).

VIEIRA
A concha da vieira é um símbolo da deusa Afrodite (Vênus, para os romanos), nascida no mar ou, em algumas interpretações, na própria concha. As vieiras eram usadas como amuletos por peregrinos que percorriam o caminho de Santiago de Compostela, na Espanha – por isso tornaram-se símbolo do santo.

CARANGUEJO
Os movimentos errantes do caranguejo simbolizam o desvio; seu nome em latim, *cancer*, foi usado para batizar a doença que se espalha de forma imprevisível. A constelação de Câncer representa o caranguejo enviado pela deusa Hera contra o deus Hércules – que destruiu o animal, imortalizado por Hera nas estrelas.

DOIS PEIXES
Um par de peixes representa a constelação de peixes. Quando esses animais são representados em forma oval ou circular, remetem à vagina, ou *yoni* (“origem da vida”, em sânscrito). Na China, dois peixes simbolizam a relação sexual. No entanto, também podem ser associados ao casamento próspero e feliz.

O LOBO DOS OCEANOS

O grande predador dos oceanos desliza silencioso pelas profundezas escuras da água e ataca suas presas com rapidez e ferocidade. É o **TUBARÃO**, símbolo de selvageria e do medo universal do perigo escondido. Não é surpreendente, portanto, o fato de o tubarão ser um emblema recorrente em muitas tradições do Pacífico. O deus tubarão havaiano, **KAMOHOLAI'I**, era reverenciado como inventor do surfe e os **'AUMAKUA** eram espíritos ancestrais na forma de tubarões. A transmutação também pode ser observada no deus fijiano **DEKUWAQA**, que se manifestava na forma de tubarão elefante, guia dos guerreiros em caças noturnas com canoas. Nas Ilhas Trobriand, um rito de passagem dos rapazes é caçar um tubarão sozinho numa canoa. Nas Ilhas Salomão, os crânios dos mortos eram guardados em relicários em forma de tubarão. Os Tringlits, do Alasca, estavam entre os povos nativos norte-americanos para quem o tubarão era um totem ancestral da tribo, e, em tradições australianas aborígines, os tubarões figuram como ancestrais do **TEMPO DO SONHO**.

O "peixe grande" que engoliu Jonas na história bíblica às vezes é associado ao tubarão — e não à **BALEIA**, como na versão mais tradicional.

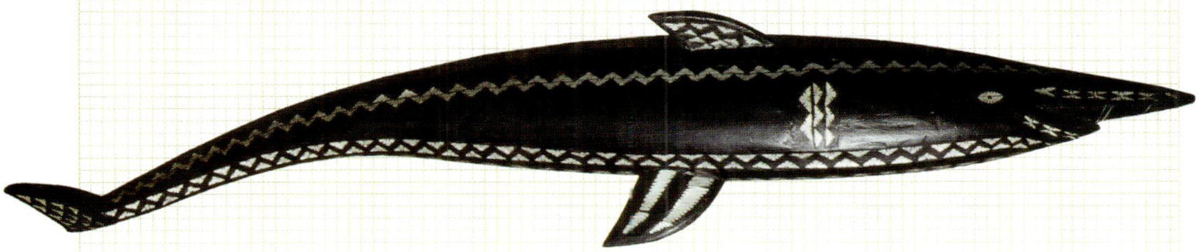

CARPA
A carpa pode viver mais de cinquenta anos e figura como símbolo de longevidade na tradição chinesa. Também remete à perseverança e à coragem militar por nadar sempre contra a corrente. No Japão, a carpa *koi* simboliza o amor, pois *koi* é a palavra arcaica para esse sentimento (*p. 72*).

TRÊS PEIXES
Três peixes com uma única cabeça no centro são uma das formas do símbolo conhecido como trinácria e representam o poder do número três em muitas tradições. O peixe é um antigo símbolo cristão (*p. 73*) e três peixes dispostos em forma triangular simbolizam a Santíssima Trindade (Pai, Filho e Espírito Santo).

SALMÃO
O épico ciclo de vida desse peixe, que percorre milhares de quilômetros no oceano e volta ao mesmo rio onde nasceu para procriar, tornou-se um totem em muitas sociedades e representa a morte e o renascimento, a fecundidade, a sabedoria e a intuição. Na mitologia irlandesa, o herói Finn provou a carne do salmão mágico e ganhou poderes ilimitados de profecia (*p. 36*).

FOCA
As focas figuram em algumas culturas como ancestrais primordiais, capazes de tomar forma humana – nas lendas escocesas, as *selkies* são mulheres focas que se desfazem de suas peles em terra e não podem voltar ao mar sem elas. Para alguns povos do Pacífico Noroeste, as focas representam as habilidades de nadar e pescar.

GOLFINHO
Para os índios, esses mamíferos inteligentes eram mensageiros do mundo espiritual. Os gregos ligavam os golfinhos (acima) ao amor, à salvação e ao renascer espiritual, pela semelhança entre *delphis* (golfinho) e *delphys* (útero). Eram emblemas dos deuses Poseidon e Oceano, e também de Dioniso, deus dos estados alterados.

POLVO E LULA
A Hidra, monstro de várias cabeças que lutou contra o deus Hércules, figura muitas vezes como lulas ou polvos gigantes em cerâmicas antigas gregas. Essas criaturas são a provável inspiração para o monstro aquático conhecido como kraken (p. 73). O polvo também representa a inconstância por sua habilidade em mudar de cor quando ameaçado.

PEIXE DA FARTURA

Na China e no Japão, os peixes simbolizam abundância e prosperidade; a palavra chinesa para peixe (*yu*) também significa fartura e opulência. As carpas (*p. 71*) e sua variedade domesticada, o peixe-dourado, são mantidas em lagos e dispostos em aquários, respectivamente. O nome em chinês do peixe-dourado, *jinyu*, também significa "fartura de ouro", o que explica a popularidade desse peixe ornamental. Os dourados e outros peixes também são muito usados em estampas decorativas. O peixe (*yu*) e o lótus (*lian*) aparecem ainda no jogo de palavras yu lian nian, que significa "fartura perpétua". Yu também significa "desejo" e comidas à base de pescado são muito consumidas em festivais com o sentido de replicar felicidade e abundância. No ano-novo chinês, o peixe é servido com rabo e cabeça, para invocar a prosperidade no ano vindouro. Na China antiga, a cabeça do peixe era oferecida em sacrifício ao deus da fartura.

BALEIA

Sociedades que tradicionalmente dependem da baleia (*à esquerda*) para sobreviver conferem a esse animal grande respeito e reverência. No Japão, o templo costeiro de Koganji é uma homenagem aos espíritos das baleias mortas; e no Alasca, xamãs inuítes invocam espíritos de baleias nos rituais. Para os *kwakiutl* do Canadá, as baleias são associadas à vida longa e à prosperidade.

Na tradição ocidental, a história mais famosa sobre baleias está no livro bíblico de Jonas. Para tentar fugir da ordem de Deus de avisar os habitantes de Nínive sobre a destruição da cidade, Jonas embarcou num navio. Deus causou uma tempestade e a tripulação, com medo, jogou Jonas para fora do convés. Ele foi engolido por um "peixe grande", usualmente representado por uma baleia, mas o animal também pode figurar como golfinho gigante ou tubarão. Jonas permaneceu dentro da criatura por três dias, mas foi libertado ao arrepender-se. Jesus comparava a experiência de Jonas à de sua futura morte, seguida da ressurreição três dias depois (Mateus 12:40). A baleia simboliza, no ritual do batismo, a transição espiritual entre a "morte" e a "ressurreição" em Cristo.

TIAMAT E APSU

Na mitologia babilônica, a água salgada dos oceanos e a água doce eram representadas por duas feras: Tiamat (*acima*) e Apsu. Elas copularam para dar origem a vários deuses, entre eles Ea, responsável pela morte de Apsu. Como vingança, Tiamat iniciou uma guerra, mas foi atingido e cortado em dois: uma parte formou a terra e a outra, o céu. Tiamat simboliza as forças do caos, que precisam ser domesticadas antes da criação do cosmo ordenado.

MAKARA

O deus hindu Vishnu aparece montado em Makara, criatura aquática. Semelhante a um peixe com pernas e cabeça de mamífero, representa o poder divino das águas.

LEVIATÃ

Este monstro bíblico pode ser uma derivação do babilônio Tiamat. Sua boca representa a entrada do Inferno; para o pensador Hobbes, o Leviatã representava o Estado autocrático.

SEREIAS

Histórias sobre homens-peixe – seres aquáticos com corpo humano da cintura para cima e rabo de peixe – são contadas desde os tempos antigos. Para os marinheiros, as sereias – talvez derivadas de visões pouco precisas de focas, morsas e peixes-boi – encarnavam a ansiedade de voltar para casa. Interpretações mais recentes tomam a sereia como símbolo do mundo externo e das profundezas do subconsciente – a parte da natureza humana submersa e insondável.

KRAKEN

Acreditava-se que o *kraken* – criatura marinha da lenda escandinava, representada como lula, polvo ou caranguejo de dimensões assustadoras – vivia no Atlântico Norte, entre a Islândia e a Noruega. Antes de sua aparição, surgiam montes de peixes mortos boiando, o que era de grande ajuda para os pescadores – se não navegassem perto do monstro. A criatura parecia uma ilha quando subia à superfície e, ao submergir, causava uma grande sucção, engolindo as embarcações próximas.

CRISTO, O PEIXE

No cristianismo arcaico, a fé era frequentemente simbolizada por um **PEIXE**, emblema presente também nas paredes de catacumbas e nos sarcófagos de fiéis, em selos e lampiões. É um dos símbolos cristãos mais antigos, e até o século IV d.C. foi mais usado que a **CRUZ**.

O uso do simbolismo do peixe (*acima*, Rafael e Tobias) deriva de uma série de episódios evangélicos centrados na figura desse animal ou na pesca — principal meio de sobrevivência nas margens do mar da Galileia. Entre esses episódios, estão: a convocação dos dois primeiros discípulos, os irmãos pescadores André e Pedro; a multiplicação dos **PÃES** e dos **PEIXES** no deserto; a pesca milagrosa, que simboliza o crescimento da Igreja; e o milagre da **MOEDA** dentro de um peixe que permitiu o pagamento correto do dízimo.

Dadas essas associações, não é surpreendente o fato de Cristo ser representado como "pescador de almas" ou mesmo como peixe. Além disso, a palavra grega para esse animal é **ICHTHUS**, considerada um acrônimo de *Iesous Christos, Theou Uius, Soter* (ou "Jesus Cristo, filho de Deus, o Salvador"). Iniciados na água pelo sacramento do batismo, os cristãos são os "peixinhos" (*pisciculi* em latim) e a fonte onde são batizados (originalmente, com imersão completa, como ainda é feito em algumas igrejas) é literalmente o lago de peixes (em latim, *piscina*). O peixe também é um símbolo de **SÃO PEDRO**, designado por Cristo como "pescador de homens", e de **SANTO ANTÔNIO DE LISBOA** e de Pádua, que realizou um sermão para os peixes (*p. 70*).

criaturas aéreas

Muitas culturas interpretam os pássaros como intermediários entre o céu e o mundo dos homens. Há muitas criaturas míticas híbridas de aves e seres humanos – como o deus hindu e tibetano Garuda, metade águia e metade homem. Os pássaros são invocados como protetores e curandeiros durante transes de xamãs, e, para os egípcios, entre este mundo e o próximo está Bá, pássaro representado com a cabeça do morto. Para os navajos, a alma se transformava em coruja.

Os romanos interpretavam o voo e o canto dos pássaros como sinais do futuro e o deus egípcio Toth figurava muitas vezes como íbis, cujo bico curvo remetia à pluma de um escriba (*p. 174*). Com sua aparência exuberante, o pavão (*à esquerda*) é um símbolo comum de vaidade e orgulho. No hinduísmo, é o animal montado por Kama, deusa do amor; na Grécia, era o pássaro da deusa Hera (Juno para os romanos) e os "olhos" de sua bela cauda haviam sido tirados de Argos, um gigante com cem olhos. A carne dos pássaros é considerada incorruptível, por isso a pomba tornou-se símbolo da imortalidade e ressurreição de Cristo.

FALCÃO

O falcão (*à direita*), grande planador dos ares, era o rei dos pássaros e a ave dos faraós. Também era associado ao deus Hórus, o "Distante" – em geral representado por um homem com cabeça de falcão. Hórus, por sua vez, era associado ao faraó enquanto vivo, que carregava os títulos de "Filho de Rá", deus sol, e "Hórus Vivo", deus em forma humana. O símbolo "olho de Hórus" tem a forma de um olho humano contornado por um desenho que remete à plumagem ao redor do olho do falcão (*pp. 174-5*).

ABUTRE

A poderosa deusa abutre, Nekhbet, simbolizava a soberania do faraó no sul do reino (Alto Egito) – assim como a serpente representava o poder do soberano ao norte (Baixo Egito). A imagem de Nekhbet denotava proteção, por isso muitas vezes aparecia como adorno na cabeça do faraó ou era pintada no teto dos aposentos reais, para vigiar o sono do monarca. Nekhbet também figurava com as asas abertas no hieróglifo de "eternidade".

CORVO

Corvos, gralhas e gaios são os maiores pássaros da família dos corvídeos, associados à escuridão e a profecias maléficas. No cristianismo, são associados ao demônio e, na mitologia celta, à guerra e à morte. Para os romanos, contudo, simbolizavam a esperança, pois seu canto soava como a palavra *cras*, em latim ("amanhã"). Na China, é a alma do Sol. Em tradições aborígines, o Corvo ajudou a moldar a cultura humana, enquanto para alguns índios Corvo designa um herói astuto.

CUCO

O cuco é famoso como emblema da primavera, mas também, num sentido menos positivo, simboliza a infidelidade conjugal. A fêmea põe seu único ovo no ninho de outro pássaro e o hospedeiro enganado choca e cria o filhote do cuco – que, quando cresce, ainda expulsa os filhotes do pássaro que o hospeda. Estritamente falando, o cuco é o "invasor" de um casamento, mas esse termo foi transferido para o marido enganado: o encucado.

ÁGUIA, A SENHORA DOS CÉUS

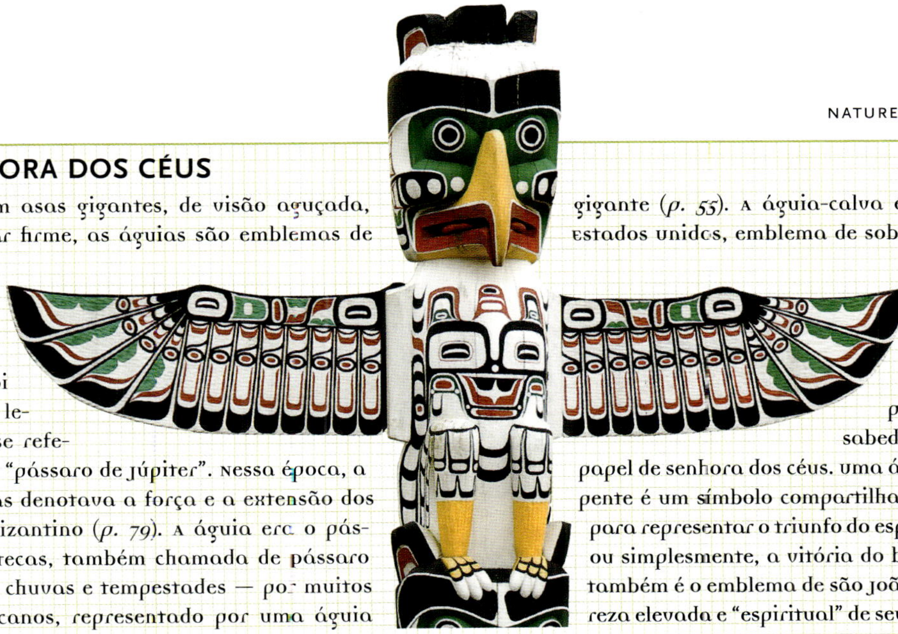

Aves que planam com asas gigantes, de visão aguçada, garras afiadas e olhar firme, as águias são emblemas de poder, de supremacia (em seu âmbito, o aéreo) e autoridade. Essa imagem da águia foi criada no seio das legiões romanas, que se referiam ao animal como "pássaro de Júpiter". Nessa época, a águia de duas cabeças denotava a força e a extensão dos impérios romano e bizantino (*p. 79*). A águia era o pássaro imperial dos astecas, também chamada de pássaro trovão — senhor das chuvas e tempestades — por muitos povos nativos americanos, representado por uma águia gigante (*p. 55*). A águia-calva é símbolo heráldico dos Estados Unidos, emblema de soberania e independência. Essa ave também está associada à vingança: por ter roubado o fogo, Prometeu foi torturado por uma águia enviada por Zeus (*p. 95*) — e denota sabedoria espiritual por seu papel de senhora dos céus. Uma águia devorando uma serpente é um símbolo compartilhado entre muitas culturas para representar o triunfo do espírito sobre a força bruta, ou simplesmente, a vitória do bem sobre o mal. A águia também é o emblema de São João Evangelista, pela natureza elevada e "espiritual" de seu discurso.

CORUJA
De olhar inescrutável, voo mortal e silencioso, e com hábitos noturnos, a coruja se liga a características sinistras, ao sobrenatural e a poderes ocultos. Entre muitos povos, é o pássaro da sabedoria e da profecia. Essa ave era sagrada para Atena, deusa grega da sabedoria, e figurava nas moedas de sua cidade, Atenas. No Egito, na Índia, no leste da Ásia e em algumas tradições nativas americanas, representava a morte, embora também fosse ave protetora e sagrada em outras culturas.

URRACA
A plumagem deste pássaro é lustrosa e bicolor (parte branca e parte preta), conferindo-lhe o estatuto de membro mais ambivalente da família dos corvídeos. No folclore popular, uma urraca significa tristeza, mas duas trazem alegria. Também é emblema de roubo: atraída por objetos brilhantes, rouba-os para enfeitar seu ninho. Na China, contudo, a urraca (*xi*) é mais auspiciosa, sendo um pássaro associado ao bom agouro, e seu nome, *xi*, também significa "felicidade".

MORCEGO
Os morcegos são associados às trevas; remetem aos espíritos do mundo inferior e ao vampirismo, de acordo com a tradição folclórica da Europa Oriental. Apesar de estarem apenas caçando insetos, seus voos repentinos e silenciosos na escuridão parecem erráticos e imprevisíveis; por isso, se tornaram símbolos difundidos de pesadelos e medos noturnos. Na China, porém, o morcego é um símbolo positivo: seu nome (*fu*) soa como "sorte", invocando a boa fortuna e a fartura.

POMBA
Na Bíblia, a pomba é um mensageiro divino e símbolo da paz: retornou a Noé com um galho de oliveira, sinal da reconciliação de Deus com a humanidade. Na arte cristã, a pomba branca simboliza o Espírito Santo. Pombas e rolinhas são emblemas chineses muito populares associados à longevidade e à fidelidade conjugal.

BEIJA-FLOR
Único pássaro que pode voar para trás, o pequeno – porém elegante – beija-flor era visto como mensageiro dos deuses. Para os astecas, o comportamento agressivo do pássaro em relação a criaturas às vezes muito maiores do que ele está associado ao deus da guerra, Huitzilopochtli, ou "beija-flor do sul".

PÁSSARO ROCA
Na mitologia árabe, o pássaro roca – derivado em parte do iraniano Simurgh (*à direita*) – era uma ave descomunal, capaz de carregar um elefante com suas garras e cujas asas enormes produziam som de trovão. Na *Quinta viagem de Simbad*, um roca deixou cair uma pedra grande o suficiente para afundar o navio do marujo.

SIMURGH
Parecido com um pavão gigante, com patas similares às de um leão e cabeça canina, o Simurgh ou Senmurv, criatura alada da tradição persa, representava a combinação de poderes da terra e do ar. Feroz e ao mesmo tempo bondoso, era emblema de fertilidade da terra e detentor da sabedoria universal. Viveu por séculos e, como a fênix clássica, pereceu nas chamas.

CORVO, O PÍCARO

Entre os inuítes e outros povos do Alasca e do noroeste do Pacífico, o **CORVO** é um importante criador, **HERÓI CULTURAL** e **PÍCARO**, além de totem (*à esquerda*). Em função da natureza desse grande e inteligente membro da família dos corvídeos, o corvo antropomorfizado representa a engenhosidade. Em algumas interpretações, nasceu de forma mágica: saiu de uma mulher que havia engolido uma **PENA** ou uma **PEDRA**. Uma história do povo Haida conta que depois do recuo das águas do **DILÚVIO** primordial, o corvo encontrou uma **CONCHA** gigante cheia de pequenos animais atemorizados, que não queriam se mover dali. A ave, porém, convenceu-os a sair e explorar o mundo: eles se transformaram nos primeiros seres humanos.

As características de criador e pícaro estão presentes no corvo sempre simultaneamente. Os *tsimshian*, povo do noroeste do Pacífico, contam que os corvos roubaram o fogo dos deuses para dá-lo aos homens. Como castigo, os deuses mudaram a cor do corvo de branco para negro. Outros mitos contam que o corvo roubou o **SOL** e outros corpos celestes para brincar com eles no céu; ou ainda que trouxe à humanidade o primeiro **SALMÃO**, entre outros presentes.

GROU

Na China, só o mítico *feng huang* (*p. 77*) é mais auspicioso que o grou. Famoso por viver séculos, esse pássaro é símbolo de longevidade e dever parental, pois os filhotes imitam o canto dos pais. Seu voo alto representa sabedoria e sucesso, razão pela qual o grou branco era usado como insígnia dos oficiais superiores do imperador. Ele também guiava almas para o além-mundo e por isso era usado como adorno de túmulos em funerais chineses tradicionais. Na Índia, contudo, o grou denotava trapaça, e para os celtas fazia profecias funestas.

CISNE

O voo da alma e a transformação são temas sempre presentes no simbolismo do cisne. Na mitologia grega, Zeus transformou-se em cisne para seduzir a bela Leda (*acima*); na tradição celta, as almas dos mortos tomavam forma de cisne para voar para dentro e para fora do além-mundo. Donzelas cisnes figuram no folclore russo e em outros. Uma lenda dizia que os cisnes brancos eram mudos, que cantavam apenas antes de morrer. Esse mito foi desmentido, mas o termo "canto do cisne", usado para se referir à derradeira obra de arte de um músico, mantém a lenda viva.

A FÊNIX, ESPÍRITO DO FOGO

A **FÊNIX** clássica era um pássaro fabuloso, de plumagem belíssima, e vivia no deserto árabe ou da Etiópia. De acordo com o mito, essa criatura alada vivia por cinco séculos antes de construir uma fogueira com ramos aromáticos num altar e queimar-se nas chamas. Como um milagre, a fênix ressurgia rejuvenescida de suas próprias cinzas, razão pela qual passou a simbolizar a ressurreição e a vida após a morte, além de ser associada à sabedoria divina e ao elemento **FOGO**. Na arte medieval cristã, a fênix representava a ressurreição de Cristo; junto ao **PELICANO**, simbolizava a natureza simultaneamente humana e divina de Jesus. A fênix também representa a **CASTIDADE** por se reproduzir sem a necessidade de relação sexual.

As origens dessa criatura estão em parte no pássaro egípcio **BENU** (*abaixo*), que por sua vez compartilha características com o persa **SIMURGH** (*p. 75*). O nome "fênix" também designa o pássaro chinês **FENG HUANG** (*abaixo*). Esta ilustração (*à direita*) é de um templo tailandês.

CEGONHA
Emblema da primavera, também representa a chegada de Cristo. Na Grécia, a cegonha era sagrada para Hera, rainha dos deuses; seu papel como deusa do nascimento pode ser a origem da crença de que cegonhas trazem bebês. Na Europa, seu ninho no telhado das casas é sinal de sorte. Como o grou, é um símbolo chinês de vida longa e devoção parental.

GALO
O galo simboliza a vigilância e o estado de alerta, além de remeter a aspectos da masculinidade, como a vaidade e a altivez. Seu canto matinal era o chamado para as preces do xintoísmo e, na crença islâmica, Maomé viu um galo gigante no primeiro céu que gritava: "Não há outro deus a não ser Alá". Essa ave também simboliza a covardia e a timidez, mas pode significar ainda vida nova e educação materna.

SABIÁ
Na Europa, o sabiá é mais visível no inverno, quando outros pássaros migram para regiões quentes. É, pois, um símbolo de resistência e de atrevimento, por seu comportamento audaz. É o pássaro do Natal: seu peito avermelhado lembra que Cristo nasceu para derramar o sangue pela humanidade. No folclore inglês, tingiu-se de vermelho ao arrancar um espinho da sobrancelha de Cristo.

CORRUÍRA
A corruíra, apesar de pequenina, possui um dos cantos mais altos. A mãe corruíra, quando está frente a um predador, voa agressivamente de um lado para o outro para salvar seus filhotes – daí ser símbolo de coragem e proteção maternal. Este passarinho também é associado à Virgem Maria.

BENU
No Templo do Sol, em Heliópolis, os egípcios veneravam Benu, pássaro e também primeira deidade, manifestação primordial do deus sol criador. Representado como uma garça cinza, o brilhante Benu trouxe luz ao caos da escuridão e emitiu o primeiro som do mundo: um grito.

FENG HUANG
O *feng huang*, ou fênix da China, é o pássaro mais sagrado na tradição chinesa. Em geral, se assemelha ao pavão ou ao faisão dourado e em sua origem talvez fosse uma deidade do vento. Era reverenciado como guardião do Sul e, por isso, simbolizava o Sol, o verão, o calor e a seca. O *feng huang* era o emblema particular da imperatriz, enquanto o dragão *lung* cumpria esse papel para o imperador. Juntos, o dragão e a fênix simbolizam o êxtase conjugal. Este pássaro também é associado à lisonja, pois aparecia apenas para honrar o imperador; os poetas homenageavam o soberano proclamando a chegada do *feng huang*.

QUETZAL
Sua plumas coloridas e brilhantes tornaram o quetzal, para os mesoamericanos, um emblema de fertilidade e vegetação ribeirinha. Os astecas associavam este pássaro ao deus Quetzalcoatl, a "serpente de plumagem verde". É o emblema nacional da Guatemala.

GANSO
Num mito egípcio, o primeiro som foi o grasnido do deus sol em forma de ganso. A ave era sagrada para o deus romano Marte e tornou-se símbolo de vigilância após um grupo de gansos alertar os romanos para um ataque noturno ao Capitólio, em 390 a.C. Brahma cavalga o ganso Hamsa.

REALEZA E HERÁLDICA

A prática de adotar símbolos e signos especiais como forma de identificar uma pessoa ou um grupo é muito antiga. A tradição europeia da heráldica começou na Idade Média com a necessidade dos cavaleiros – em geral vestidos com armaduras completas – de identificar amigos e inimigos nos campos de batalha. As cores mais comuns eram o dourado (ou amarelo), prateado (ou branco), vermelho, verde e azul, e os símbolos individuais mais recorrentes eram os leões, águias, cervos e outras criaturas associadas à coragem e à bravura. Os cruzados sempre carregavam uma cruz e geralmente evitavam o verde para não serem confundidos com guerreiros muçulmanos.

Os emblemas figuravam originalmente em escudos, mas passaram a simbolizar os valores de uma dinastia na paz. Alguns tornaram-se muito elaborados, com brasões sustentados por “carregadores” (*abaixo*), topos “coroados” (em geral, um elmo) e insígnias ou inscrições. Muitos governantes designavam funcionários especiais para regular a concessão de brasões e evitar confusões e disputas. Regras especiais foram desenvolvidas para indicar a presença de herdeiros. Escudos também eram usados como insígnias de cidades e outros corpos civis.

A tradição heráldica possui seus próprios símbolos e um vocabulário especializado – em grande parte derivado do francês medieval. Por exemplo, dourado (ou amarelo), prateado (ou branco), verde e azul são chamados respectivamente de *or*, *argent*, *gules*, *vert* e *azure*. O emblema da cidade francesa de Amiens, mostrada no selo abaixo, é descrito da seguinte maneira: “Ramos prateados em campo vermelho, sob corifeu francês”. Os ramos prateados em “campo” (ao fundo) vermelho simbolizam a lealdade da cidade à coroa, representada pelo “corifeu” francês (faixa superior), o antigo símbolo real francês da flor de lis.

O escudo de Cristóvão Colombo (*à direita*) foi outorgado pelo rei Fernando e pela rainha Isabel de Castela em 1493.

LEÃO E UNICÓRNIO
Muitos brasões são adornados com elementos simbólicos adicionais, como os “carregadores”. O escudo real da Grã-Bretanha é sustentado pelo leão da Inglaterra e pelo unicórnio da Escócia, simbolizando a união dos dois reinos.

ESTRELAS E LISTRAS
Datado do século XII, o brasão ancestral da família Washington tinha duas listras grossas vermelhas e três estrelas. É considerado a inspiração da bandeira dos Estados Unidos e hoje é o emblema do distrito de Colúmbia.

CASTELO DOURADO
Este emblema real remete ao reino de Isabel de Castela. Seu casamento com Fernando de Aragão uniu os dois reinos. As três torres se referem à Santíssima Trindade e proclamam o reino como bastião da fé cristã.

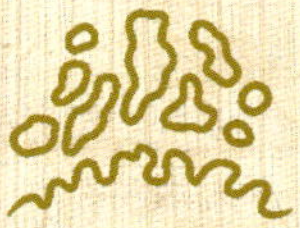

ILHAS E ONDAS
No brasão original, figuravam “poucas ilhas e ondas”, mas Colombo logo acrescentou a massa continental.

LEÃO RAMPANTE
É o emblema real de Aragão, reino de Fernando, e está em movimento (rampante) para representar o avanço destemido sobre o território. O leão é um dos signos mais usados nos símbolos heráldicos (*quadro à direita*).

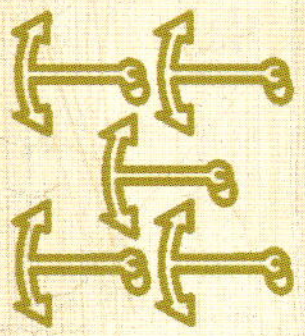

ÂNCORAS
Colombo, natural de Gênova, agregou cinco âncoras douradas "apontadas" (na horizontal) em direção às ilhas e ao continente para denotar seu estatuto de navegador "do mar oceano de Castela".

BRASÃO DA FAMÍLIA COLOMBO
A quinta parte da divisão do escudo é dedicada ao símbolo da família Colombo. O navegador mudou-o para essa área depois de ter inserido as âncoras.

ANIMAIS HERÁLDICOS

O **LEÃO** heráldico é um emblema de coragem, poder e justiça. Nas insígnias de monarcas, em geral aparece em movimento, como o **LEÃO RAMPANTE**, ou erguido (*à esquerda*); **LEÃO PASSANTE**, ou caminhando (*para trás*); **LEÃO GUARDANTE**, ou olhando. A não ser pelo lugar que ocupa nos escudos heráldicos, o **LEOPARDO** — que representa rapidez e vigilância — difere pouco da figura do leão. A **ÁGUIA** selvagem olhando para baixo também é um emblema real comum. A **ÁGUIA DE DUAS CABEÇAS** tem origem nos impérios romano e bizantino e suas duas cabeças significam os domínios leste e oeste. O símbolo foi herdado pelos soberanos do Sacro Império Romano e pelos czares russos. Os imperadores austríacos o usaram após a extinção do Sacro Império Romano em 1806.

Entre outros animais, estão: o mítico **GRIFO** (*p. 88*); o **LEÃO-PEIXE**, que representa os poderes do mar e da terra; e o **DRAGÃO HERÁLDICO**, símbolo de fortaleza contra a peste e a guerra.

ÁGUIA RUSSA
O brasão da Rússia imperial (*acima*) é uma águia negra de duas cabeças segurando um orbe (para representar a cristandade) e um cetro, símbolo de soberania. Dentro da águia, aparece o escudo de São Jorge e o dragão, encimado pelas coroas de "todas as Rússias" – Rússia Branca (Bielorrússia) e Pequena Rússia (Ucrânia). O brasão foi readotado em 1992, depois de 75 anos; as coroas permaneceram, mas o preto imperial foi trocado por dourado.

serpentes e répteis

Não há símbolo animal mais difundido e complexo que a serpente; presente no mundo todo com uma grande variedade de formas, inspirou mais cultos e mistérios sagrados que qualquer outra criatura. As víboras vivem no subsolo e por isso simbolizam as forças da terra e do mundo inferior. Seu veneno pode gerar graves consequências e até matar, por isso também são associadas a conhecimentos misteriosos e poderes sinistros ocultos. Este animal é a encarnação da hostilidade e da duplicidade, além de ser uma forma conhecida de Satanás, a "grande serpente" na tradição judaico-cristã. Em partes da Inglaterra, até tempos muito recentes (fins do século XX), algumas pessoas matavam a primeira serpente que encontravam na primavera como forma de manter os inimigos afastados durante todo o ano.

Ao lado desses significados negativos, porém, a serpente representa poderes terrestres: ao estar associada a poderosas deusas da terra, como a grega Gaia e a asteca Coatlicue, remete também a criação, fertilidade, proteção e cura. Esses aspectos derivam do que talvez seja o hábito mais conhecido das serpentes: a troca frequente de pele, considerada por muitas tradições um rejuvenescimento milagroso ou, literalmente, a morte seguida do renascimento. Dessa forma, atribuíam-se às serpentes poderes de transformação, cura e magia extraordinários: sua carne, seu veneno e até mesmo a pele eram usados como elementos de cura em muitas sociedades.

As víboras são geralmente relacionadas às forças cósmicas da criação. Um mito hindu conta que criaturas divinas enrolaram Vasuki – *naga* gigante ou deidade serpente – ao redor de uma montanha e, em seguida, puxaram a cabeça e o outro extremo do animal fazendo a montanha girar. A montanha agitou vigorosamente o oceano primordial de leite e deslanchou o processo de criação do cosmo. Na cosmologia hindu, o universo é repetidamente criado, destruído e recriado em grandes ciclos, entre os quais o grande criador Vishnu descansa no espiral da serpente cósmica, Ananta.

SERPENTES AQUÁTICAS

Em geral venenosas e mortais, as **SERPENTES AQUÁTICAS** remetem aos perigos invisíveis das profundezas e inspiraram a criação de seres mitológicos aterradores, sobretudo entre povos que viviam nas margens de mares e oceanos. A mitologia grega possui a **HIDRA DE LERNA** — criatura com nove cabeças de serpente que matou **LAOCOONTE** e seus filhos e foi derrotada por Hércules (*à esquerda e p. 178*) — e o monstro marinho de seis cabeças, **CILA**. Na mitologia nórdica, a serpente **NIDHOGG** permanece no fundo do mar mastigando as raízes da árvore cósmica **YGGDRASIL** e representa a inevitabilidade da mudança e da destruição. Contudo, as serpentes aquáticas podem ser poderosas criadoras. Para os indígenas ribeirinhos do rio Amazonas, a **ANACONDA** remete a um ancestral mítico que regurgitou os primeiros seres humanos à terra enquanto nadava no rio.

MONTE DA SERPENTE
O monte da Serpente, em Ohio, Estados Unidos, possui um grande monumento (de mais de 400 m de extensão) esculpido no solo há mais de mil anos por povos nativos. Trata-se do desenho de uma serpente gigante aparentemente devorando um ovo. A "cabeça" aponta para o poente no solstício de verão, razão pela qual essa figura talvez simbolize o Sol (o "ovo") sendo engolido pela serpente cósmica no verão, a virada do ano. A serpente é um símbolo de potência para os indígenas.

PÍTON
Na mitologia grega, a deusa primordial da terra, Gaia, designou uma serpente gigante (Píton) para guardar o santuário de Delfos, considerado o centro ou umbigo do mundo. Píton encarnava a energia sagrada e os poderes terrestres do oráculo, guardados por Pítia, a sacerdotisa do templo de Delfos. De acordo com o mito, Píton foi morta pelo deus Apolo, que se apropriou do oráculo de Delfos e transformou-o em seu próprio templo.

UADJIT
A cobra-de-capelo, ou naja, era reverenciada pelos egípcios como uma manifestação de Uadjit, a deusa cobra do Baixo Egito, região do delta do Nilo. Imagens de Uadjit adornavam a máscara dos faraós na forma de um ofídio dourado, ereto e pronto para expelir veneno nos olhos dos inimigos do faraó. A correspondente de Uadjit no Alto Egito era a deusa abutre Nekhbet (*p. 175*).

NAGA
Na Índia, as *nagas* são deidades em forma de najas. Simbolizam a conexão entre a Terra e o céu e forças ocultas, como os terremotos. A *naga* de sete cabeças Muchalinda protegeu Buda com seus sete capelos (cabeças em forma de capuz) em uma tempestade. Por emergir da escuridão para a luz, as serpentes representam a iluminação.

COATLICUE
Coatlicue significa "saia de serpente" e é o nome da deusa da terra asteca, descrita como o ser mediador através do qual o espírito se transforma em matéria. Essa deusa era representada pela *coatl*, serpente com uma cabeça em cada extremidade do corpo e provavelmente um dos emblemas da deusa. Coatlicue era a mãe de Quetzalcoatl, a serpente de plumagem verde (*p. 77*), filha do deus sol Huitzilipochtli.

CADUCEU
Insígnia dos físicos desde a Antiguidade, o caduceu (*à direita*) consiste em duas serpentes interligadas ao redor de um bastão e era emblema de Asclépio, o deus grego da medicina (Esculápio para os romanos). Aqueles que buscavam cura dormiam entre cobras no templo desse deus. O emblema representa a dualidade da serpente como força maligna e benigna: é venenosa, mas também filha de Gaia, a Terra, e detentora dos poderes mágicos de cura. O deus Hermes (Mercúrio) também figurava com um caduceu, emblema de paz e proteção.

URÓBORO
O uróboro é um antigo símbolo em forma de cobra que devora – ou vomita – a si mesma. Representa os eternos ciclos do cosmo, a transcendência da dualidade e a união dos opostos. Em sua origem, simbolizava a renovação diária do deus sol egípcio após sua jornada noturna nas trevas do submundo.

SERPENTE DA VISÃO
Para os maias, as serpentes eram o espírito da vida. Ancestrais sagrados apareciam como víboras e, em rituais de sacrifício sanguinários, ensopavam papel no sangue da vítima, queimando-o para liberar a "serpente da visão", manifestação de um espírito em forma de fumaça. Na arte maia, esse espírito era representado como um ser formado por serpentes torcidas (*acima*).

O BASTÃO DE MOISÉS
Na Bíblia, Deus instruiu Moisés a fazer uma serpente de bronze como cura para mordidas de víbora (Números 21:9). O cristianismo interpreta esta imagem da serpente de bronze no bastão como a prefiguração da cruz de Cristo, cuja morte permitiu ao homem purgar os pecados. Na arte medieval, a serpente enroscada na cruz aparece como símbolo da ressurreição e da sublimação do espírito.

BASILISCO
Em bestiários da Antiguidade, o basilisco era um monstro com corpo e asas de galináceo, rabo de serpente e um olhar fatal a quem o encarasse. Em fontes gregas, o mesmo monstro era uma serpente com uma espécie de crista ou coroa na cabeça – aspecto que deu origem ao nome dessa criatura (*basiliskos*, "real"). Essa imagem talvez derive da naja. Na tradição cristã, simbolizava a luxúria.

MEDUSA
As górgonas eram três irmãs monstruosas (Esteno, Euríale e Medusa) com serpentes no lugar de cabelos e cujo olhar transformava seres vivos em pedra. O herói Perseu usou um escudo polido e guiou-se pelo reflexo de Medusa (*à direita*) para decapitá-la, evitando assim o contato direto com seu olhar petrificador. Perseu passou a usar a cabeça monstruosa como arma para transformar seus inimigos em pedra. As gotas de sangue da cabeça ferida de Medusa se transformariam em Anfisbena, uma serpente com uma cabeça em cada extremidade. Simbolicamente, a anfisbena representa dualidade e desunião.

CROCODILO
Símbolo de decepção e dos perigos das águas, os crocodilos eram sagrados para o deus egípcio Sobek (*à direita*), que figurava como um homem com cabeça de crocodilo. Em alguns lugares da África, o crocodilo é o rei das águas, reverenciado como espírito ancestral associado à fertilidade.

SATÃ, A SERPENTE
Na Bíblia, Satanás (ou Satã) transformou-se em serpente (*à esquerda*) para tentar Adão e Eva a comer o fruto proibido do Jardim do Éden, o que resultou na perda de inocência da humanidade. Deus puniu a serpente condenando-a a arrastar-se sobre sua barriga.

SALAMANDRA

A mitologia grega dizia que a salamandra nasceu no fogo e era impermeável às chamas; os romanos acreditavam que o amianto era a pele descartada da criatura. No cristianismo, a salamandra simbolizava a resistência ao fogo da luxúria e da paixão, enquanto na alquimia era símbolo do fogo e do enxofre. Também é um emblema de coragem.

A TARTARUGA CÓSMICA

A ideia de que o mundo está sobre uma **TARTARUGA** gigante existe em muitas tradições e é símbolo universal de força e permanência. Na mitologia de índios norte-americanos, o mundo começa como um infinito caos de água, afastado do mundo celeste onde vivem todas as criaturas. Um animal — o **RATO-ALMISCARADO** ou o **BESOURO** — deixa o céu e desce às profundezas da água para apanhar lama. Como não havia, no céu, lugar para deixar essa lama, a tartaruga colocou-a sobre seu casco. Pouco a pouco, as criaturas trouxeram barro suficiente para criar terra firme e outro mundo, com novas formas de vida. Na mitologia chinesa, a deusa criadora **NÜ GUA** usa as pernas de uma tartaruga gigante para sustentar os céus e, na tradição hindu, a montanha que agita o oceano (*p. 80*) está no casco de **KURMA**, tartaruga gigante e avatar de **VISHNU**.

TRÊS VENENOS

Na tradição budista, a cobra simbolizava a iluminação (*p. 81*), mas também o ódio. Ódio, desejo (representado por um porco) e ignorância ou desilusão (galo) são os "três venenos" das atitudes negativas e mantêm os seres humanos presos no "oceano cíclico sem fim" de nascimento, morte e renascimento. Essas criaturas figuram no centro da "roda da vida" (*p. 161*).

APEP

Todas as noites, o deus sol egípcio navegava pelas águas de Duat, o mundo inferior, onde seus guardiões lutavam contra as forças das trevas, simbolizadas pela grande serpente Apep (*Apophis*, em grego). Ela figurava, em geral, atingida pela lança do deus Seth, imagem que significava o triunfo do Sol e da ordem sobre o caos.

TARTARUGA E JABUTI

Os movimentos lentos, a relativa segurança em relação aos predadores por seu duro casco e a vida longa fazem das tartarugas e dos jabutis símbolos de estabilidade e longevidade. A tartaruga bota até duzentos ovos de uma vez, por isso também é símbolo de fertilidade. Os maias, por exemplo, relacionavam esse animal ao deus Chac, senhor das chuvas e da fertilidade do solo. Tartarugas e jabutis fazem parte de mitos de criação ou manutenção do cosmo e muitas vezes aparecem sustentando o céu com as patas ou o casco (*acima*). Junto ao tigre branco, ao dragão azul e ao pássaro vermelho, a tartaruga negra é uma das quatro criaturas sagradas da tradição chinesa, segundo a qual a tartaruga trouxe os segredos da criação ao ser primordial Fuxi.

SAPOS E RÃS

Os sapos e as rãs são associados a abundância e a fertilidade, provavelmente pela facilidade de procriação. A deusa egípcia em forma de sapo, Heket, era a protetora das mulheres grávidas e dos recém-nascidos, e é provável que o título "serva de Heket" significasse "parteira". Por secretar veneno, o sapo é mais associado ao maléfico – como às bruxas – que as rãs. Símbolo de luxúria, eram sagrados para Afrodite, a deusa do amor. No folclore chinês, o sapo lunar de três patas cuspia moedas de ouro e prata. O sapo é associado ainda à fartura, à imortalidade e à Lua, embora possa significar também avareza, pois em chinês a palavra "sapo" soa como "mesquinho" (*chan*).

insetos e aracnídeos

Os insetos e as aranhas, em geral, remetem a qualidades positivas, como robustez, organização e cooperação. O simbolismo dos insetos também possui dimensões cósmicas: as borboletas, por exemplo, passam da condição de larva a belíssimas e coloridas criaturas aladas, razão pela qual simbolizam a regeneração, o renascimento e a ressurreição em muitas culturas. O escaravelho põe seus ovos numa bola de esterco, que ele rola por todas as partes, e o composto alimenta suas larvas quando nascem. Os egípcios representavam Khepri, o deus sol do amanhecer, como um escaravelho que trazia o Sol rolando de dentro do mundo inferior, onde havia renovado seus poderes de provedor da vida (*à esquerda*).

Os ferrões, os hábitos silenciosos e a vida em recantos escuros também fazem dos insetos símbolos negativos. As aranhas são seres ambivalentes por excelência. Admiradas por sua diligência, paciência e incrível capacidade de tecer, figuram como criadoras e heroínas mitológicas, como a Grande Tecelã maia (responsável por criar a teia da vida) ou a Mulher Aranha, a protetora ancestral dos povos navajo e zunhi. O rei escocês Roberto I, após ser derrotado seis vezes pelos ingleses, inspirou-se na persistência de uma aranha construindo sua teia para combatê-los uma vez mais – e, de fato, conseguiu expulsar os ingleses da Escócia.

As aranhas venenosas fazem teias invisíveis para capturar presas, que, quanto mais resistem, mais se enrolam na teia pegajosa. Por isso, são símbolos de trapaça, soberania e da "rede" da mentira.

BORBOLETA
(*à esquerda*) Em muitas tradições, o ciclo da vida aparentemente milagroso de uma larva, crisálida ou borboleta representa a jornada da alma pela vida, morte e renascimento. No entanto, a vida breve das borboletas e seus hábitos errantes fazem delas símbolos de inconstância, superficialidade e vaidade.

MARIPOSA
A "borboleta noturna" que morre lentamente nas chamas simboliza a agonia do sofrimento por amor ou do devoto consumido pelas chamas do divino – em outras palavras, o desespero. O desenho em forma de caveira na chamada "mariposa da morte" (*acima*) é sinal de mau agouro e morte.

A ABELHA-RAINHA

As abelhas são uma importante fonte de alimento para muitas sociedades; fornecem **MEL** e também cera para **VELAS**. Como mensageiras do **VERÃO**, são simbolicamente associadas à luz e ao sol, e na mitologia egípcia nasceram das lágrimas do **DEUS SOL**. Antigamente, no cristianismo, eram símbolo de **CASTIDADE** e da **VIRGEM MARIA**, pois erroneamente acreditava-se que se reproduziam sem sexo.

Governada pela **ABELHA-RAINHA**, símbolo do poder feminino, a colmeia (*abaixo*) representa a diligência e a sociedade ordenada e eficiente. A abelha-rainha também era associada a poetas e oradores, senhores das palavras doces. O **HIDROMEL**, um tipo de licor, era o fluido mágico dos deuses nórdicos. Ao colher mel, corre-se o risco de ser picado por abelhas, e no cristianismo essa ação é uma alegoria para os perigos do martírio. No entanto, através de Cristo, o fiel pode superar o "ferrão" da morte (Coríntios 15:55) e colher o "mel" da ressurreição e da salvação.

FORMIGA

Símbolo universal do trabalho e da cooperação criativa, a formiga também é associada à previdência por armazenar camadas de grãos e açúcar para sobreviver no inverno. Os "grãos" que as formigas carregam, contudo, podem ser também as larvas da colônia. Em partes da África, formigas e cupins são associados à fertilidade: a casa dos cupins representa o órgão sexual da terra copulando com os céus no início dos tempos, dando origem à criação do mundo.

LAGARTA

As lagartas sempre foram amplamente relacionadas ao renascimento e à ressurreição por sua incrível metamorfose em mariposas e borboletas. Acreditava-se, ainda, que possuíam poderes curativos: em partes da Inglaterra, até o fim da década de 1950, uma lagarta peluda era usada como adorno de pescoço para curar a coqueluche.

LACRAIA

Na China, as lacraias fazem parte de um grupo conhecido como "cinco criaturas venenosas" (lacraias, lagartos, escorpiões, sapos e víboras). Hoje em dia, são usadas como bordado e estampa de uma ampla gama de artefatos – em particular, os infantis – para lembrar o princípio "semelhante repele semelhante" e, assim, proteger o corpo das cinco criaturas venenosas e outros perigos.

JOANINHA

Este familiar besouro de cores virtuosas era sagrado para a Virgem Maria e suas manchas pretas representavam as lágrimas da mãe de Jesus ao chorar sobre o corpo morto de seu filho. Antigamente, era a criatura de Freia, a deusa nórdica do amor; no folclore europeu, diz-se que, se uma joaninha pousa em alguém, é sinal de que a pessoa encontrará um amor.

MOSCA

Os egípcios admiravam as moscas pela tenacidade e tinham a condecoração mais antiga conhecida: o faraó dava aos soldados as "moscas da valentia" (*acima*). Em *Rei Lear*, de Shakespeare, as moscas simbolizavam a humanidade atingida pelo destino, como diz o personagem Gloucester: "Como as moscas para os meninos/ somos nós para os deuses: matam-nos por esporte".

CARAMUJOS E LESMAS

O caracol é símbolo da Lua não só pelo formato de sua concha, mas também pela capacidade de "mudar de tamanho" ao entrar ou sair dela. Similares à textura do órgão genital da mulher (a parte interna e o muco) e do homem (glande), as lesmas se ligam à sexualidade e à fertilidade.

ESCORPIÃO

Amplamente relacionado a destruição e morte, o escorpião era o símbolo do deus egípcio do caos, Seth, que se tornou um escorpião para atacar seu rival, Hórus. Na mitologia grega, Ártemis (Diana) enviou um escorpião para matar o caçador Órion, dando origem à constelação homônima.

feras sobrenaturais

Os atributos humanos derivados dos animais ganharam variedade com a inclusão de feras sobrenaturais em seu simbolismo. Exemplos são: o pássaro trovão; o cão de três cabeças, Cérbero; e híbridos fantásticos, como o centauro (metade homem, metade cavalo) ou o grifo (leão alado). Essas criaturas são selvagens e indomáveis, destruidoras ou protetoras, e quase sempre possuem poderes especiais. Representam as forças primitivas do universo e simbolizam tanto a ordem cósmica como a desordem.

O mais proeminente dos animais fabulosos é o dragão. Em geral representado como um grande réptil voador (*acima*), o dragão – também chamado serpente ou cobra alada – aparece na maioria das culturas como fonte de fascinação, medo ou reverência. Os quatro elementos (terra, ar, fogo e água) se combinam na figura do dragão, que pode viver na terra ou na água, voar pelos ares e cuspir fogo. Muitos povos interpretam o arco-íris como o corpo de uma serpente cósmica gigante ou dragão que separou o mundo ordenado dos céus invisíveis ou do caos. Para psicólogos, o dualismo essencial dos dragões pode representar conflitos internos da mente, a interação da luz (consciência) e das trevas (o subconsciente e arquétipo da sombra, nosso alter ego sinistro).

Animais fabulosos apareciam com frequência em relatos de viajantes e remetiam a criaturas reais vistas em terras distantes. No entanto, muitas dessas criaturas são exclusivamente produtos da imaginação humana e ultrapassam os limites da natureza.

O DRAGÃO CHINÊS

Na tradição chinesa, o dragão representa a força — porém, associada à proteção. O dragão azul-celeste simboliza o leste, o sol e a fertilidade da terra; também é o guardião da mansão celestial dos deuses. A energia do dragão concentra todos os fenômenos da natureza e é a fonte tanto de chuvas benéficas como de furacões, causados por dragões marinhos. De acordo com o sistema chinês *feng shui*, a forma da paisagem é determinada pelos dragões e a orientação de edifícios e móveis também segue as "linhas do dragão", correntes de energia poderosas que correm através da terra. O grande Yu, mítico fundador da quase histórica dinastia chinesa *Xia*, era um ser em forma de dragão. Todos os imperadores eram considerados a encarnação de Yu e o comprido dragão de cinco garras (*abaixo*), cujo consorte era a fênix, também tornou-se emblema do imperador — o uso não autorizado dessa imagem por pessoas comuns podia acarretar a morte.

DRAGÃO MANG

O dragão comum, não imperial, figurava com quatro garras e, em geral, aparecia segurando uma bola de fogo, que em realidade era uma pérola regurgitada. Dizia-se que o dragão expelia uma essência: a destilação da Lua, que tomava a forma de pérola.

QILIN

De origem chinesa, o *qilin* (*abaixo*) era uma criatura auspiciosa conhecida por todo o leste da Ásia. Tinha corpo de cervo, rabo de boi, patas de cavalo e um pequeno chifre. Em geral, era representado com cabelo multicolorido ou labaredas na cabeça; o *qilin* aparecia apenas durante o reinado dos soberanos justos.

O DRAGÃO E O TIGRE

O dragão japonês (*acima*) deriva de figurações chinesas antigas representadas com três garras. De acordo com a mitologia japonesa, o dragão Tatsu, encarnação da natureza espiritual, está em permanente conflito com o tigre, encarnação da natureza física. Esse conflito pode provocar terremotos, tempestades e inúmeros outros desastres naturais.

SÃO MIGUEL E O DRAGÃO

No cristianismo, o dragão representa o mal. De acordo com Apocalipse 12, o arcanjo Miguel, líder do exército celestial, derrotou o dragão de sete cabeças, encarnação de Satanás. As cabeças expostas simbolizam os sete pecados capitais. Satanás se transformara em dragão para devorar Margarida de Antioquia, mártir do século III, mas ela foi expulsa do ventre do mostro quando fez o sinal da cruz.

GRIFO

O grifo é um magnífico híbrido de leão e águia, representado nesta imagem (*à direita*) de forma bastante estilizada. Na mitologia, aparece como o forte e virtuoso guardião do tesouro e representa vigilância e capacidade de vingança. Era sagrado para a deusa grega Nêmesis.

DRAGÃO DE OSÍRIS

Representado como uma serpente alada, o dragão imperial do Egito representava o deus Osíris, senhor da morte, rei do mundo inferior e símbolo da fertilidade. O dragão, acreditava-se, era a causa da cheia anual do rio Nilo, que cobria os campos de água e de um rico material orgânico aluvial.

ESFINGE EGÍPCIA

Em substituição ao leão, muitas vezes os guardiões dos templos egípcios eram híbridos que simbolizavam o deus sol encarnado no faraó, protegido da esfinge. Em geral, sua cabeça era humana (embora em Tebas algumas tivessem cabeça de bode) e podia ser a imagem de um rei em particular, como a grande esfinge de Gizé, retrato do faraó Quéfren (c. 2600 a.C.), construtor da pirâmide ao lado do monumento. A esfinge grega tinha cabeça de mulher e propunha enigmas. Jung interpretava essa figura como símbolo da mãe devoradora.

DRAGÃO CELTA

Para os celtas, as brigas entre dois dragões proferiam sons tão altos que as mulheres tornavam-se inférteis. O guerreiro Uther sonhou com um dragão vermelho e tomou o nome de Pendragon ("dragão chefe"). O dragão vermelho tornou-se a insígnia de Uther e de seu filho, Artur, tendo sido o emblema do País de Gales por séculos.

QUIMERA

A Quimera cuspia fogo e era uma figura tão aterradora que passou a simbolizar qualquer coisa improvável, fantástica ou inexistente. Tinha corpo de leão na parte superior, rabo de serpente e uma cabeça de cabra nas costas. Foi derrotada pelo herói Belerofonte, montado em seu cavalo alado, Pégaso (*à direita, p. 89*).

PERSEU E ANDRÔMEDA

Na mitologia grega, o rei Cefeu acorrentou sua filha Andrômeda numa pedra perto de Jope para aplacar a fúria de um dragão marinho, Ceto, que estava devastando seu reino. Montado no cavalo alado Pégaso, Perseu derrotou o dragão e resgatou Andrômeda. Esse conto simbólico sobre a superação das trevas e do caos pelos poderes divinos e celestiais pode ser a origem da lenda cristã de São Jorge.

UNICÓRNIO

Representado por um cavalo branco com um só chifre torcido e casco fendido como o do cervo, o unicórnio era símbolo de castidade, pureza e feminilidade. Ele evitava a companhia humana, exceto a de donzelas virgens, que podiam deitar a cabeça em seu torso – a imagem da Virgem Maria nessa posição representava a Anunciação e o unicornio tornou-se símbolo de Cristo. Acreditava-se que seu chifre neutralizava venenos.

CENTAURO

Combinação de tronco humano e corpo de cavalo, o centauro representava a brutalidade e a lascívia, além de simbolizar o conflito interior do homem com seus impulsos sexuais. No entanto, o centauro Quíron era sábio, dócil e erudito – foi amigo de Apolo e tutor de Aquiles e outros heróis.

EQUIDNA E TIFÃO

Na mitologia grega, Gaia, a Terra, casou-se com seu irmão Tártaro, a escuridão, para produzir Equidna e Tifão – símbolos das forças cósmicas das trevas e dos perigos da transgressão de tabus. Equidna tinha tronco de donzela e a parte de baixo formada por uma repulsiva serpente; Tifão era um gigante de cem cabeças. Os dois copularam incestuosamente e produziram o leão de Nemeia, a Hidra de Lerna (*p. 178*), Cérbero, Ortro, Quimera e outros monstros famosos.

PÉGASO

Na mitologia grega, Pégaso era o cavalo alado fruto da união de Poseidon e Medusa. Por onde a criatura passava, surgia um riacho. Um dia, ao beber a água de um desses regatos, o herói Belerofonte viu Pégaso e capturou-o. Com o cavalo alado, pôde cavalgar até Quimera, sobrevoá-la e matá-la.

CÉRBERO E ORTRO

Ambos eram cães de guarda monstruosos: as três cabeças de Cérbero nos portões do Hades representavam vida, morte e além-vida; as duas cabeças de Ortro, cão de guarda de Gerião, possuíam poderes de vigilância sobrenaturais. Hércules derrotou as duas bestas (*p. 179*).

AMUT

Também conhecida como Ammit ou Amamet, esta criatura terrível devorava as almas egípcias do mundo inferior para reforçar as regras divinas. Sua aparência híbrida foi constituída a partir de três perigos reais presentes no Nilo: a mandíbula de crocodilo com cabeça e juba de leão em corpo de hipopótamo.

TAOISMO

"Taoismo" é o nome dado a um conjunto de crenças religiosas e práticas tradicionais chinesas cujo pilar é a antiga visão de que o cosmo e tudo no universo foi realizado a partir de uma força ou essência chamada *qi* (*ch'i*). Essa energia primordial contêm duas forças opostas, porém complementares: o *yin* e o *yang*, que originalmente simbolizavam o lado ensolarado (*yang*) e a face sombreada (*yin*) de uma montanha. *Yang* se refere ao masculino, iluminado, firme, seco, quente e ativo, enquanto o *yin* é feminino, escuro, úmido, frio e inativo. Tudo no mundo possui as duas forças e, mesmo se uma é preponderante, carrega forçosamente a semente da outra. Essa simbiose faz o verão, por exemplo, estação do *yang*, se transformar em inverno, a estação do *yin*. O símbolo conhecido como *taiji* (*tai chi*) concentra o princípio dessas forças e mostra o *yin* e o *yang* em equilíbrio: cada um contém em si mesmo a semente do outro (p. 13).

O sistema *yin-yang* opera com os cinco elementos, ou fases, as forças metafísicas da transformação: fogo, madeira, metal, água e terra. As duas primeiras são *yang*, enquanto as duas últimas são *yin*, e o metal é neutro, representa o ponto de equilíbrio. Tudo o que existe no cosmo e todas as transformações podem ser categorizadas a partir dos cinco elementos e do fluxo do *yin* e *yang*. O termo "taoismo" se refere a "caminho" (*tao*): o princípio onde o *qi* era infinito, eternamente criado e dissolvido para dar origem a todos os fenômenos do universo.

O taoismo também é, mais especificamente, uma filosofia religiosa e uma prática ritual. Nesse sentido, é baseado no *wu wei*, "não interferência", ou seja, no aprendizado de perceber o *tao* mas não interferir nele, deixá-lo seguir o fluxo do *qi* como forma de alcançar a harmonia e a ordem da vida. Um dos objetivos da prática taoista é atingir a vida longa: os alquimistas dessa prática aspiram há muito tempo à vida eterna, com um lugar especial no panteão taoista para os Oito Imortais.

O simbolismo está presente em cada detalhe do taoismo. Este incensário (*à esquerda*), por exemplo, possui três pernas e cinco cabos que representam a trindade chinesa "paraíso, terra e humanidade", além de uma cobertura auspiciosa com oito aberturas (oito = cinco + três). Sacerdotes taoistas usam vestes como a deste exemplo do século XIX (*à direita*), repleto de símbolos.

GROU Com fama de viver até seiscentos anos, o grou branco proporcionava o meio de transporte aéreo dos imortais em suas jornadas entre os dois mundos.

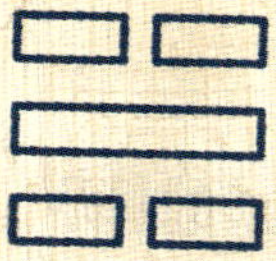

TRIGRAMAS Oito combinações de três linhas são usadas na adivinhação chinesa: linhas quebradas são *yin* e completas são *yang*. Os dois trigramas da roupa representam oeste/água (*à esquerda*) e leste/fogo (*à direita*).

BORBOLETA E CRISÂNTEMO A borboleta simboliza o verão e o crisântemo, o outono; juntos, representam o *yin* e o *yang* e a transição das estações.

MORCEGOS Os morcegos estilizados (*fu*), pequenas criaturas de corpo verde e azul, simbolizam os Oito Imortais do taoismo. As nuvens (*yun*) representam o reino celestial. *Yun* e *fu* também significam, respectivamente, "boa sorte" e "felicidade".

DRAGÃO AZUL Criatura de um mito muito antigo, aparece como constelação em março (na China) e simboliza a primavera, o leste e o princípio do *yang*.

TIGRE BRANCO Esta criatura aparece como uma constelação no céu de outono (na China) e representa o oeste e o princípio do *yin*.

HUMANIDADE

A MAIORIA DOS POVOS RECONHECE TRÊS FASES DISTINTAS: INFÂNCIA, MATURIDADE E VELHICE. MUITAS TRADIÇÕES INTERPRETAM A HISTÓRIA HUMANA COMO O DECLÍNIO DA INOCÊNCIA E DA PERFEIÇÃO FÍSICA ATÉ O ESTÁGIO ATUAL DE MORTALIDADE, INCERTEZAS E SUJEIÇÃO AOS CAPRICHOS DO DESTINO.

vida e destino

A consciência da própria mortalidade atravessa todas as histórias, mitologias e psicologias da humanidade. Ela mantém presente o fato de que a infância e a juventude são passageiras e o destino de todas as criaturas é o mesmo: a morte.

PAI DO TEMPO

O tempo foi muito representado por um ancião, cujas asas recordavam que o "tempo voa". O velho carregava uma ampulheta e uma foice. Esta imagem deriva em parte de Cronos (Saturno), deus primordial ligado à agricultura (por isso a foice), cujo nome é homófono da palavra *chronos*, "tempo" em grego.

MEMENTO MORI

Uma figura comum na Renascença e no Barroco era o *memento mori* – literalmente, "lembre-se de morrer" em latim –, associado à brevidade da vida e à decadência inevitável da beleza. A rosa, símbolo dessa expressão, desabrocha rapidamente e dura pouco tempo até as suas pétalas caírem.

LÁPIDES E SEPULTURAS

A lápide é, primordialmente, um monumento para preservar a memória dos mortos entre os vivos; em muitas instâncias, também atesta a tradição religiosa do falecido. Contudo, as lápides e sepulturas podem ser vistas de forma literal como "casas de mortos", onde a alma habita depois de deixar o corpo e acede a portais para o além-mundo. Da China à Mesoamérica, passando pelo Egito, as lápides e sepulturas eram equipadas com os mesmos utensílios e objetos adquiridos pelo morto durante a vida, desde comida e artefatos domésticos até armas, assim como, no caso das elites, serventes e guerreiros.

O SONHO DO CAVALEIRO
El sueño del caballero, de Antonio Pereda Salgado (c. 1655), exibe um crânio e outros símbolos da efemeridade do mundo, como relógios, rosas, joias e uma máscara de jovem. O cavaleiro sonha com um anjo cuja faixa é um lembrete da morte: "Atormenta eternamente, chega com rapidez e mata".

primeiros homem e mulher

A origem da humanidade fascina a maioria das culturas. Praticamente todas as tradições possuem seus próprios mitos e histórias sobre a aparição dos primeiros seres humanos. Em geral, figuram como um casal e o homem aparece antes da mulher – sem dúvida, reflexo (e justificativa) da estrutura patriarcal da maioria das sociedades. A posição inferior das mulheres também é reforçada por mitos em que aparecem como responsáveis por disseminar vários males sociais, como Eva na tradição judaico-cristã e Pandora na mitologia grega (*p. 95*).

Para os maoris e muitos povos originários das Américas, contudo, a mulher figura como o primeiro ancestral. Na tradição maori, Hine-Hau-On ("donzela criada pela terra") formou-se a partir da areia de uma ilha, fenômeno associado à ideia muito difundida de que o ser humano foi criado a partir da terra ou do barro. Esse tipo de criação aparece também na Bíblia: Deus formou o homem a partir do barro e derivou a mulher da costela do homem (Gênesis 2:21). Há outras versões a partir da bíblica, como aquela, da África Central, que conta que a primeira mulher foi criada a partir do joelho do homem.

ADÃO E EVA
Na Bíblia, Adão e Eva (*à esquerda*) formam o primeiro casal e são arquétipos não só da inocência primordial, mas também da corrupção, da desobediência e do pecado. Eles seriam a origem da desonra, da mortalidade, das doenças e da dor – em suma, da condição humana (*p. 52*).

NÜ GUA E FUXI
Um dos mitos chineses mais antigos é o de Nü Gua e Fuxi. Reverenciado como criador da humanidade, Nü Gua mergulhou uma videira na lama e chacoalhou-a para produzir gotas de barro. Cada gota transformou-se num ser humano. O deus Fuxi ensinou o homem a pescar, cultivar, fazer música e escrever. Os dois deuses figuram como serpentes entrelaçadas (*acima*) e simbolizam os poderes criativos da terra e a união das forças masculinas e femininas.

CAVERNAS DA CRIAÇÃO
Muitos povos nativos americanos reverenciam cavernas como lugares de origem do primeiro ser humano. Os homens primitivos teriam sido forçados a sair do mundo terreno devido às próprias transgressões e voltariam a emergir pelas cavernas – símbolos de crescimento espiritual (do submundo para a sabedoria). Durante a ascensão ao ponto de origem, eram guiados por figuras como a Mãe do Milho (*acima*) ou a Mulher Aranha, deidades associadas à terra e seus poderes.

HERÓIS CULTURAIS

Muitos mitos de origem envolvem heróis culturais, figuras sobrenaturais detentoras das essências da vida e dos aspectos culturais, como o fogo ou as habilidades agricultoras. Muitos deles também são **PÍCAROS**, como o **CORVO** e o **COIOTE** em algumas tradições norte-americanas: roubam, trapaceiam ou enganam os seres superiores. Roubar o **FOGO** dos deuses é um tema recorrente, desde o mito clássico grego de **PROMETEU** (*abaixo*) ou o asteca **TEZCATLIPOCA** ("o perneta", *à direita*) até o herói **BUE**, do povo quiribati, ou a **ARANHA AQUÁTICA**, do povo norte-americano cheroqui. Os heróis culturais simbolizam a conexão humana com o reino divino, mas também a fronteira que os separa, representada pelos atos de desobediência e desafio. Essa dualidade remete à liberdade do espírito humano e à presunção humana de seu papel quase divino em moldar o mundo para si mesmo.

PROMETEU

Na mitologia clássica, Prometeu criou o primeiro homem do barro e roubou o fogo do céu para presentear a humanidade. Zeus, detentor do fogo, amarrou-o a uma pedra e condenou-o a receber a visita diária de uma águia que comia seu fígado. Como o órgão se regenerava, a tortura não tinha fim (*acima*). Em algumas versões, Prometeu fez criaturas de barro e, para dar-lhes vida, usou o fogo como a "centelha divina" da inteligência e criatividade. Na tradição cristã, Prometeu seria uma prefiguração de Cristo, pois intercedia pela humanidade atormentada.

PRIMEIRA MULHER

Para o povo navajo e outros grupos nativos norte-americanos, o primeiro ser humano foi mulher. De acordo com os hurões e os iroqueses, o primeiro ancestral foi Ataentsic, deusa e matriarca do povo do céu. Para diversas culturas americanas, o milho (*acima*) é a figura central em muitas histórias sobre o surgimento das primeiras pessoas. A Mãe do Milho, por exemplo, criou Arikara, enquanto os cheroquis mencionam Selu ("milho"), mulher que foi o primeiro ser humano do mundo.

KHNUM, O CERAMISTA

O deus criador Khnum era um homem com cabeça de cabra, associado à fertilidade do solo e à cheia anual do Nilo. Na cosmogonia egípcia, Khnum teria forjado os seres humanos com barro, usando o torno. Simbolizava a fonte da vida, porque a palavra egípcia para cabra (*ba*) significava também "alma" ou "essência espiritual". A cerâmica aparece ainda em mitos da criação de alguns povos da África. Em Ruanda, as mulheres deixam um pouco de água ao lado da cama à noite para que Deus possa forjar um filho de barro em seu ventre.

PANDORA

Para castigar o homem pela transgressão de Prometeu (*à esquerda*), Zeus criou a primeira mulher, Pandora, e deu-a para Epimeteu, irmão de Prometeu. Pandora abriu uma misteriosa caixa (ou jarro), que liberou todos os males e doenças no mundo. A única coisa que restou lá dentro foi a esperança.

TEMPO DO SONHO

A paisagem da Austrália foi desenhada no Tempo do Sonho. Nessa época mítica, heróis ancestrais com aparência de pessoas, cangurus, gambás, lagartos, pássaros ou serpentes viajaram pelo território e deixaram seus rastros em forma de rochas, cavernas, rios e outras formações.

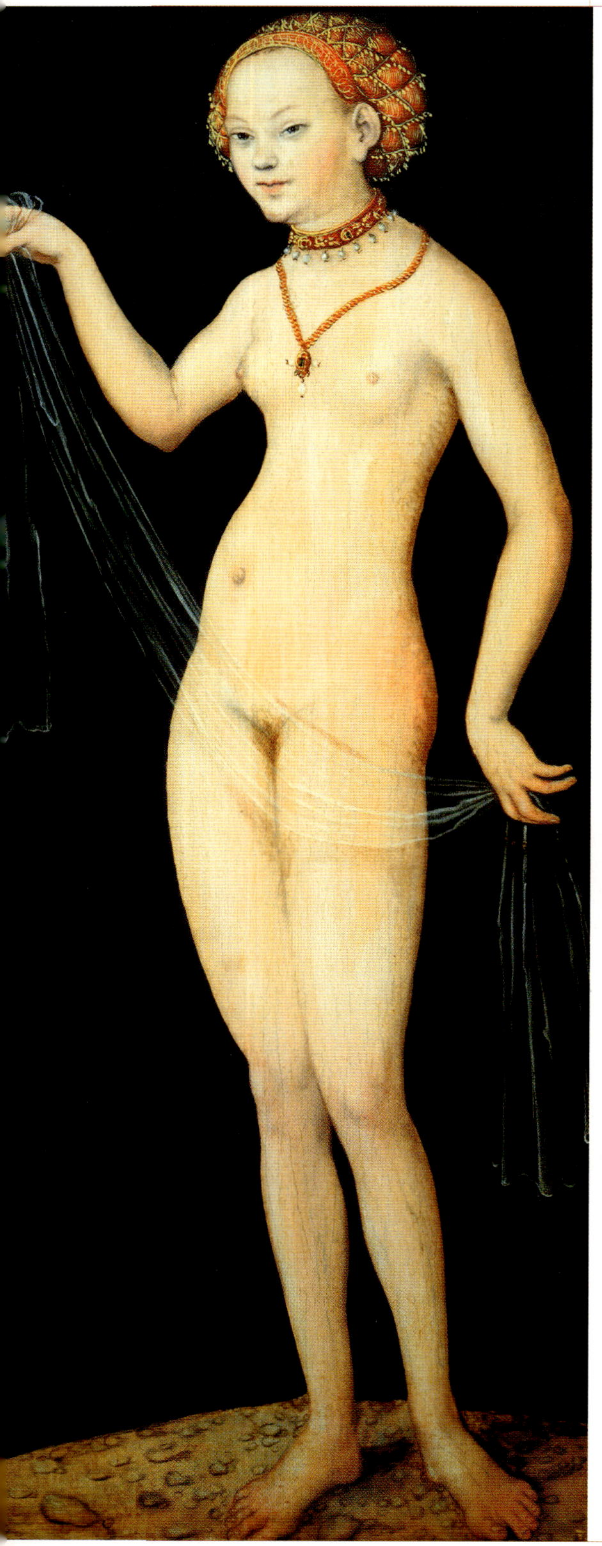

o corpo e a mente

A antiga cosmologia ocidental concebia o corpo humano como um microcosmo (do grego *mikros kosmos*, "mundo pequeno"). Os olhos, por exemplo, correspondiam ao Sol e à Lua; a carne, à terra; e o intelecto, ao "éter" celestial. Essa concepção é a base da astrologia, cujo princípio é a influência dos movimentos dos planetas e estrelas sobre os indivíduos. Adão Kadmon, o humano ancestral perfeito da cabala (*pp. 38-9*), reflete a imagem de Deus e é o elo entre a humanidade e seu criador.

De forma geral, as partes do corpo – como o coração e outros órgãos internos – possuem significados correspondentes às próprias funções ou a um conjunto de funções a elas atribuídas. Nenhuma característica física possui mais simbolismos que os olhos, chamados de "janelas da alma". Os órgãos da visão são o foco da expressão facial e, assim como as posturas do corpo, constituem uma fonte inesgotável de sentidos para a arte. Amplamente difundida e muito antiga, a crença no mau-olhado diz que um simples olhar pode trazer má sorte. Em geral, o mau-olhado funciona apenas quando há contato direto dos olhos, ideia provavelmente inspirada na noção dos olhos como portais da alma. Perseu foi capaz de matar a Medusa, cujo olhar transformava as pessoas em pedra, apenas porque olhou-a pelo reflexo de um espelho; a mesma artimanha seria usada para derrotar o basilisco, monstro com olhar fatal. O mau-olhado também podia ser derrotado ao ver sua própria imagem, por isso o olho figura em amuletos do Mediterrâneo e do Oriente Próximo, onde até mesmo os marinheiros pintavam olhos no casco de suas embarcações para proteger-se.

O OLHO DO PODER

Os órgãos da visão também simbolizam a vigilância autoritária. O "**OLHO** que tudo vê" de uma deidade ou soberano remete ao medo e à proteção, por isso exagerava-se o tamanho dos olhos de algumas estátuas e ícones religiosos romanos e bizantinos. No Egito Antigo, o **SOL** e a **LUA** eram, respectivamente, os olhos direito e esquerdo do deus **HÓRUS**, arrancados por seu rival, **SETH**, mas restituídos por **ÍSIS**, a mãe e defensora de Hórus. O símbolo "**OLHO DE HÓRUS**" representa cura e proteção divinas. Também há o "**MAU-OLHADO**" (*texto principal*) e o "**TERCEIRO OLHO**" (*fig. acima*), o órgão invisível da intuição. Compassivos, os **OLHOS DE BUDA** estão nos templos do Nepal e Tibete.

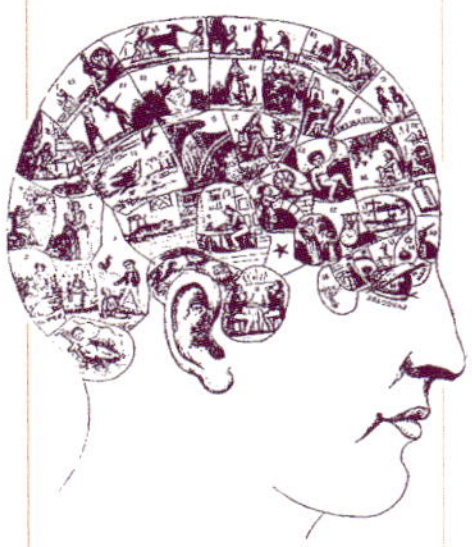

CABEÇA

Para os gregos antigos, o topo da cabeça simbolizava a esfera celestial. Em muitas tradições, a cabeça é símbolo da mente e da vida do espírito. Os chacras mais altos da ioga estão na cabeça e representam a iluminação e a sabedoria (*pp. 100-1*), o sustentáculo da alma. Entre os celtas e maias, era comum manter a cabeça dos inimigos derrotados como amuleto.

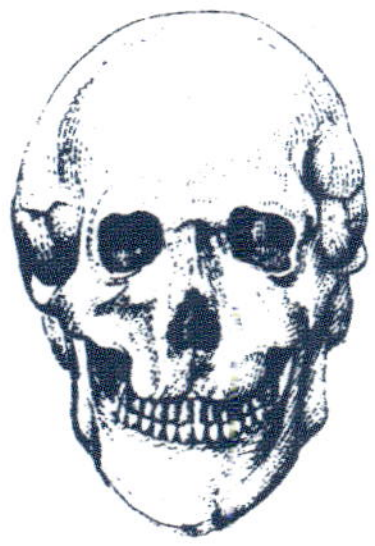

CRÂNIO

O crânio é um símbolo muito comum para a morte e a transitoriedade da vida terrena. Coroado com folhas de louro, denota a idade avançada e o temperamento melancólico. O crânio no pé da cruz de Cristo era uma referência ao gólgota ou calvário (literalmente "lugar do crânio") bem como ao crânio de Adão, supostamente enterrado no mesmo lugar onde Jesus foi crucificado.

CABELO

Na Bíblia, a força sobrenatural de Sansão tinha origem em seu cabelo; quando Dalila cortou-o, essa força esvaiu-se. Cabelos longos sinalizam maturidade ou crença e obediência a Deus. Os hindus raspam a cabeça em sinal de luto, o que no Egito Antigo denotava sacerdócio. Para as mulheres, cabelos soltos remetem à inocência sexual, mas soltá-los em direção a alguém denota sensualidade, como na lenda de Rapunzel, cujas tranças foram usadas como cordas para trazer seu amor. Entre os povos nativos americanos, a cabeça raspada do inimigo era usada como troféu.

BOCA

A boca simboliza o discurso, mas também o ato de comer e a gula. No Egito, a alma entrava no corpo pela boca: o "ritual da boca aberta" (*acima*), realizado em múmias antes do enterro, tinha como objetivo reanimar a fala e outros sentidos do morto para prepará-lo ao além-mundo. Às vezes, no simbolismo cristão, a entrada do inferno figurava como uma boca aberta, talvez em alusão à mucosa da cavidade bucal, vermelha como as chamas infernais.

DENTES

Dentes à mostra expressam ferocidade e hostilidade, além de temor. Em geral, os monstros e demônios são representados com dentes proeminentes exagerados, afiados ou pontiagudos, símbolo da natureza selvagem e aterradora – sobretudo em criaturas humanas híbridas como o vampiro e o lobisomem, cujo diferencial em relação aos seres humanos normais são os dentes. Contudo, quando aparecem sorridentes, indicam alegria e felicidade.

LÍNGUA

Esse músculo é símbolo da fala e do paladar, mas pode remeter à ferocidade, como no caso da dança da guerra maori, *haka* (*acima*), da górgona Medusa ou do deus hindu Kali. A língua também é associada à eloquência, à sabedoria e, por sua forma e cor, às labaredas de fogo. As "línguas de fogo" que descem sobre os discípulos de Cristo em Pentecostes simbolizam o dom do Espírito Santo (Atos 2:3).

ORELHA

As "orelhas de escuta" egípcias eram canais por onde as preces passavam e chegavam diretamente aos deuses. No folclore popular, sentir a orelha coçar, arder ou zumbir é sinal de que a pessoa é o assunto da conversa de outras.

NARIZ

Símbolo do olfato, o nariz representa o ponto mais proeminente do corpo: "meter o nariz" é intrometer-se em assuntos alheios; quando alguma coisa é óbvia, está "sob o nariz"; não gostar de algo é "torcer o nariz". No Extremo Oriente, aponta-se o próprio nariz para referir-se a si mesmo.

OS QUATRO HUMORES

para a fisiologia medieval (*acima*), o corpo encerrava quatro **"HUMORES"**, substâncias que correspondem aos quatro elementos: **BILE (FOGO)**, **SANGUE (AR)**, **MELANCOLIA** ou **BILE PRETA (TERRA)** e **FLEUMA (ÁGUA)**. o estado ideal do corpo e da mente era o equilíbrio entre os humores, mas na maioria das pessoas um dos líquidos era predominante, razão pela qual distinguia-se quatro tipos de pessoas: "colérica" (irritável, impaciente, propensa ao orgulho); "sanguínea" (alegre, corajosa, rebelde); "fleumática" (calma, racional) ou "melancólica" (irrequieta, taciturna). Disposições e doenças eram atribuídos a mudanças no equilíbrio dos humores devido ao clima, à dieta, ao local e a outras variáveis.

RESPIRAÇÃO

(*acima*) A respiração representa a força vital divina. Em muitas tradições, uma deidade fez os humanos a partir do barro e deu-lhes vida com um sopro (*p. 94*). Em latim, *spiritus* significa tanto "espírito" como "respiração" – a inspiração, no sentido figurado, significa literalmente inspirar o espírito criador. E a força vital se esvai quando expiramos pela última vez.

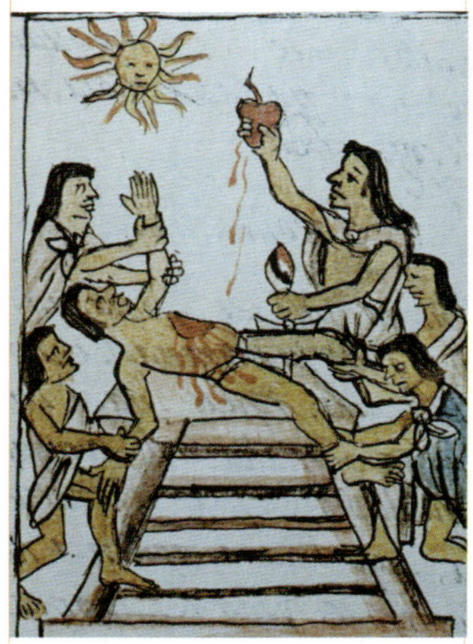

SANGUE

O sangue contém o espírito cósmico de uma deidade criadora. Também representa a força vital de um indivíduo. A mistura de sangues pode selar um pacto ou vínculo irreversível. Devido à cor vermelha, era relacionado ao calor e ao sol: para os astecas, o deus sol necessitava de sangue humano para nascer todas as manhãs *(acima)*. Entre os católicos romanos, o vinho eucarístico se transforma milagrosamente no sangue de Cristo; para os protestantes, isso é apenas simbólico.

CORAÇÃO

Em muitas tradições o coração representa o lugar do amor e da paixão, da coragem e do espírito. Para os egípcios antigos, o coração (e não a cabeça) era a sede da sabedoria, do conhecimento, da memória e das emoções. Após a morte, era o único órgão mantido no corpo para que o deus Anúbis avaliasse a virtude do falecido. Na tradição romana católica, o Sagrado Coração de Jesus *(acima)* representa os sofrimentos e a compaixão da Virgem Maria.

MÃOS

A habilidade de usar as **MÃOS** teve um papel crucial em nossa evolução e marcou a passagem do estado **PRIMATA** para o primeiro hominídeo, o **HOMO HABILIS**, o "habilidoso". Associada à força e ao poder, pratica ações, transmite comandos e defende contra o mal.

No islamismo, a **"MÃO DE FÁTIMA"** representa a mão da filha do profeta; é um amuleto comum contra o **MAU-OLHADO** (*quadro, p. 96*). Esse amuleto é chamado de **HAMSÁ** ou **"MÃO DE MÍRIAM"** no judaísmo. Na arte cristã, as mãos de **CRISTO** ou de um santo são representadas em diversos gestos simbólicos, como a mão direita levantada com dois **DEDOS** apontados em sinal de benção, ou a mão sobre a **CABEÇA** de um doente no ato da cura. Às vezes, **DEUS** figura como uma mão que emerge do **CÉU**. As **MUDRAS** são gestos das mãos e dos dedos comuns nas iconografias hindu e budista. A imagem abaixo mostra as mãos de **BUDA** em **VITARKA MUDRA**, gesto de debate ou ensinamento.

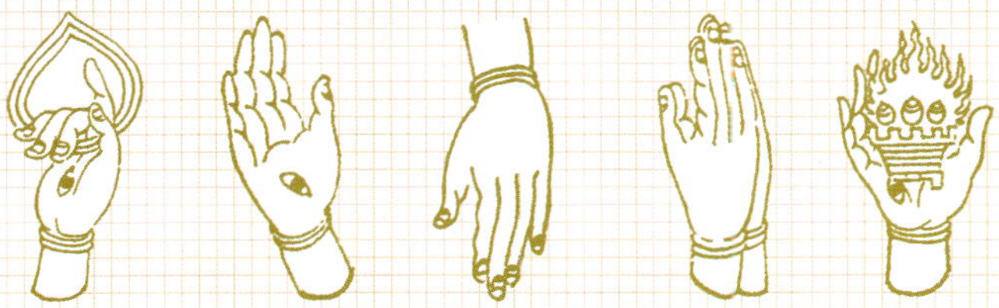

BRAÇO

Braços erguidos ou projetados à frente indicam súplica ou prece, ato de submissão aos deuses e, ao mesmo tempo, de receptividade ao poder divino. No Egito Antigo, dois braços erguidos formavam o hieróglifo de *ka*, a força vital criativa do indivíduo. O dedo indicador, em geral, é a extremidade do braço estendido: expressa liderança e autoridade desde os tempos clássicos *(à esquerda)*. O braço levantado em gesto amistoso honra um superior ou uma pessoa de princípios elevados.

VENTRE E UMBIGO

Na arte egípcia, o ventre grande denotava prosperidade e educação. Na China e no Japão, o abdômen irradiava a vida, enquanto em outras culturas ainda é associado ao instinto (o famoso "frio na barriga"). O terceiro chacra da ioga está no centro do ventre – localização relacionada ao umbigo como centro da vida, pois, na mitologia hindu, o deus criador Brahma emergiu de um lótus florescido no umbigo de Vishnu.

DEDO

Os dedos representam o tato. Quando um dedo aponta ao longe, significa comando *(acima)*; em retratos, às vezes um dedo indicava o sucesso do retratado, fosse uma vitória militar, um livro ou alguma construção. Figuras sagradas levantam o dedo médio e o indicador em sinal de benção. O sinal de "vê" remete à vitória, mas outros sinais com os dedos também podem ser insultos, sobretudo os que exploram gestos fálicos comuns no mundo todo, como o dedo do meio levantado.

PÉS

Em geral, os pés estão associados a divindades oriundas da terra e andar de pés descalços alude à humildade. A arte budista antiga representava as pegadas de Buda, que estariam milagrosamente gravadas em rochas. Cristo demonstrou humildade ao lavar os pés de seus discípulos e os de uma mulher "pecadora"; tradicionalmente, Maria Madalena expressava sua devoção a Jesus ao lavar e ungir os pés Dele. Os pés também se associam à difusão da "boa nova", como disse São Paulo citando Isaías: "Que lindos são os pés daquele que traz a boa nova!" (Romanos 10:15).

ESQUELETO

No mundo todo o esqueleto é um símbolo da morte. A própria morte pode ser um esqueleto "vivo", como o ceifador da tradição ocidental. No Tibete, os esqueletos chamados *chitipati*, "senhores da pira funerária", são os servos de Yama, deus da morte. Esses seres dançam e atiram relâmpagos que simbolizam a iluminação – um lembrete da morte como mera transição necessária.

OS CHACRAS

De acordo com a fisiologia indiana tradicional, a energia vital cósmica do corpo humano flui ao longo do eixo espinhal por canais chamados *nadis*. Essa energia, ou "sistema sutil", se condensa em sete pontos principais (e outros menores) ao longo desse eixo, simbolizados por flores de lótus (*padmas*) ou, mais comumente, vórtices ou rodas (chacras).

Esses centros de energia do corpo estariam sempre ativos e corresponderiam a níveis distintos de consciência. Diferentes estados mentais surgem à medida que a energia passa pelos chacras, desde a base localizada no períneo (ou chacra base, ponto correspondente à raiz da vida animal, a coluna) até o topo da cabeça (ponto da consciência suprema e iluminação). Os filósofos indianos associavam as mudanças no fluxo de energia aos cinco elementos (*tattvas*): terra, ar, fogo, água e "éter" (*akasha*). Contudo, nos tempos modernos, essas variações são atribuídas às glândulas endócrinas, às diferentes partes do cérebro (o chacra base se relaciona com a hipófise) e ao estado psíquico – fenômenos ligados à alegria ou ao medo (por exemplo, quando um sentimento vem acompanhado de "frio na estômago", onde está o terceiro chacra). Os chacras, porém, vão muito além de explicações psicológicas e materiais.

Para a maioria das pessoas, na maior parte do tempo, os cinco chacras inferiores são os que dominam a energia do sistema sutil. O objetivo da ioga tântrica é cultivar o corpo sutil a fim de que a energia seja bombeada para os dois chacras mais altos. Em grande parte dos mapas energéticos (*à direita*), cada chacra é representado com um determinado número de pétalas e se associa a uma cor, um elemento, um planeta e uma deidade, bem como a outros símbolos.

SÉTIMO CHACRA

O chacra *sahasrara* (ou chacra coroa, no topo da cabeça) é associado à iluminação e a à transcendência de si. Pétalas: mil. Elementos: nenhum (transcende o mundo material). Planeta: Ketu. Deidade: o "guru interno".

SEXTO CHACRA

O chacra *ajna* (região da sobrancelha) se associa à consciência, à intuição e ao poder da mente. Pétalas: duas, luminescentes. Elementos: todos. Planeta: Saturno. Deidade: Shiva-Shakti, o andrógino, união de duas polaridades.

CUNDALINI

o cultivo dos **CHACRAS** (*texto principal*) é considerado uma prática poderosa, capaz de despertar a massa de energia latente simbolizada por uma **SERPENTE** que dorme enrolada no **CHACRA BASE** — **CUNDALINI**, do sânscrito *kundal* (espiral). os praticantes de meditação buscam despertar esse ser dormente e alongá-lo até o **CHACRA COROA** para atingir o equilíbrio perfeito entre o corpo físico e o psíquico.

para subir, a cundalini utiliza os **NADIS**, canais invisíveis do sistema energético sutil, além de outros visíveis, como os nervos e as veias. o *nadi* principal — dos 14 espalhados pelo corpo — é o **SHUSHUMNA** (cordão espinhal) e os dois canais secundários enrolados ao seu redor são **PINGALA** (vermelho) e **IDA** (branco). o *pingala* é solar e masculino, simbolizado pelo **SOL** e pelo **OLHO DIREITO**. *ida* é lunar e feminino; seu símbolo é a **LUA** ou o **OLHO ESQUERDO**.

CHACRA SOMA

Além dos setes chacras principais, há outros menores, como o de doze pétalas, ou *soma* (néctar), localizado na região da fronte, entre o sexto e o sétimo chacra. Está associado à consciência elevada, à clareza mental e ao estado de felicidade.

OS ANIMAIS DOS CHACRAS

A maior parte dos chacras remete a uma criatura simbólica. O primeiro chacra é associado ao elefante Airavata, (*abaixo*); o segundo, ao crocodilo Makara; o terceiro é representado pela cabra Agni; o quarto, pelo cervo ou antílope; o quinto liga-se ao elefante Gaja; e o chacra *soma* remete à vaca híbrida Kamadhenu.

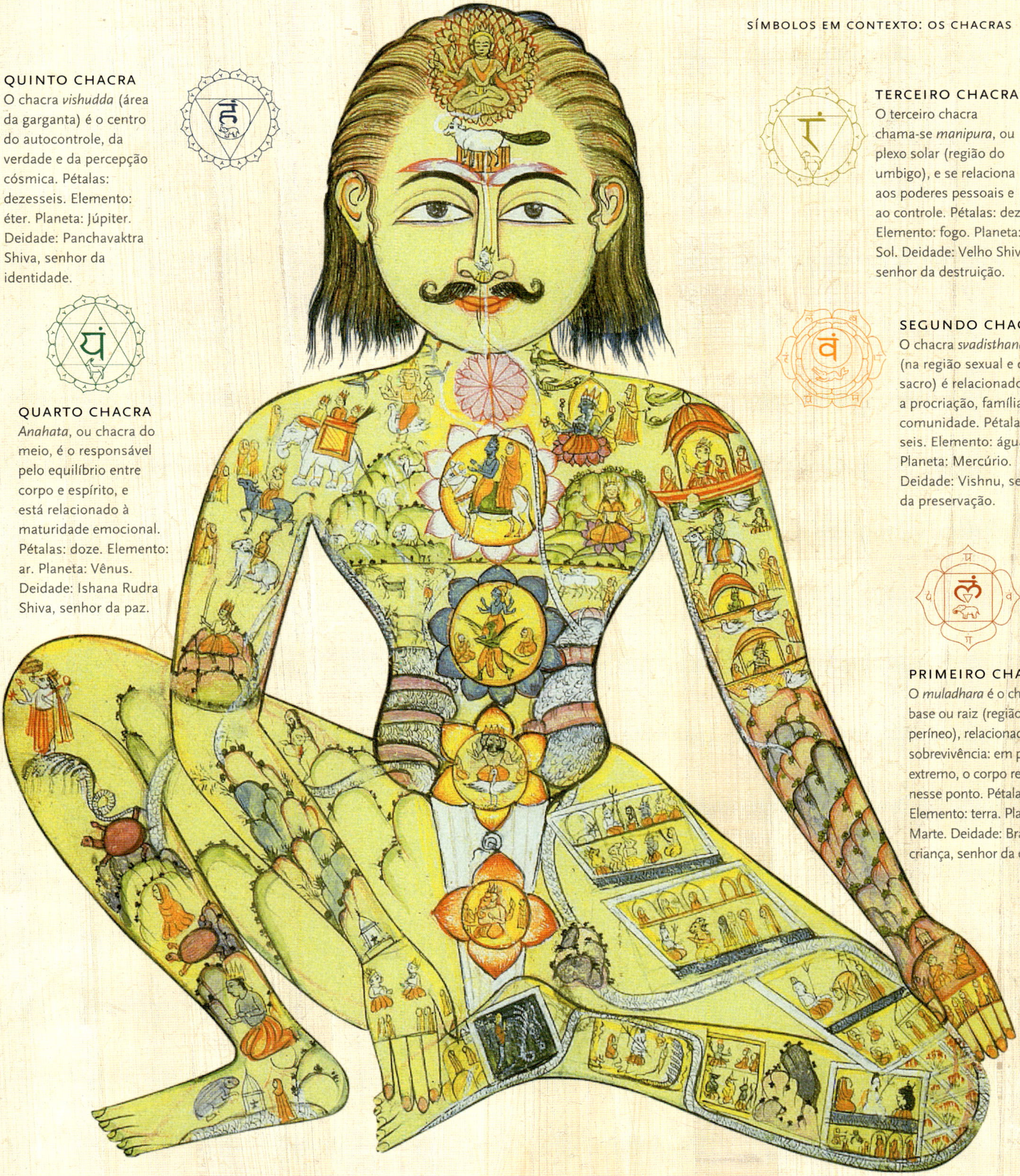

QUINTO CHACRA

O chacra *vishudda* (área da garganta) é o centro do autocontrole, da verdade e da percepção cósmica. Pétalas: dezesseis. Elemento: éter. Planeta: Júpiter. Deidade: Panchavaktra Shiva, senhor da identidade.

QUARTO CHACRA

Anahata, ou chacra do meio, é o responsável pelo equilíbrio entre corpo e espírito, e está relacionado à maturidade emocional. Pétalas: doze. Elemento: ar. Planeta: Vênus. Deidade: Ishana Rudra Shiva, senhor da paz.

TERCEIRO CHACRA

O terceiro chacra chama-se *manipura*, ou plexo solar (região do umbigo), e se relaciona aos poderes pessoais e ao controle. Pétalas: dez. Elemento: fogo. Planeta: Sol. Deidade: Velho Shiva, senhor da destruição.

SEGUNDO CHACRA

O chacra *svadisthana* (na região sexual e do sacro) é relacionado a procriação, família, comunidade. Pétalas: seis. Elemento: água. Planeta: Mercúrio. Deidade: Vishnu, senhor da preservação.

PRIMEIRO CHACRA

O *muladhara* é o chacra base ou raiz (região do períneo), relacionado à pura sobrevivência: em perigo extremo, o corpo reage nesse ponto. Pétalas: quatro. Elemento: terra. Planeta: Marte. Deidade: Brahma criança, senhor da criação.

sexo e fertilidade

O masculino e o feminino são interpretados como os dois pilares ao redor dos quais o cosmo se organiza. São forças opostas, mas complementares e correspondentes: cada uma contém em si a semente e o potencial latente da outra, como demonstra explicitamente o símbolo *taiji*, emblema taoísta do *yin* e *yang* (*p.* 96).

O planeta Terra, de forma análoga, oferece uma enorme variedade de correspondências sexuais. Em algumas culturas, por exemplo, cavernas representam o sexo das deidades femininas, enquanto as árvores e outras proeminências são associadas ao sexo masculino e a deuses fálicos, como o grego Pã e seus seguidores, os sátiros. Antigamente, acreditava-se que o cérebro, a medula e o sêmen eram todos feitos da mesma substância e que a semente masculina residia na cabeça. Essa ideia explica parcialmente o fato de chifres e cornos simbolizarem deuses masculinos da fertilidade, como o celta Cernuno e outros correspondentes de antigas sociedades tribais.

O órgão sexual feminino aparece de maneira simbólica em formas estilizadas de losango e mandorla, ou na *vesica piscis* (imagem de dois círculos iguais entrecruzados, cujo centro forma uma mandorla). Algumas interpretações consideram o coração simétrico, símbolo tradicional do amor, uma representação estilizada da vulva entre pernas abertas, o que associaria esse emblema à fertilidade e ao poder femininos.

INCUBUS E SUCUBUS
Na Europa medieval, a casta mais baixa dos demônios de Satã era a dos *incubi* e *sucubi*. O *sucubus*, criatura feminina, seduzia homens adormecidos para fecundar novos demônios. O *incubus* masculino fazia o mesmo com as mulheres (*acima*). Para Freud, esses demônios apareceram no simbolismo para explicar arroubos noturnos e desejos sexuais proibidos.

FIGURAS DE VÊNUS
A questão da fertilidade entre os povos do Paleolítico aparece nas esculturas femininas em pedra, madeira, osso ou marfim conhecidas como figuras de Vênus. Essas estatuetas personificam a fecundidade pelo exagero dos órgãos sexuais e estão espalhadas pela Eurásia. Esta imagem (*à esquerda*) é da "Vênus de Willendorf" (c. 23.000 a.C.), encontrada na Áustria.

YONI
No hinduísmo, *yoni*, ou vulva, é o símbolo supremo da sexualidade feminina, assim como o falo, ou *lingam*, é o masculino. No budismo tântrico, os dois arcos estilizados do *yoni* representam o portal para o renascimento.

IANTRA
No tantra hindu, a energia cósmica da criação transmitida pelo ato sexual do casal divino Shiva e Shakti é representada pelo iantra. O iantra é um "cosmograma" (conjunto de padrões fractais coloridos e linhas que simbolizam o cosmo) usado como objeto da meditação para a transformação interna física e psicoespiritual.

YAB-YUM
No budismo tântrico do Tibete, a imagem de duas deidades em abraço sexual representam a condição indivisível de sabedoria (a deusa) e compaixão (deus). Conhecida como *yab-yum* (*à esquerda*), literalmente "pai-mãe", essa imagem simboliza tanto o caminho espiritual (o cultivo da sabedoria e da compaixão) como seu objetivo (sabedoria e compaixão perfeitamente unidas).

FRUTAS SECAS E SEMENTES

A **BOLOTA**, fruto do carvalho, é **OVAL** em sua base (*à esquerda*) e ao mesmo tempo fálica. simboliza a fertilidade e, na **SEMENTE**, a potência latente. As bolotas e outras **FRUTAS SECAS**, como as **AVELÃS**, eram muito usadas como instrumentos de adivinhação sobre a identidade de um futuro cônjuge. É comum jogar as sementes desses frutos sobre recém-casados ou inseri-las no preparo de bolos e doces (daí vem os quitutes de casamento) para trazer fertilidade. O poeta Robert Burns (1759-1796) lembrava como, em partes da Escócia, dois amantes colocavam duas castanhas lado a lado, próximas ao fogo: se as duas queimassem de forma similar e homogênea, havia um bom futuro para a relação; do contrário, podia significar a separação.

Sementes e grãos, assim como esporos de plantas e caroços de **FRUTAS**, eram usados em jogos e rimas populares. Uma rima inglesa conhecida até hoje entre as crianças é adivinhar a ocupação de um adulto desta divertida maneira: "ferreiro, viageiro, marinheiro, trapaceiro, soldado, abastado, alfaiate, mascate". E pode seguir: "advogado, doutor, vendedor, agenciador": essas palavras são ditas ao mesmo tempo em que os caroços e sementes (em especial de **CEREJAS**) são contados. Na tradição chinesa, frutas com muitas sementes, como **MELANCIA** e **ROMÃ**, simbolizavam a bênção da prole numerosa.

MASTRO FESTIVO
Presente em festas rurais desde os tempos pagãos, é um símbolo fálico de alegria e fertilidade. É o foco de danças em celebrações como o antigo festival celta de Beltane, comemorado até hoje no dia 1º de maio para celebrar o início da fartura estival e do Sol radiante.

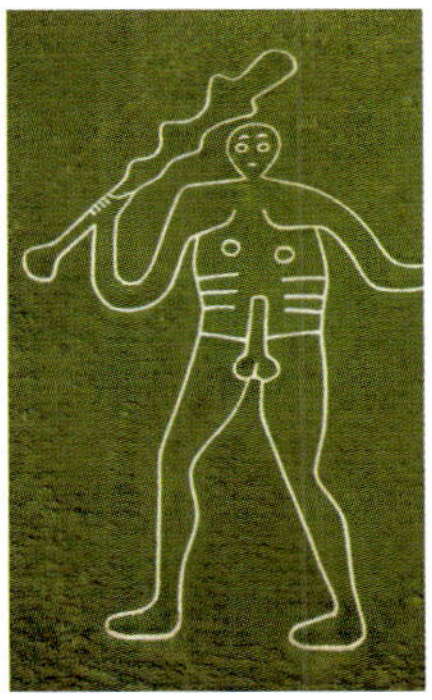

PRIAPISMO
O gigante de Cerne Abbas, imagem fálica delineada nos campos próximos a Dorset, Inglaterra, foi visto pela primeira vez no fim do século XVII, embora remeta aos antigos saxões. Acredita-se que Cerne Abbas seja uma representação do herói Hércules com sua clava.

SHEELA-NA-GIG
Conhecida na Irlanda como *sheela-na-gig*, a imagem de pedra de uma figura feminina segurando uma enorme vulva aparece em algumas igrejas e outros edifícios das Ilhas Britânicas. É interpretada como uma antiga deusa da fertilidade ou uma imagem grotesca da luxúria feminina.

DIVINDADE

DEUSES E DEUSAS
MENSAGEIROS DIVINOS
BUDISMO

DESDE O SURGIMENTO DA CONSCIÊNCIA, A HUMANIDADE SE INTERESSA PELOS MISTÉRIOS DO COSMO, DA NATUREZA E DA PRÓPRIA VIDA. ESSA FASCINAÇÃO DEU ORIGEM À IDEIA DE DIVINDADE, UM PODER SOBRENATURAL QUE CONFORMA E CONTROLA O UNIVERSO E O DESTINO DOS SERES HUMANOS.

DEUSES E DEUSAS

Os deuses são encarnações de forças sobrenaturais e inexplicadas, além de sentinelas de determinado domínio, como o mar, o céu, as tempestades, a fertilidade, o amor, a guerra e a justiça. Em geral, são representados por formas existentes conhecidas: masculino e feminino, animal e humano.

DEUS PAI

Em muitas culturas, a figura mais importante do panteão é masculina. Esses deuses poderosos são interpretados como criadores do universo e chefes dos céus, como Zeus, o deus grego do trovão (*acima*). O Sol simboliza o criador supremo masculino em muitas civilizações, como o deus Rá no Egito Antigo.

DEUSA MÃE

Deusas como a hindu Parvati (*à esquerda*) são personificações do poder feminino e da fertilidade. É o caso da deusa primordial Gaia, da Grécia Antiga, da Mãe Terra dos nativos americanos e de outras divindades que encarnam a própria Terra e dão vida a plantas, animais e seres humanos.

PANTEÕES

As deidades muitas vezes são sistematizadas em panteões familiares ou de clã. Em geral, essas genealogias refletem rivalidades e vínculos típicos dos seres humanos. Na mitologia grega, Cronos derrotou seu pai, Urano, mas foi, por sua vez, superado pelo próprio filho, Zeus. No panteão egípcio, Seth, deus do caos, é rival de seu sobrinho, Hórus, deus da ordem. Encabeçado pelo Imperador de Jade, o panteão chinês era pouco usual no sentido de reproduzir nos céus a burocracia do governo imperial terreno. Os panteões sempre possuem uma abóboda especial (*p. 108*).

OFERENDAS DIVINAS
Esta pintura lapidar de uma tumba egípcia (*à esquerda*) mostra a mulher faraó Hatchepsut (representada como homem, conforme a convenção) realizando uma oferenda ao deus Rá--Harakhte, uma das aparições dos deuses Rá e Hórus.

DIVINDADES LUNARES
A Lua é uma deidade feminina, em contraste ao masculino Sol. Rainha do céu, é associada a figuras poderosas como a Virgem Maria e a deusa grega Ártemis de Éfeso (*à esquerda*). As deidades lunares presidem os ciclos de nascimento, morte e renascimento. Em algumas tradições, porém, a Lua é associada a deuses homens e relacionada ao poder masculino da fecundação.

DEUS SOL E DEUSA TERRA
Salvo poucas exceções, como o deus egípcio Geb, as personificações divinas da Terra eram femininas, desde a deusa grega Gaia até a Mãe Terra, dos povos nativos americanos, ou a deusa Papa, dos maoris. Todas eram arquétipos de força vital, fertilidade e sustento.

Por outro lado, a maioria dos deuses solares era masculina e os raios do Sol simbolizavam a luz do intelecto. Os deuses solares quase sempre eram identificados com a figura paterna universal. Contudo, no Japão, os imperadores descendiam da deusa solar Amaterasu (*abaixo*).

CELESTIAIS
A maioria das deidades celestes é masculina, como o grego Zeus ou o Pai Céu, dos nativos norte-americanos. Uma exceção é a deusa egípcia do céu, Nut, representada em posição arqueada sobre a Terra. Nut casou-se com o deus Geb, a Terra, até que foram separados por Shu, o deus do ar (acima).

DEUSES DO TROVÃO
Deus dos trovões e tempestades, Zeus (Júpiter, para os romanos) usava os raios como arma, assim como o védico Indra. O nórdico Thor (*acima*) possuía um martelo mágico gigante, que destruía ou curava. O norte-americano Pássaro Trovão tinha natureza dual similar a de Thor.

DEUSES DA FERTILIDADE
Em geral, os deuses da fertilidade eram femininos, como a deusa grega da Terra, Gaia (acima), e sua filha Afrodite. Contudo, Saturno, por exemplo, era o deus romano da agricultura. A filha de Cronos (por sua vez, filho de Gaia) era Deméter, irmã de Zeus. A deusa hindu da fertilidade é Shri, mulher do deus criador Vishnu. Esses deuses zelavam pela produtividade do solo e protegiam as colheitas, mas, irritados, disseminavam a seca e a fome.

DEIDADES DO AMOR E DO SEXO
A deusa do amor, Afrodite (Vênus, para os romanos), nasceu no oceano primordial a partir da espuma formada pelo órgão genital de Urano em contato com a água salgada (ele havia sido castrado pelo filho Cronos, e seu sexo caiu do céu entre as ondas). A deusa hindu Lakshmi (*acima, com Vishnu*) também surgiu das águas e é representada pelo lótus, flor associada à beleza radiante, pureza, à procriação e à força espiritual. Porém, o desejo sexual é mais comumente representado por deidades masculinas, como o grego Eros (Cupido, para os romanos). Geralmente, o Cupido figura na arte com asas, vendado e com um arco e flecha nas mãos, símbolo da cegueira e da imprevisibilidade do amor. Na arte barroca, esse deus passou a figurar como *putti*: crianças nuas e aladas seguidas de seres angelicais, os querubins.

UM DEUS OU VÁRIOS?
o deus egípcio **AMOUN**, cujo nome significa "tudo", chegou perto de se tornar um poder divino unânime e único, sobretudo após integrar-se com o deus sol na figura de **AMOUN-RÁ**. para os filósofos hindus, os vários deuses eram, na verdade, aspectos de **BRAHMAN** (*à direita*), símbolo da realidade definitiva (não confundir com o deus Brahma). A Bíblia se refere a **JAVÉ** e a **ELOHIM**, derivações do divino, e as palavras de **DEUS** "façamos a humanidade" (Gênesis 1:26) remetem ao politeísmo pré-bíblico. o deus de **ABRAÃO**, **ISAAC** e **JACÓ** era visto como único entre outros deuses nacionais rivais. contudo, por volta do século VI a.C., profetas como Jeremias já não acreditavam em outros deuses: existiria um só deus, universal. essa entidade divina seria o deus trino do cristianismo, e **ALÁ**, o deus islâmico.

DIVINDADES DAS ARTES E DOS ARTEFATOS
As habilidades criativas são protegidas por deuses como os gregos Hefesto (Vulcano, para os romanos), que criava armas mágicas, e Atena (Minerva), que criou a oliveira, fonte de alimento, combustível e luz para o lampião. O deus grego das artes era Apolo, cujo emblema era a lira; como deus sol, remetia à luz da inspiração. Deuses como o celta Lug ou o germânico Wodan dominavam muitas artes, inclusive a da guerra.

DIVINDADES DA DANÇA
As deidades da dança simbolizam o ritmo criativo da vida. Em algumas culturas, são associadas a ritos de passagem, como a entrada na vida adulta. Nataraja, senhor da dança, e a deusa hindu Shiva têm quatro braços para indicar o constante dinamismo das forças da natureza.

DEUSES DA CHUVA E DA TEMPESTADE
Deuses da tempestade, como o japonês Susano, produziam caos. Já Baal, o antigo deus cananeu da tempestade, também controlava a fertilidade e as chuvas. Chac, o deus maia da chuva, e seu correspondente asteca, Tlaloc, protegiam a agricultura (Deuses do trovão, p. 106).

DEUSES DAS FESTAS
Estados alterados como embriaguez e êxtase eram atributos do grego Dioniso (Baco, para os romanos), deus do vinho. Tomar vinho durante as festividades sagradas de Dioniso produzia estados de exaltação associados à iluminação do espírito.

DIVINDADES DO MAR
Deidades marinhas representam o poder fundamental e a instabilidade dos mares e oceanos. Poseídon (Netuno na mitologia romana), irmão de Zeus e soberano de diversos deuses marinhos, usava um tridente de pescador que indicava poder sobre as tempestades marítimas. O espírito marinho inuíte era a deusa protetora de todos os seres marinhos comidos pelo homem.

DEIDADES PROTETORAS
Deuses protetores de casas e moradores eram comuns em culturas antigas, a exemplo do egípcio Bes e dos espíritos domésticos romanos conhecidos como lares. Em ocasiões especiais, como nascimentos ou casamentos, faziam-se oferendas a eles. Para os budistas tibetanos, o ser iluminado Avalokitesvara é o padroeiro do Tibete e deidade universal da gentileza, como indicam seus múltiplos braços, que oferecem compaixão (*à esquerda*). Acredita-se que todos os dalai-lamas são reencarnações desse deus.

DEUSES DA SAÚDE
O semideus da medicina, Asclépio, filho de Apolo, era uma serpente cuja troca de pele simbolizava regeneração e cura. A deusa maia Ix Chel, ou "donzela arco-íris", velava pela cura, bem como pelo nascimento, momento arriscado para as mulheres e vigiado por deidades específicas de proteção – como a egípcia Heket (*à esquerda*) e a grega Ilítia, que definiam o ritmo do parto e o momento de dar à luz. O nascimento também era protegido pelas deusas Ísis e Ártemis.

ESPÍRITOS DO LUGAR

Aspectos do mundo natural, como pedras com formas esquisitas, árvores centenárias, riachos, nascentes, montanhas e bosques possuíam o que os romanos chamavam de **"ESPÍRITO DO LUGAR"**. Esses seres podiam ser benignos, maldosos ou travessos. Na tradição japonesa, cada região, povoado e lar possuía seu próprio espírito residente; em muitas partes da África, da Oceania e da Austrália, esses espíritos eram muito respeitados. Alguns povos aborígenes australianos acreditavam que os ancestrais do **TEMPO DO SONHO** deixaram seus espíritos em lugares específicos, como o **ULURU** (*abaixo*). Para os gregos, o monte Olimpo era a casa dos deuses, enquanto na China, as montanhas eram símbolos de poder e estabilidade. Rios sugerem o fluxo perpétuo do espírito criador, razão pela qual os hindus veem o rio Ganges como a personificação da deusa suprema **GANGA**. Os celtas também reverenciavam os rios como deuses. Nascentes sagradas ofereciam água com poderes milagrosos de cura, como a Lurdes, na França, adorada por católicos. Os antigos acreditavam que nos bosques e nos regatos havia ninfas chamadas **DRÍADAS** e **NÁIADES**, respectivamente, além dos **SÁTIROS**, criaturas masculinas seguidoras do deus **PÃ**, o espírito da natureza. Árvores perenifólias simbolizavam a vida eterna, como o pinheiro germânico de **WODAN**, ou a ascensão espiritual, como a **ÁRVORE DE BODHI**, sob a qual Buda se iluminou.

DIVINDADES DA GUERRA

Simbolicamente, a guerra era a batalha entre forças do bem e do mal, entre ordem e caos. Os deuses bélicos ocupavam lugares elevados nos panteões, às vezes até como controladores da morte. O egípcio Seth, deus do caos, também era invocado como protetor do território e muitos faraós (como Séti I) tomaram seu nome. Os gregos admiravam Atena, padroeira de Atenas e mentora de heróis como Perseu e outras deidades mais violentas, como o deus da guerra Ares. O correspondente de Ares para os romanos era Marte *(abaixo)*, deus muito respeitado e patrono das proezas militares e imperiais. A grande deusa babilônica do amor e da fertilidade, Ishtar, era também uma guerreira.

DEIDADES DO MUNDO INFERIOR

Acreditava-se que os mortos passavam para o mundo inferior, presidido pelo deus do local, como o egípcio Osíris, o grego Hades ou o deus asteca em forma de esqueleto, Mictlantecuhtli (*à esquerda*). Alguns deuses, como o cananeu Mot (Morte), podiam ser facilmente ludibriados, por isso muitos espíritos voltavam à Terra.

AVATARES E ENCARNAÇÕES

No hinduísmo, Vishnu usa dez formas ou avatares ("descensos") para intervir no mundo e preservar diversos aspectos dele. Um dos avatares mais conhecidos é Rama (*à direita*). Encarnação de Deus na Terra, Jesus Cristo representa uma intervenção divina sem precedentes na história da humanidade.

MENTORES DE ALMAS

O deus grego Hermes era chamado de psicopompo, (guia dos mortos), por escoltar as almas até o mundo inferior. Hermes (Mercúrio, para os romanos) era associado ao deus egípcio Toth, que tinha papel similar. Huitzilopochtli, deus asteca, estava relacionado às almas dos guerreiros mortos em batalha, simbolizadas por beija-flores. Na mitologia nórdica, os guerreiros mortos eram conduzidos pelas valquírias a Valhala, onde eram recebidos com festejos por sua valentia e honra.

DEMÔNIOS

A demonização do Satã bíblico foi gradual: espírito hostil por ser "o acusador" (ha-satan) de Jó, tornou-se príncipe dos demônios e, por último, anjo caído da morte, cujo assistente era Belzebu ("senhor das moscas"). Algumas culturas acreditam que os espíritos podem, passar de bons a ruins e vice-versa, como o djim dos árabes. Os "antideuses" hindus (asuras) não são maus, mas simbolizam os instintos básicos que prendem os homens à vida terrena.

DEIDADES RESSUSCITADAS

Deuses ou deusas que morrem (ou descem ao mundo inferior) e em seguida voltam ao mundo dos vivos estão em muitas mitologias. Esse processo pode simbolizar a passagem das estações (do inverno à primavera, por exemplo) ou a do estado infértil para o fértil. Em geral, são divindades ligadas à fertilidade, como Ishtar (Babilônia), Perséfone (Grécia) e Quetzalcoatl (Mesoamérica). A ressurreição de Cristo é símbolo universal da renovação e da salvação.

Mensageiros divinos

A crença em intermediários sobrenaturais é comum em muitas culturas e fés. Seres chamados "anjos" aparecem com frequência na Bíblia, porém não há registros com explicações precisas sobre o sentido do termo. A palavra em si significa "mensageiro" – em geral, divino –, mas os anjos também figuram em outras funções. Existem também os arcanjos, ou "anjos superiores", como Gabriel e Miguel – os dois únicos nomeados na Bíblia. Dois outros arcanjos, Rafael e Uriel, aparecem em livros apócrifos. Os querubins, guardiões das portas do Jardim do Éden e portadores de espadas flamejantes, também são um tipo de anjo. Anjos da guarda são considerados protetores de indivíduos e lugares sagrados. A tradição cristã possui uma ampla gama de criaturas angelicais (*quadro, p. 111*).

As mensagens divinas confiadas aos anjos são anunciadas em forma de benção, aviso ou profecia. Para alguns, os anjos são alegorias dos canais de comunicação através dos quais Deus "fala" com os mortais, ou ainda corporificações simbólicas do que hoje se chama intuição. Receber mensagens angelicais em sonhos ou escutar "vozes" de anjos são fenômenos interpretados, às vezes, como revelações do inconsciente ou até mesmo sinal de distúrbios mentais.

Seres celestiais com funções similares às dos anjos aparecem também em outras tradições, como na antiga Mesopotâmia e no islamismo. Para os egípcios, o mensageiro divino era Toth, deus da sabedoria em quem os gregos viram Hermes, na forma de Hermes Trismegisto, lendário autor da *Tábua de esmeralda*, um dos textos mais conhecidos da tradição ocultista ocidental.

SÃO MIGUEL
Mensageiro do juízo de Deus, portador do estandarte e líder do exército celestial, o arcanjo Miguel (*à esquerda*) comandou a expulsão de Satã e seus anjos rebeldes do céu (*p. 111*). Muitas igrejas dedicadas a ele ficam no alto de colinas, onde em geral antes havia templos do deus Apolo. Como líder do exército celestial, São Miguel é representado com o estandarte e a armadura divinos. É o padroeiro dos soldados, além de protetor de todos os cristãos.

BODISATVAS
Muitos budistas acreditam nos bodisatvas, seres transcendentes que alcançaram a iluminação e se manifestam de várias formas para auxiliar na busca da ascensão espiritual. O mais popular deles é Avalokitesvara, encarnação da compaixão (*p. 108*), de quem derivou a deusa chinesa da misericórdia, Guanyin, e o seu equivalente japonês, Kannon.

A HIERARQUIA DOS ANJOS POR AQUINO

São Tomás de Aquino (1225-1274) descreveu a organização dos guardiões do paraíso e dividiu-os em nove "coros", ou ordens, em órbita ao redor do trono de Deus. Esta ilustração do século XIII mostra os anjos e arcanjos em torno de **DEUS**. As nove ordens agrupam-se em três hierarquias. A primeira contém as ordens dos **QUERUBINS**, **SERAFINS** e **TRONOS**. Os serafins são associados ao **FOGO** puro e representam o amor mais ardente pelo divino porque são os que veem Deus com mais clareza. Os querubins estão relacionados à sabedoria divina e ao poder de criação de Deus. Os tronos, por sua vez, remetem ao juízo divino.

A segunda hierarquia é formada pelas **DOMINAÇÕES**, **VIRTUDES** e **POTESTADES**, entidades que zelam pelo cosmo e o defendem dos poderes do mal. A terceira é formada pelos **PRINCIPADOS**, **ANJOS** e **ARCANJOS**, encarregados dos assuntos humanos. Os principados cuidam para que os soberanos das nações governem de forma justa. Os arcanjos são os mensageiros das grandes intervenções divinas e líderes do exército celestial. A ordem mais baixa é a dos **ANJOS DA GUARDA**, protetores, guias e alentadores dos indivíduos ao longo de suas vidas, do nascimento à morte, e no caminho da salvação.

ANJOS ISLÂMICOS

Acreditar em anjos *(malaikah)* é um dos preceitos da fé para os muçulmanos. No topo da hierarquia, estão os *hamalat al-'Arsh*, os quatro guardiões do trono divino. Logo abaixo, estão os querubins que oram perpetuamente por Alá. Dos assuntos terrenos cuidam os arcanjos Jibril, Mikail, Israil e Israfil. Os anjos são incontáveis, diz o Alcorão: "Cada gota de chuva é acompanhada por um anjo, pois até uma gota é manifestação da vida divina".

ANJOS CAÍDOS

Segundo antigas lendas cristãs e judaicas, parte dos guardiões celestiais foi expulsa do céu pelo arcanjo Miguel e seu exército, por se recusar a obedecer a ordem divina de respeitar Adão. O líder desses anjos rebeldes, Satã, tentou Adão em forma de serpente. O grupo foi parar nas profundezas das trevas e levou o mal à Terra. Com a difusão do cristianismo, os espíritos maléficos e as deidades pagãs foram chamados de demônios, anjos caídos ou agentes do diabo.

ANJO DO SENHOR

Na Bíblia, a criatura celestial que aconselhou Abraão, Isaac e Jacó é descrita como "anjo do senhor". Nem sempre bondoso, tornou-se o anjo da morte durante a Páscoa judaica.

ANGIRAS

No hinduísmo, eram os mensageiros celestiais entre Deus e os humanos. Mais especificamente, orientavam a conduta em ritos de sacrifício.

ARCANJO GABRIEL

Mensageiro da compaixão divina, Gabriel era representado por um lírio, símbolo de seu papel na Anunciação e de sua associação com a Virgem Maria. Entre os muçulmanos, é conhecido como Jibril, o anjo que conduziu Maomé a uma visita aos céus.

ARCANJO RAFAEL

Mensageiro da cura divina, figura no livro apócrifo de Tobias como aquele que ajuda o herói a curar a cegueira de seu pai, Tobit. Rafael é simbolizado pelo caduceu (*p. 81*) ou por um bastão de peregrino.

ARCANJO URIEL

Mensageiro da sabedoria divina, Uriel aparece no livro apócrifo de Esdras. É simbolizado por um livro e também por um feixe de trigo.

DEMÔNIOS

Na mitologia grega, os *daemons* eram agentes sobrenaturais encarregados de zelar pelas vidas pública e familiar. Podiam ter boas ou más intenções, agir como anjos da guarda ou possuir um corpo para anunciar uma profecia.

HERMES

Hermes era o deus grego da transferência, transação e troca. Trazia sorte e zelava pelo comércio. Como Toth, guiava almas no caminho para o além-mundo e, com seus pés alados e seu caduceu, era o mensageiro dos deuses.

KARIBU

Os assírios *karibu* eram seres protetores alados, metade animais, metade humanos. Guardavam templos, casas e outros edifícios especiais, assim como pessoas. É provável que o termo *karibu* esteja na origem da palavra querubim, o primeiro ser angelical mencionado na Bíblia.

VALQUÍRIAS

As valquírias, espíritos femininos da mitologia nórdica, selecionavam quais guerreiros deveriam morrer nas batalhas e os acompanhavam ao Valhala, o "salão dos soldados honrados", em Asgard, o reino dos deuses. As valquírias também eram protetoras e instrutoras de jovens guerreiros, por quem zelavam durante as batalhas.

BUDISMO

O budismo se refere a Buda ("o iluminado"), nascido como o príncipe Sidarta Gautama em aproximadamente 500 a.C., no sul do Nepal. Muitos budistas se referem à própria religião como "o Darma", ensinamentos de Buda, que alcançou a iluminação ou o "despertar" (*bodhi*) após meditar em Bodh Gaia por quarenta e nove dias. Uma clarividência o fez perceber que a existência humana é repleta de *duhkha* (sofrimento ou insatisfação) em função de desejos descontrolados, que por sua vez conduzem a ações negativas (*punya*) e produzem carmas, ou seja, atos que condicionam a alma a nascer outras vezes, num ciclo trágico infinito.

Um dos símbolos mais universais do budismo é o darmachacra, ou Roda de Darma. Representa os ensinamentos de Buda e ele próprio, reverenciado como *chakravartin*, o "comandante da roda" ou "revolucionário": um grande imperador ou um mestre supremo. A roda figura, em geral, com oito raios para simbolizar o Caminho Óctuplo, os oito estados espirituais e éticos pelos quais os humanos devem passar para atingir a iluminação (*bodhi*), eliminar *punya* e alcançar o nirvana – para, assim, libertar-se do ciclo de renascer para o sofrimento.

As diferentes tradições budistas desenvolveram um simbolismo rico e variado. Todas elas, contudo, representam Buda – e outras figuras iluminadas – sentado em posição de meditação, na maioria das vezes no momento mesmo em que atinge a iluminação, como a estátua do século XIX exibida no Templo de Tooth, em Kandy, Sri Lanka (*imagem central*). As tradições *maaiana* do Tibete e do Extremo Oriente são conhecidas pelo uso de mandalas (*à esquerda*), diagramas cósmicos usados para auxiliar a meditação e o avanço espiritual.

Buda começou a figurar como humano apenas a partir do século I d.C. Antes disso, era somente representado por símbolos, como a Roda de Darma ou as pegadas dele (*p. 113*). Também podia ser representado apenas por seus olhos, observando a humanidade e o mundo com compaixão.

USHNISHA
O coque principesco desenvolveu-se e transformou-se em *ushnisha*, ou "protuberância da sabedoria", símbolo da sabedoria e do conhecimento superiores de Buda.

OLHOS O olhar enviesado de Buda, com os olhos semiabertos, denota a "atenção passiva" do estado meditativo. Também expressa a compaixão universal, por observar a humanidade em estado de sofrimento.

GESTO DA MÃO
Buda toca o chão no gesto chamado *bhumisparsha mudra*, com o qual convoca a terra a testemunhar sua iluminação.

TRONO DE LÓTUS Buda figura sentado num lótus (lírio-d'água). A flor emerge de profundezas lamacentas para florescer sob a luz do sol, simbolizando o trajeto desde a ignorância até a iluminação.

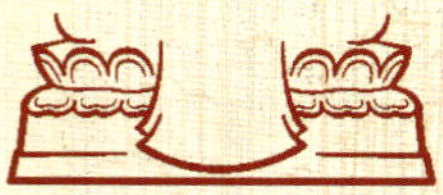

TILAKA O ponto (*tilaka*) entre as sobrancelhas de Buda representa o "terceiro olho", ou chacra *ajna*, núcleo da iluminação do espírito e irradiador da "segunda visão".

ELEFANTES
A mãe de Buda sonhou com um elefante branco, episódio interpretado como sinal do destino de grande mestre ou soberano reservado a seu filho. Os elefantes também denotam a força extraordinária da mente de Buda.

GUARDA-SOL REAL
Para os budistas, esses guarda-sóis representam a proteção contra o sofrimento. Também são símbolos de honra e respeito.

EMBLEMAS AUSPICIOSOS

A arte budista, em especial a das tradições *maaiana*, utiliza um conjunto de emblemas que são conhecidos como os **"OITO SÍMBOLOS AUSPICIOSOS"** (*ashta-mangala*). **O GUARDA-SOL REAL** é associado a Buda e à busca heroica pela iluminação. Também alude às Quatro Nobres Verdades e ao Caminho Óctuplo, seus principais ensinamentos — assim como a **RODA DE DARMA** (*texto principal*). **DOIS PEIXES** juntos originalmente simbolizavam os rios sagrados Ganges e Yamuna, mas passaram a representar a boa fortuna. No budismo, também são associados à humanidade no "mar de *samsara*", o ciclo do renascimento terreno. O *samsara* também é representado pelo **NÓ INFINITO**. O **VASO** denota abundância, enquanto o **LÓTUS** (lírio-d'água) remete à pureza e ao caminho que leva à iluminação. A concha de **VIEIRA** simboliza o chamado do Darma. O **SÍMBOLO DA VITÓRIA** remete ao alto do Monte Meru e representa a iluminação espiritual suprema.

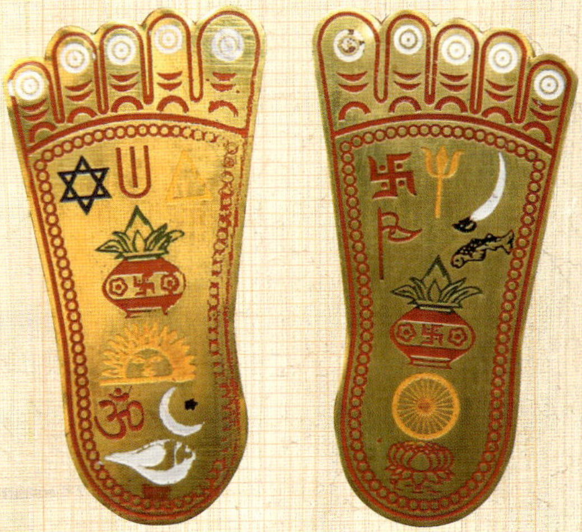

PEGADAS DE BUDA
É comum Buda ser representado pela *budapada*, suas pegadas com símbolos (*acima*). Esta imagem exibe a maioria dos emblemas auspiciosos (*acima*), apesar do nó infinito aparecer substituído por uma corrente inquebrável de círculos. Também figuram o triângulo e o tridente (as "três joias": Buda, Darma e Sanga, a comunidade monástica); a espada (sabedoria); a sílaba sagrada *Om*; a Lua (nirvana); o Sol (iluminação); o hexagrama (universo); e a suástica.

A

PADRÕES, FORMAS E MATERIAIS

SÍMBOLOS GRÁFICOS SIMPLES PODEM REPRESENTAR CONCEITOS HUMANOS COMPLEXOS, DESDE O PONTO QUE REMETE AO SER PURO COMO CONCENTRAÇÃO INFINITA DE ENERGIA, ATÉ O CÍRCULO COMO SÍMBOLO DA ETERNIDADE.

cores

As cores sempre foram usadas de forma simbólica pelas tradições culturais, seja em rituais funerários pré-históricos, nos quais a cor ocre (de terra) denotava esperança de vida após a morte; em vestes eclesiásticas cristãs; ou em logos corporativos modernos.

BRANCO

O branco, junção de todas as cores do espectro, simboliza a pureza e a luz primordial da criação no Ocidente. Também é a cor da Lua e da feminilidade. As noivas se vestem de branco em sinal de virgindade e os anjos, de pureza espiritual. No batismo cristão, o branco simboliza inocência e, no Natal, denota a alegria do nascimento de Jesus e de sua ressurreição. No entanto, o branco também é a cor dos fantasmas e da morte. Na China, ele é a cor do outono e está associado à idade avançada; quando alguém falece, uma peça de roupa branca é pendurada na porta de sua casa.

PRETO

Como ausência de luz, o preto simboliza as forças negativas, a corrupção, o pecado e o nada – embora a escuridão primordial fosse repleta de potencial. No Ocidente, representa luto, perda, perigo (o gato preto é relacionado a bruxas malignas e à má sorte) e magia negra. No cristianismo, é a cor da sexta-feira santa e da crucificação de Cristo, enquanto no Egito Antigo simbolizava a ressurreição e o renascimento de Osíris, senhor do mundo inferior e da fertilidade da terra preta egípcia. Anúbis, que conduziu os mortos para o julgamento, também era associado ao preto, assim como Bastet, a deusa lunar geralmente representada por um gato. No hinduísmo, é a cor de Kali e Shiva, encarnações do tempo, destruidor de tudo. Na cosmologia chinesa, o preto remete ao norte e ao inverno, assim como ao elemento água, e é simbolizado pela constelação da tartaruga negra celestial. Esta cor também denota honra: no teatro chinês, as figuras com o rosto pintado de preto são rústicas, mas honestas.

MANDALA
As formas da mandala trazem o observador para um espaço sagrado, pois equilibram cuidadosamente padrões e cores, em geral branco (leste), vermelho (oeste), verde (norte) e amarelo (sul).

CINZA
Marcar as sobrancelhas com cinzas é uma prática dos xivaístas, devotos hindus de Shiva, senhor da destruição. No cristianismo, as cinzas são associadas à morte, ao luto ("da cinza à cinza, do pó ao pó") e à penitência. O cinza dos cabelos grisalhos remete também à sabedoria e à experiência.

MARROM
Cor da terra e do barro, em muitas culturas é a substância da qual a humanidade foi criada. O marrom também é associado a detritos, excremento e degradação. Na tradição monástica cristã, as batinas marrons simbolizavam "morte para o mundo", humildade e renúncia ao desejo material.

LARANJA
Combinação de amarelo e vermelho – cor do sangue e do fogo, de guerra, ação, extroversão, paixão e ira –, o laranja representa o fogo e o sol. É muito usado como símbolo do amor, da hospitalidade e da felicidade; no açafrão, representa a sabedoria superior e o caminho espiritual budista.

AMARELO
É a cor do sol e do ouro. Na China, o amarelo é considerado altamente auspicioso, mas em outros lugares pode ser ambivalente, assim como o verde. Essa cor também é associada à espera do retorno de um amor, porém pode simbolizar a covardia, a trapaça e a doença.

A COR DA SORTE

primeira das cinco cores da cosmologia chinesa (**VERMELHO**, **BRANCO**, **AZUL**, **AMARELO** e **PRETO**), o vermelho (**CHI**) simboliza o verão, o sul e o elemento fogo. é a cor da boa fortuna, associada à longevidade, ao sol, ao céu, à luz, ao ouro e à prosperidade. também alude ao dinamismo do **YANG** e é usada para espantar demônios, razão pela qual paredes de palácios e templos são pintadas dessa cor. o cinábrio (mercúrio vermelho) era usados pelos alquimistas taoístas na busca pelo elixir da vida eterna.

o vermelho é, por essas características, a cor proeminente nas decorações do ano-novo chinês, mas sua conotação positiva e festiva também o faz presente em casamentos e outras celebrações. os imperadores da dinastia qing (1644-1912) renunciaram às tradicionais vestes vermelhas (porque era a cor usada pelos predecessores da dinastia Ming) e usavam apenas azul (em chinês, **QING**). porém, o vermelho foi mantido nos rituais essenciais de sacrifício realizados no Altar do sol, em pequim. na Europa, a **BANDEIRA VERMELHA** era um antigo símbolo de força e alerta adotado pelos revolucionários socialistas; os chineses comunistas aproveitaram esses significados do vermelho, mas também exploraram suas associações populares tradicionais.

VERDE
Símbolo da abundância da natureza, o verde é universalmente associado à vida nova e ao crescimento, mas também pode ser a cor da morte e da decadência. No Ocidente há o "homem verde", que personifica a natureza, poderosa e selvagem: pode ser tanto cruel quanto benevolente. O verde também simboliza a inocência, a inveja e o ciúme.

ROXO
O roxo, mistura de azul e vermelho, simboliza êxito e inspiração, além de espiritualidade e transformação interna. Na Antiguidade, tinturas violetas eram caras, usadas somente pela realeza. É a cor eclesiástica da quaresma e do advento, associada à vida e à morte do Cristo rei.

ESPECTRO DO ARCO-ÍRIS
Em muitas culturas, o espectro de cores é um símbolo celestial devido à sua manifestação em forma de arco-íris, muito interpretado como ponte entre a Terra e o paraíso celeste. Xamãs da Ásia central usavam vestes com as cores do arco-íris para auxiliá-los nos voos espirituais; a iridescente deusa Íris levava mensagens dos deuses gregos para a Terra. No sul da Ásia, o arco-íris é a sobrancelha de Indra, enquanto no budismo tântrico é o penúltimo estado da meditação antes do fenômeno da iluminação, simbolizado pela claridade da luz pura.

ROSA
"Rosa para as meninas, azul para os meninos", diz o ditado, mas tradicionalmente era o contrário: o rosa (como um tom de vermelho) era associado à força masculina e o azul--pálido, cor da Virgem Maria, remetia ao feminino. Para alguns, o rosa simboliza a liberdade e o orgulho gay.

FLOR VIOLETA
A singela flor violeta denota doçura e inocência infantil (menino Jesus) ou sexual (Virgem Maria), e figura em representações dos Reis Magos. Como cor da penitência, era usada também por Maria Madalena.

CORES DA TERRA
A arte de alguns povos nativos norte-americanos é repleta de cores naturais da terra, símbolo do profundo senso de conexão com o ambiente onde viviam. Artistas do sudoeste dos Estados Unidos representam formas e animais geométricos (como a serpente) em preto, branco, vermelho e bege. Os navajos também utilizam tons naturais em suas pinturas feitas de terra e areia coloridas. Essas cores também são utilizadas para tingir tecidos. Na região dos Grandes Lagos, entre o Canadá e os Estados Unidos, espinhos de porcos-espinhos são usados para adornar mocassins com pigmentos naturais.

AZUL CELESTIAL

Tonalidade tranquilizante, o **AZUL** é a cor das profundezas do **OCEANO** e, como tal, simboliza a água como ventre feminino da vida; também é a cor do **CÉU**, do paraíso e dos mistérios celestiais, além de remeter ao elemento **AR** e ao espírito. O azul é associado a várias características consideradas positivas, como fidelidade, castidade, constância, veracidade, prudência, piedade, paz, contemplação e serenidade.

A **VIRGEM MARIA**, rainha dos **CÉUS**, é representada vestida de azul para simbolizar amor, eternidade e fé. No budismo, a cor remete à sabedoria espiritual e à mente límpida do estado de iluminação. No hinduísmo, o azul é a cor de **KRISHNA** e **INDRA**, senhor do clima. Contudo, ele também pode representar a depressão, a tristeza e a melancolia, sentimentos expressos nas músicas do ritmo conhecido como "blues" ("azul", em inglês). Os chineses da dinastia **QING** usavam uma grande gama de cores, entre elas o verde, o cinza-escuro e todos os matizes de azul. O azul-escuro, ou índigo, era a cor usada nos uniformes do imperador da última dinastia antes da revolução. Ao longo das dinastias chinesas, o azul era a cor ritual usada pelos imperadores nas cerimônias anuais do Altar do Céu (azul-escuro) e do Altar da Lua (azul-claro).

números

Na época em que os babilônios começaram a registrar seus cálculos com a escrita cuneiforme (*à esquerda*), os pensadores do mundo antigo acreditavam que as leis da criação e do cosmo eram reveladas em números. O grande matemático Pitágoras (580-500 a.C.) viu nos números 1, 2, 3 e 4 o surgimento da forma na sucessão ponto, linha, superfície e sólido, interpretando o dinamismo dos números pares e ímpares como reflexo da ideia dualista de um universo de duas forças opostas. Contudo, essas forças seriam mutuamente dependentes: assim como os números ímpares não poderiam existir sem os pares, o mal não poderia existir sem o bem, a luz sem a escuridão, o nascimento sem a morte e assim por diante.

A sequência 1, 2, 3 é símbolo universal do processo da criação: unidade, dualidade, multiplicidade. Os maias e os astecas usavam números para designar seus deuses, que governavam o cosmo com exatidão matemática. Muitas culturas atribuem profundos significados a certos números e seus múltiplos. O sete é tradicionalmente visto no Ocidente como número da sorte. No Oriente, múltiplos de oito remetem à boa fortuna e a expressão "oito vezes oitenta milhões" se refere ao infinito ou a um número incontável.

ZERO
Nem par, nem ímpar, ausência de qualidade ou quantidade, o zero simboliza o infinito, a completude, a totalidade e o nada; a fonte da qual surge o mundo e para a qual ele retorna. O zero chegou na cultura ocidental vindo da Índia, por intermédio da cultura árabe. Originalmente, era escrito como um ponto, base do equilíbrio de todos os cálculos. No zen, o círculo vazio representa a aniquilação do eu, o alcance do nirvana e a libertação do ciclo de nascimento, morte e renascimento.

UM
Representado por um bastão em diversos sistemas numéricos, como o arábico, o latino e o chinês, o um remete à causa primeira do mundo: o Deus pai, criador. Simboliza também a unidade do caos primordial, que concentrava o potencial de toda a existência. No pensamento confuciano, o número um é a entidade perfeita; para os gregos, antes da invenção do zero, o um era o ponto de equilíbrio de todos os cálculos, o início. Na psicologia, remete ao indivíduo, o eu ou ego.

DOIS
Dois é o número da parceria e do equilíbrio, mas também de dualidades cósmicas como Céu e Terra, espírito e matéria, dia e noite, fogo e água, direita e esquerda. Pode denotar ainda tensão e oposição, como bem e mal. O dois simboliza o momento da criação no Egito Antigo; o caos primordial era considerado o momento "antes de existir duas coisas". Na China, é o número das forças *yin* e *yang*: opostas e complementares, cada uma contém a semente da outra em seu interior.

TRÊS
O três figura, em geral, como o número da completude perfeita e se revela em diversos trios sagrados. A Santíssima Trindade Pai, Filho e Espírito Santo é o dogma central dos católicos, enquanto os hindus reverenciam a Trimúrti – trindade formada pelos deuses Brahma, Vishnu e Shiva (criação, proteção e destruição). No Egito Antigo, a trindade sagrada era Osíris, Ísis e Hórus; no taoismo, "os três puros"; e no budismo, "as três joias" – Buda, Darma (ensinamentos) e Sanga (discípulos).

O PODER DO TRÊS

O número três atravessava todos os aspectos do mundo celta. As deusas possuíam três formas (donzela, matrona e senhora); três homenzinhos de pedra (**CUCULLATI**) formavam um amuleto da sorte; nas lendas, as perguntas eram feitas três vezes; e artefatos com três cabeças esculpidas remetiam à unidade de toda a existência (o passado, o presente e o futuro concentrados no aqui e agora). De acordo com Júlio César, os bardos e druidas nunca documentavam sua sabedoria em papel, como os gregos e os romanos: memorizavam tudo ao longo de vinte anos, no caso dos druidas. Para facilitar, os conteúdos eram divididos em grupos de três, como "as três fontes da sabedoria" (pensamento, intuição e aprendizado) ou "as três gargalhadas do bufão: por algo bom, algo ruim e algo que não se pode entender". Quando os celtas adotaram o cristianismo, o conceito de trindade já estava amplamente assimilado. O **TREVO** (*à direita*), símbolo da Irlanda e da cultura gaélica, e o **TRÍSCELE**, símbolo de três pernas da ilha de Man, são emblemas usados até hoje. As lendas e costumes também estão repletos de tríades, como os três porquinhos e os três cabritinhos de um conto de fadas norueguês, ou os populares três desejos e as três chances de adivinhar.

QUATRO

É o número da Terra, simbolizado na China por um quadrado, em referência às quatro direções. No Ocidente, há quatro estações, elementos (terra, ar, fogo e água) e fases da vida humana (infância, juventude, maturidade e velhice). O quatro simboliza igualdade, equilíbrio, bom senso e confiança; no cristianismo, são quatro as virtudes cardeais e os evangelhos canônicos. O budismo possui "quatro nobres verdades". Como símbolo feminino, o quatro remete a intuição, paz, abrigo e proteção.

CINCO

O cinco simboliza o corpo humano (cabeça e membros) e o pentagrama mágico (*p. 129*). Também representa a mão e o pé, por isso é associado a ação, criatividade, comunicação e movimento. A Torá é dividida em cinco livros (do Gênesis ao Deuteronômio); na China, os elementos são cinco (*quadro, p. 120*), assim como o islamismo tem "cinco pilares": fé, prece, contribuição, jejum anual e peregrinação a Meca.

SEIS

Número da perfeição matemática (6=1+2+3 ou 1x2x3), da trindade dupla (3+3) e dos dias de criação do mundo na Bíblia, o seis é associado ao poder divino da criação e também está presente no mágico selo de Salomão – estrela de seis pontas formada a partir de dois triângulos. O cubo tem seis faces e representa a simetria perfeita. Por outro lado, seis é sete (o número perfeito) menos um, por isso pode representar a imperfeição e o pecado *(quadro, p. 121)*.

SETE

O sete – união do céu (três) e da Terra (quatro) – é considerado o número perfeito nas tradições clássica e judaico-cristã. Para os antigos gregos, era consagrado ao deus Apolo e as maravilhas do mundo eram sete. A semana tem sete dias. Na tradição judaica, o tempo é dividido em "jubileus" de sete vezes sete anos. Sete vezes sete dias passaram entre o Pessach (Páscoa judaica) e a Shavuot (festa da colheita, equivalente ao Pentecostes, que significa "quinquagésimo" [dia]). Há sete céus, sete virtudes cristãs e sete pecados capitais. Diz-se que o sétimo filho terá dons mediúnicos, em especial se for o sétimo filho de um sétimo filho.

O MUNDO DOS CINCO

No mundo todo, os pontos cardeais são quatro (Norte, Sul, Leste, Oeste), mas em 250 a.C., os chineses identificavam a quinta direção: o **CENTRO**. Naturalmente, na cosmologia chinesa, o centro do mundo era a própria China: *zhonggu*, ou reino do meio — de forma menos poética, dizia-se também "Estados centrais", já que o termo original era puramente geográfico e indicava a existência de diversos reinos no centro do Norte da China, coração do império. Para Confúcio, esses eram os limites da civilização. Cinco montanhas representavam esses cinco pontos cardeais e também os cinco pontos da geomancia, muito comuns na arte chinesa (*à direita*).

O sistema dos cincos expandiu-se dentro da própria cultura chinesa e influenciou a cosmologia, que define **CINCO ELEMENTOS** ou "fases" (*wu xing*): **MADEIRA**, **FOGO**, **TERRA**, **METAL** e **ÁGUA** (não tanto em termos materiais, mas como formas de energia). A esses elementos, correspondem cinco emoções (ira, alegria, desejo, tristeza e medo), cinco paladares (azedo, amargo, doce, ácido e salgado), cinco condições climáticas (vento, calor, trovão, frio e chuva) e assim por diante.

OITO

Formado por dois zeros, o oito simboliza completude, infinito, caminho sem começo ou fim e perfeição. No cristianismo, 888 é o número de Jesus, símbolo da perfeição e completude (*quadro, p. 121*). A fonte de água benta tem oito lados, assim como os batistérios e o santuário do Santo Sepulcro em Jerusalém. Esse número é altamente significativo também no Oriente. No budismo, os símbolos auspiciosos são oito, a Roda de Darma possui oito pontas e o lótus de oito pétalas simboliza a iluminação, alcançada pelo Caminho Óctuplo. A filosofia iogue reconhece oito chacras.

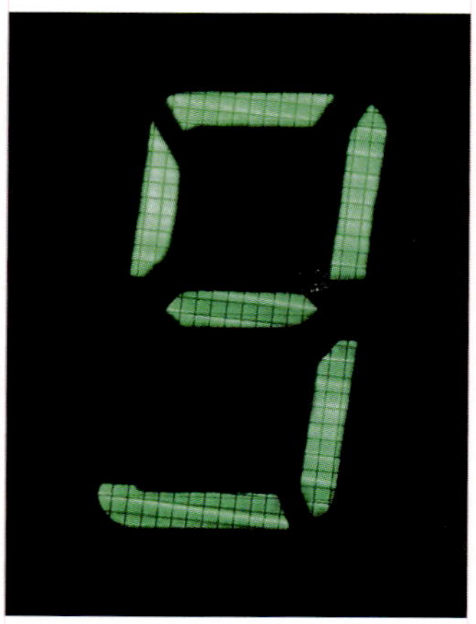

NOVE

Trindade de tríades, três vezes três: nove é o número da potência. As nove camadas do pagode chinês simbolizam a ascensão ao céu. O nove também é associado ao indestrutível e ao mistério, pois seus múltiplos (até 90) somam sempre nove (18 = 1+8 = 9; 27 = 2+7 = 9 e assim por diante).

DEZ

Formado pelo um e pelo zero, o dez simboliza a totalidade, a união da causa primeira (um) com o infinito (zero). É o número dos dedos dos seres humanos e dos mandamentos da Bíblia, além de unidade básica de medida. Os romanos representavam o dez com uma cruz em diagonal (o xis).

O NÚMERO DA BESTA

Os antigos romanos, gregos e judeus atribuíam números às letras. Essa prática deu origem à **GEMATRIA**, ou numerologia, sistema em que as palavras possuem significados numéricos e podem ser designadas por números. A palavra grega para **JESUS**, por exemplo, possui seis letras (ΙΕΣΟΥΣ), cada uma delas com um valor numérico: 10, 8, 200, 70, 400 e 200. A soma, 888, "revela" a completude e a perfeição de Cristo, que excede o perfeito número sete três vezes.

O exemplo mais famoso de gematria vem do **APOCALIPSE**, cujo autor descreve "a **BESTA**", o grande inimigo de Cristo, como um enigma: "Deixe alguém com grande entendimento calcular o número da besta, pois é o número de uma pessoa. Seu número é seiscentos e sessenta e seis" (Apocalipse 13:18). A pessoa é o **IMPERADOR NERO** (*acima*), perseguidor dos cristãos. Naquele tempo (c. 90 d.C.), muitos temiam que ele voltasse (havia morrido em 68 d.C.). Em hebraico, "imperador Nero" se escrevia **QSR NRWN**, derivado do grego "kaisar Neron" (Καισαρ Νερων). Em hebraico (que não grafa as vogais), as letras **QSR NRWN** possuíam os valores numéricos 100, 60, 200, 50, 200, 6 e 50. A soma resulta em 666, justamente o número antes do perfeito sete repetido três vezes — da mesma forma que Jesus ultrapassou-o.

ONZE

São dois números masculinos que, somados, resultam num número feminino (1+1 = 2), por isso o onze é a união do masculino e do feminino. Para Santo Agostinho, sugere pecado, pois está entre o número perfeito dez e o cósmico doze. Alguns o chamam de dúzia do Diabo (11-1), mas na África o onze é relacionado à fecundidade.

DOZE

O doze remete à trindade (1+2 = 3), e o produto de três por quatro (a trindade em união com os quatro elementos) representa o reino de Deus. É associado aos céus pelos doze animais do zodíaco, os meses, as horas do dia e as da noite. A ressonância celestial também aparece na festa de Natal, que dura doze dias.

TREZE E QUATORZE

Considerado símbolo de azar no Ocidente (é identificado com Judas), o treze também pode ser símbolo de generosidade (como a "dúzia de treze" da feira). A Lua passa de nova para cheia em catorze dias e de cheia a nova em outros quatorze. A "imperfeição" desse astro antes do décimo-quarto dia pode contar para o treze como não auspicioso.

O NÚMERO 5.040 E A JARDA MEGALÍTICA

O produto de 1 x 2 x 3 x 4 x 5 x 6 x 7 é 5.040, o chamado número canônico, divisível por qualquer número de um a dez. Platão definiu-o como o número de cidadãos de sua cidade ideal fictícia Magnésia. Dividido por cem, resulta no diâmetro da estrutura formada pelas pedras de Stonehenge (50,4 pés, ou c. 15 metros). Monumentos de pedra pré-históricos, as pirâmides egípcias e americanas, o templo de Jerusalém, as catedrais góticas e muitas outras construções foram realizadas de acordo com esse e outros princípios numéricos e geométricos, como o número de ouro (*p. 126*). A partir de suas investigações em locais históricos na Grã-Bretanha e na França, o professor Alexander Thom (1894-1985) formulou a hipótese de que os construtores de estruturas de pedra usavam uma medida chamada "jarda megalítica" (0,8297 m). Essa unidade de medida é provavelmente baseada em observações astronômicas, pois muitas das circunferências de pedra analisadas por Thom estão alinhadas com alguns fenômenos celestes, como solstícios e equinócios. Por trás de cada monumento, talvez, esteja a crença de que esses pontos sagrados eram capazes de focar e concentrar energias invisíveis, tornando-os lugares onde a consciência humana tem acesso a mistérios ocultos. Isso remete a pensadores gregos antigos, como Pitágoras, para quem a música, a aritmética e a geometria simbolizavam com precisão a essência da criação. Ele percebeu que o comprimento das cordas dos instrumentos estava intimamente relacionado a frações numéricas. Ademais, a música possuía o poder de alterar a consciência humana. Os intervalos e razões entre as notas musicais, as frações na geometria e os fenômenos astronômicos seguiam regras matemáticas. Platão concluiu que tanto a vida humana como a natureza eram essencialmente criações numéricas.

TARÔ

Tarô é o nome dado a um baralho popular na Idade Média, cuja origem provável foi o Oriente Próximo. Eram 78 cartas, das quais 56 são essencialmente as mesmas usadas no jogo moderno, com adição de uma carta a mais da corte, o cavaleiro. As cartas possuem quatro naipes, chamados copas, ouros, paus e espadas (*abaixo*), correspondentes aos respectivos símbolos modernos coração, diamante, trevo e espada.

Além das cartas numeradas e das cartas da corte, há outras 22 especiais: os trunfos (do italiano *trionfo*, vitória ou triunfo). Esses trunfos são representados por imagens e figuras simbólicas numeradas do um (o mago) ao 21 (o mundo). Também há o louco, carta especial geralmente sem número, mas que também pode ser o zero ou o 22.

Os dois primeiros grupos de carta ficaram conhecidos como arcanos menores (as 56 que também tornaram-se a base do baralho moderno de jogo), enquanto o terceiro foi chamado de arcano maior (as cartas trunfo). "Arcano" significa "coisa oculta", ou símbolo, e o termo reflete a fascinação ao redor dos significados atribuídos a cada carta. Os arcanos maiores foram muito usados como elementos de adivinhação e vidência, e seu simbolismo tornou-se extenso e aberto a uma ampla gama de interpretações esotéricas. As cartas eram consideradas símbolos da jornada espiritual da vida do inocente louco (*à direita*). Os arcanos maiores também eram associados à cabala, às 22 letras do alfabeto hebraico e às tradições ocultistas de cerimônias mágicas, como as da Ordem Hermética da Aurora Dourada.

Algumas das interpretações mais comuns dos arcanos maiores estão na próxima página. Estas cartas francesas do século XVIII seguem o padrão chamado Tarô de Marselha, que data de c. 1500 e é a base de muitos baralhos modernos.

O LOUCO A única carta sem número entre os arcanos maiores é o louco. Nos jogos de tarô, essa carta era o trunfo em qualquer ocasião, similar ao curinga do baralho moderno. Esotericamente, a figura do louco tem sido interpretada como "todo e qualquer homem", o inocente sagrado que embarca na jornada da vida, simbolizada pelas outras cartas dos arcanos maiores. O louco figura como um viageiro ou peregrino acompanhado por um gato, símbolo da motivação espiritual.

13

13 XIII. A MORTE O número treze é tradicionalmente associado à má sorte; no tarô, é o número da morte, o ceifador. A morte, contudo, não é essencialmente má e faz parte da jornada da vida; saber compreender sua presença e inevitabilidade sem temê-la é sinal de maturidade. Carta seguinte ao enforcado, a morte significa a libertação das amarras do antigo ser terreno e a entrada em outras etapas do crescimento espiritual.

1

2

3

4

5

DA ESQUERDA PARA A DIREITA:
1 I. *O mago* (também chamado feiticeiro): criatividade e poder de (auto)transformação; **2** II. *A grande sacerdotisa*: moralidade e intuição feminina; **3** III. *A imperatriz*: segurança, fertilidade, crescimento, poder feminino; **4** IV. *O imperador*: ação, liderança, poder temporário, masculinidade; **5** V. *O hierofante* (sumo sacerdote): espiritualidade, iluminação, vigor da alma, sabedoria masculina.

6

7

8

9

10

6 VI. *Os amantes*: paixão e amor, união, matrimônio; **7** VII. *O carro*: autocontrole, sucesso, caminho espiritual da vida e da carreira secular; **8** VIII. *A justiça*: discernimento, equilíbrio, devoção à verdade, maturidade; **9** IX (VIIII). *O eremita*: contemplação da verdade, vida moral, autossuficiência, independência; **10** X. *A roda da fortuna*: movimento dinâmico, autotransformação, aceitação da mudança para melhor ou pior, sabedoria universal.

11

12

14

15

16

11 XI. *A força*: triunfo da força espiritual sobre a física; **12** XII. *O enforcado*: autossacrifício, expiação do pecado, devoção a si mesmo; **13** XIII. *A morte*: *ver p. 122*; **14** XIV (XIIII). *A temperança*: equanimidade, superação do egoísmo, instintos e vontades; **15** XV. *O diabo*: autoexaminação profunda, desafios do prescrutador espiritual; **16** XVI. *A torre* (casa de Deus): destruição final dos obstáculos à autorrealização.

17

18

19

20

21

17 XVII. *A estrela*: inícios da transcendência espiritual; **18** XVIII. *A lua*: energia feminina divina, poder místico interno; **19** XIX (XVIIII). *O sol*: energia divina masculina, sabedoria suprema, união alegre com o divino; **20** XX. *Julgamento*: transformação exitosa, retribuição aos virtuosos, ressurreição para a vida eterna; **21** XXI. *O mundo*: completude, integridade, plenitude, libertação, liberdade, o eu transformado.

labirintos

O intrigante labirinto é um símbolo universal cujos registros mais antigos foram encontrados em petróglifos de milhares de anos atrás. O labirinto pode ser de dois tipos: de apenas um trajeto que, embora tortuoso, leva diretamente ao centro; ou de múltiplos caminhos, como se fosse um quebra-cabeças construído para confundir aqueles que nele entram. O lendário labirinto de Creta era, provavelmente, de múltiplos caminhos (*quadro, p. 125*). Labirintos de chão de igreja são de caminho único, percorridos por devotos como jornada espiritual simbólica. Outras variações de labirinto são os meandros (múltiplos caminhos, mas sem entrada ou saída) e os nós infinitos, nos quais os caminhos se entrecruzam e formam elos inseparáveis, sem começo ou fim (*p. 125*).

Algumas tradições interpretam o ingresso num labirinto como a entrada simbólica no útero, seguida de um renascimento espiritual – a saída do labirinto. Esse trajeto também pode representar a morte e a ressurreição simbólicas. Para os cristãos, o caminho tortuoso do labirinto representava a forma como os fiéis se desviavam do caminho central da vida terrena (que leva à vida eterna), mas sempre era possível voltar a ele pela fé e pelo perdão. No Oriente, o labirinto representa a jornada através da névoa da ignorância. Alguns psicólogos interpretaram o labirinto como os caminhos tortuosos do cérebro, representação dos obstáculos físicos e mentais que devem ser superados.

Essa estrutura também era um amuleto de proteção popular. Na época medieval, labirintos eram pintados nas portas das casas para espantar os maus espíritos.

LABIRINTO DA VIDA
O labirinto da vida representa a jornada da vida, com seus becos sem saída, obstáculos, decisões equivocadas, escolhas difíceis e reviravoltas. Em sua forma moderna (*acima*), serve meramente como jogo desafiador em que a primeira pessoa a alcançar o centro é a vencedora.

"CAMINHOS DE TROIA"
Pastores gauleses e celtas desenhavam labirintos de caminho único na relva, chamados *caer droia*, "caminhos de troia" ou "cidade das voltas", em referência à antiga Troia, cidade de ruas tortuosas. Esses desenhos talvez simbolizassem caminhos de penitência percorridos pelos pastores.

CORAÇÃO DAS TREVAS

O mito do labirinto de Cnossos, em Creta, é uma complexa história simbólica sobre as consequências da transgressão humana. **POSÊIDON** fez surgir um touro do mar para provar que **MINOS** reinava por vontade divina. Minos havia prometido a Posêidon sacrificar o touro depois disso, mas não o fez. O deus do oceano, então, fez a esposa de Minos, **PASÍFAE**, apaixonar-se pelo touro. Sob o comando dela, o arquiteto real **DÉDALO** construiu um curral, onde a rainha teve relações sexuais com o animal, engravidou e deu à luz o **MINOTAURO**, monstro metade touro, metade homem, que se alimentava de carne humana. Furioso e horrorizado, Minos ordenou a Dédalo que construísse um emaranhado de túneis de onde o minotauro nunca pudesse escapar — um **LABIRINTO**.

Minos conquistou Atenas e impôs aos atenienses o sacrifício anual de sete meninos e sete meninas para alimentar o monstro. A maldição durou até a chegada do herói **TESEU**, determinado a liberar Atenas dessa desgraça. **ARIADNE**, filha de Minos, apaixonou-se por Teseu e deu-lhe um novelo de linha, o qual ele foi desenrolando enquanto adentrava o labirinto. Teseu derrotou o monstro (à esquerda) e saiu do labirinto seguindo o fio do novelo. Tomou a princesa nos braços e voou com ela, deixando-a numa ilha. Vítima inocente das transgressões de seus pais, ela foi encontrada pelo deus **DIONISO**, que desposou-a e colocou sua coroa entre as estrelas.

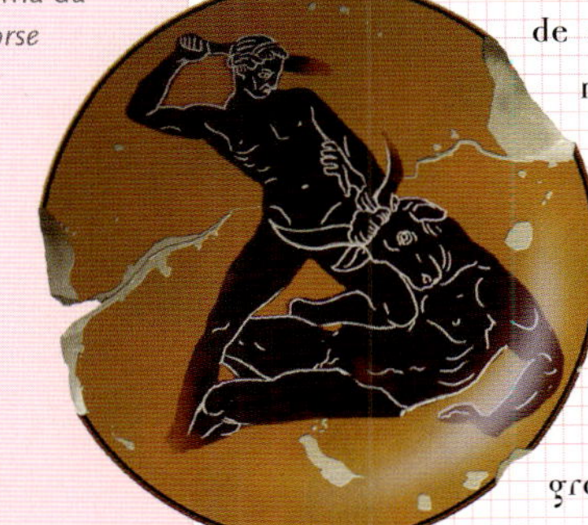

Na psicologia, o labirinto é símbolo de ansiedade, medo e repressão de desejos, refletida na concepção do monstro. O minotauro simboliza a natureza primitiva e animal do ser humano.

O LABIRINTO DE CHARTRES

Na Idade Média, cristãos do norte e do leste da Europa encontraram um labirinto de caminho único no piso da nave da catedral de Chartres, na França. O centro representa Jerusalém. Considera-se que caminhar ao longo da espiral até o centro do labirinto é fazer uma viagem simbólica à cidade sagrada.

NÓ INFINITO

O nó infinito é uma forma de labirinto em que o trajeto sempre levará de volta ao ponto de partida. Como não tem início nem fim, ele simboliza o infinito, a complexidade e a interconexão dos fatos da vida. O nó infinito está em manuscritos celtas cristãos, como emblema das verdades eternas dos salmos, e no budismo (*p. 112*).

LABIRINTO CELESTE

Labirintos pré-colombianos foram encontrados até no sul do Peru. Desenhado numa rocha do condado de Western Riverside, Califórnia, o desenho do povo soboba (acima) é tecnicamente um meandro, sem começo nem fim. Possui a forma de uma suástica, símbolo solar muito difundido, e talvez represente o "pai celeste", como outros desenhos do povo hopi, no Arizona. Em algumas partes do mundo, os labirintos foram incorporados às tumbas, tanto para proteger os mortos dos vivos como para garantir que os mortos não retornassem do além-mundo.

LABIRINTO DE GONZAGA

Uma insígnia, ou *impresa*, da poderosa dinastia medieval italiana Gonzaga era um simples labirinto de caminho único, representado em forma de ilha com uma montanha no centro, símbolo do *Palazzo del Te*, em Mântua, erigido sobre terreno pantanoso. O lema da dinastia, *"Forse che si, forse che no"* – "talvez sim, talvez não" –, significa tanto as incertezas do poder como os desafios e escolhas difíceis da vida, que em geral aparecem em meio a outras decisões cotidianas.

GLASTONBURY TOR

As marcas na colina chamada Glastonbury Tor, em Somerset, Inglaterra, sugerem que ali havia um antigo labirinto. Espiralado sete vezes ao redor do morro, talvez fosse um caminho ritual que levava a um lugar sagrado no topo da colina, marcado, hoje, pelas ruínas de uma igreja antiga dedicada a São Miguel – arcanjo cujas igrejas quase sempre eram construídas sobre santuários pré-cristãos (*p. 110*).

geometria sagrada

Desde os tempos dos antigos egípcios e dos matemáticos gregos Pitágoras (século VI a.C.) e Euclides (século III a.C.), havia uma forte crença de que o mundo fora criado de acordo com princípios matemáticos, sendo a geometria uma das manifestações desse fato. Um exemplo primoroso é o chamado número de ouro, ou proporção de ouro, conhecida como fi (ϕ), 1.618 (mais exatamente, 1.6180339887...). Se uma linha *(a+b)* é dividida em dois segmentos desiguais de forma que a fração do segmento mais curto *(b)* sobre o segmento mais longo *(a)* seja o mesmo que a fração de *a* sobre *(a+b)*, a proporção resultante é o ϕ (1:1,618 ou 0,618:1).

Consideradas esteticamente atrativas, as proporções fascinam artistas e matemáticos desde tempos remotos. Muitos artistas da Renascença, como Leonardo Da Vinci, usavam a matemática em seus trabalhos, da mesma forma que Deus havia usado princípios geométricos na arquitetura divina do universo. Ao longo da história, a arquitetura e a construção incorporaram o número (*à esquerda*) como símbolo do princípio divino, não somente porque proporciona um ambiente harmonioso, mas também porque era considerada uma forma de despertar a consciência espiritual. As grandes pirâmides no Egito, o Partenon em Atenas, a catedral de Notre Dame em Paris, o violino Stradivarius: todos esses elementos foram construídos com proporções baseadas no número de ouro. Também é amplamente encontrado na natureza – do corpo humano aos veios de uma folha.

ESPIRAL

A espiral aparece na natureza em muitas formas, como as conchas, os tornados, os redemoinhos e os botões de flor. O significado da espiral pode variar de um simbolismo específico a outro, mas, de forma geral, denota dinamismo e o desabrochar da força da criação.

CÍRCULO

Representa totalidade, infinito, completude e perfeição; também simboliza o Sol ou a Lua cheia. Em forma de anel, o círculo é associado à unidade e harmonia incorruptíveis, por isso é usado como aliança de comunidade, amizade ou casamento. Na China, o círculo representa o infinito celestial.

OVAL

Quando metamorfoseada em forma oval, a esfera simboliza o ovo cósmico (*p. 162*) e o poder criativo ilimitado – o presidente dos Estados Unidos, por exemplo, exerce seu poder do Salão Oval. No saber ocultista e xamânico, a aura ao redor do corpo humano tem forma oval.

QUADRADO

O quadrado representa o êxtase e a estabilidade. Nas tradições chinesa e indiana, o quadrado simboliza o reino terrestre, limitado pelos quatro pontos cardeais. Em Pequim, no Templo Celestial (*acima*), o teto circular indica os céus, enquanto sua base quadrada de quatro pilares simboliza a Terra.

RODAS DA CURA

Espalhadas pelas planícies norte-americanas, são os círculos conhecidos como "rodas da cura", como a roda do Big Horn (carneiro selvagem), em Wyoming (EUA), com cerca de 30 metros de diâmetro, 28 "pontas", cinco montículos de pedra ao redor do perímetro e outro mais afastado do círculo. As pontas convergem num pequeno círculo central, o "eixo" da roda. Muitas estão em lugares elevados, o que sugere relação com simbolismos solares ou celestiais. Por exemplo, o eixo e as protuberâncias da roda do Big Horn estão alinhados com o nascimento do sol no auge do verão. Alguns desenhos de rodas se assemelham ao traçado de certas danças de povos nativos do continente. O propósito dessas formas é desconhecido; talvez elas representem princípios cíclicos sagrados e focos de "cura" ou poder espiritual.

ESPIRAL DUPLO

O espiral duplo entrelaçado representa forças poderosas complementares e opostas e, como tal, encapsula a energia dinâmica da vida e de toda a criação. Variações do espiral duplo estão nas serpentes entrelaçadas do caduceu (*p. 81*), nas curvas do *yin* e *yang* na forma do *taiji*, na energia da cundalini (*p. 100*) na fisiologia aiurvédica e na dupla hélice do DNA – base a partir da qual é construída a própria vida.

RETÂNGULO DE OURO

É o retângulo cuja proporção entre os lados menores e os maiores é 1 sobre fi (ϕ), o número de ouro (*p. 124*). O retângulo de ouro é conhecido por figurar nos desenhos do Partenon, o templo de Atena, em Atenas, e era muito usado pelo arquiteto Le Corbusier. Como o quadrado, representa segurança, equilíbrio e estabilidade, em oposição a flutuação e incerteza.

RODA DA FORTUNA

Na tradição europeia, a roda da fortuna representa as intermináveis e imprevisíveis ondas de sorte e azar, prosperidade e indigência, permanência e mudança – aspectos dentro da moldura fixa da criação divina (a roda).

CUBO

Um dos cinco sólidos platônicos, o cubo ocorre na natureza em formações cristalinas e é exemplo de beleza estética e simetria. Forma tridimensional do quadrado, o cubo representa a Terra em toda a sua solidez e permanência. Nas *Homilias Clementinas*, o apóstolo Pedro declara que Deus tomou a forma de um cubo, a pedra no centro do cosmo que deu origem às três dimensões do mundo: altura, largura e profundidade. A perfeita regularidade faz do cubo um símbolo de verdade, que foi usado como apoio de pé por grandes figuras históricas. O lugar mais sagrado para o islamismo é o Templo da Caaba (*à direita*), em Meca, antiga estrutura cúbica supostamente fundada por Abraão (Ibraim). É o lugar para onde os muçulmanos voltam suas preces diárias e onde caminham em círculos no auge do Haj, a grande peregrinação a Meca.

AS PIRÂMIDES DO EGITO

Os túmulos em forma de pirâmide do Egito se desenvolveram a partir de pequenos montes que representavam a montanha primordial da criação, de onde o deus sol emergiu para a existência — talvez em função da antiga crença de que os mortos subiam aos céus para juntarem-se às estrelas. Com as primeiras dinastias faraônicas, o pequeno monte transformou-se num retângulo de laterais inclinadas, ou **MASTABA** (em árabe, "banco"). A pirâmide de degraus de Geser (c. 1650 a.C.), em Sacara, tem seis **MASTABAS** de tamanho decrescente, um em cima do outro. Tentativas de construir pirâmides verdadeiras resultaram na pirâmide curvada do faraó Snefru, de Dahshur (a inclinação se alterou provavelmente porque os degraus eram instáveis). Perto dessa, Snefru construiu outra, vermelha, a primeira pirâmide de fato. Seu filho, Quéops, construiu a maior de todas, a de Gizé. Por coincidência ou não, suas proporções são muito próximas ao número de ouro *(p. 126)*.

Todas as pirâmides egípcias eram originalmente coroadas com um **PIRAMIDON**, uma pirâmide em miniatura com detalhes dourados para imitar o nascimento do sol na montanha primordial. Os obeliscos, monumentos mais modernos, são uma variação desse simbolismo primordial.

TRIÂNGULO

O triângulo possui uma grande diversidade de simbolismos. O triângulo equilátero, com três ângulos idênticos, simboliza a Santíssima Trindade, símbolo da igualdade entre Pai, Filho e Espírito Santo; no hinduísmo, simboliza a Trimúrti, trindade formada pelos deuses Brahma, Vishnu e Shiva, que presidiam os ciclos cósmicos respectivamente como criador, protetor e destruidor. Quando o triângulo aponta para cima, é associado ao sol, ao fogo e à energia masculina; quando aponta para baixo, remete ao triângulo púbico e à energia feminina, à chuva e à Lua.

HEXAGRAMA

O hexagrama, ou estrela de seis pontas, é mais conhecido como estrela de Davi, símbolo judaico desde a Idade Média e hoje insígnia presente na bandeira de Israel. Tida também como o selo de Salomão, a estrela de seis pontas foi incorporada nas tradições ocidentais de magia e na cabala como símbolo positivo e poderoso de força. Formado por dois triângulos superpostos, um apontando para cima e outro para baixo, simboliza o conceito de microcosmo expresso pelo princípio hermético: "O que está em cima é como o que está embaixo".

ENEAGRAMA

A estrela de nove pontas (eneagrama) é considerada, pela tradição sufi, a presença de Deus. No bahaísmo, a figura possui um significado numerológico auspicioso. O fundador dessa religião chamava-se Bahaullah, literalmente glória *(baha)* de Deus (Alá). Os valores numéricos das letras arábicas da palavra *baha* somam nove. Uma forma irregular desse símbolo, chamada eneagrama da personalidade, é usada para representar tipos de personalidade no sistema da Nova Era.

CILINDRO

O cilindro combina o círculo e o retângulo. Na vertical, pode remeter ao simbolismo fálico, como nas torres de mitos e lendas. Na horizontal, o cilindro remete ao túnel e tem simbolismo feminino.

CONE

Combinação da infinitude e perfeição do círculo com o simbolismo celestial do triângulo, o cone apontado para cima simboliza a ascensão espiritual – e o oposto, quando a ponta está para baixo.

ESFERA

A esfera, ou orbe, expressa a totalidade da criação divina. Representa o mundo, e também a abóboda celeste. Na arte chinesa, a esfera sustentada pelas garras de um dragão ou debaixo da pata de um cão de Fu representa a pérola da sabedoria.

HEPTAGRAMA

A estrela de sete pontas partilha o simbolismo positivo do número sete (*p. 119*). Na tradição cristã, o heptagrama representada os sete dias da Criação e era usado como amuleto contra o mal. Na insígnia do povo cheroqui, essa forma reflete a importância do sete na tradição nativa norte-americana, em especial a profunda responsabilidade dos que nascerão até a sétima geração. Como a estrela da Commonwealth, o heptagrama representa os sete estados australianos na bandeira da Austrália.

OCTAGRAMA

No islamismo, a estrela de oito pontas possui diversas formas; com as pontas ao redor de uma circunferência, se refere ao *al-Shamsa*, o Sol. Quando o octagrama aparece numa combinação complexa de quadrados, círculos, octógonos e triângulos, exprime a perfeição matemática da criação divina.

HEXÁGONO

Na tradição cristã, o hexágono representa a morte, talvez porque esteja relacionado ao número seis, o imperfeito anterior ao sete, o número da vida (*pp. 119-21*).

PENTAGRAMA

A estrela de cinco pontas é a estrela mais comum da geometria. Símbolo de regeneração e renovação, é usada como emblema da estrela bíblica de Belém, cujo aparecimento no céu marcou o início de outro amanhecer, trazido pelo nascimento de Jesus. Na magia ocidental, o pentagrama simboliza os quatro elementos atravessados pelo espírito e é usado em rituais de magia para espantar influências negativas.

OCTÓGONO

Com seus oito lados, o octógono indica vida eterna e ressurreição, em função de o número de Cristo ser o 8 repetido três vezes: 888, que excede três vezes a perfeição do sete. Uma rotunda octogonal foi erigida acima do túmulo de Cristo (ou Gruta da Salvação), na atual igreja do Santo Sepulcro, em Jerusalém. Como símbolo de renascimento em Cristo, o octógono é a forma usada em fontes de água benta e batistérios. A cúpula de muitos templos é sustentada por uma estrutura octogonal, transição do quadrado para o círculo (*à esquerda*, Cúpula do Tesouro na Grande Mesquita de Damasco).

ISLAMISMO

Islã significa "submissão" ou "rendição" a Deus, e os muçulmanos ("aqueles que se submetem") se comprometem de todo o coração a obedecer a vontade de Deus, ou Alá (contração de *al-Illah*, "o Deus" ou "o único Deus"). Islã quer dizer também "estar em paz" *(salam)* com Deus, pois esse é o estado de espírito daquele que segue o divino criador da ordem do universo.

A vontade de Deus é expressa sobretudo no Alcorão ("o que deve ser lido"), reverenciado como a palavra literal de Deus, diretamente revelada a Muhammad Ibn Abdallah (570-632 d.C.), ou Maomé, fundador do islamismo. Os muçulmanos reconhecem profetas anteriores a Maomé (como Abraão, Moisés e Jesus), porém ele é considerado "o" profeta ou "senhor dos profetas": símbolo do poder de Deus na terra, do mistério e da compaixão, foi o escolhido por Deus como aquele que transmitiria as últimas palavras divinas à humanidade. Os muçulmanos realizam rituais de limpeza espiritual antes de manusear o livro sagrado, considerado a materialização da presença e da bênção divinas (*baraka*).

O Alcorão é a base da vida do muçulmano e de suas práticas religiosas, entre elas o dever de rezar cinco vezes ao dia, ter compaixão pelos pobres, fazer o jejum ritual e peregrinar ao menos uma vez na vida a Meca (*à esquerda*), o lugar mais sagrado para os fiéis. Nesta ilustração predomina o verde, a cor sagrada do islamismo. A tribo do profeta possuía uma insígnia verde, associada ao uso de vestes verdes no paraíso, conforme a crença deles. O islã possui uma rica tradição de iluminuras, embora o Alcorão nunca tenha sido ilustrado (por medo de idolatria). Contudo, seus teólogos tornaram-se hostis à arte figurativa no piso dos templos, pois tal prática foi associada ao ímpeto de tentar igualar o poder criativo ao de Alá. Assim, as decorações do islã consistem em belos padrões de caligrafia estilizada (com passagens do Alcorão) e um rico repertório de formas geométricas e florais, como os adornos do interior das mesquitas (*à direita*). Os primeiros simbolizam a presença de Alá na terra; os últimos, sua perfeição e complexidade infinitas.

SHAHADA

O primeiro dos cinco pilares (deveres) do islã é o *shahada*, ou confissão da fé, em geral escrito em caligrafia estilizada – como na bandeira da Arábia Saudita (*acima*). O verde é a cor da espiritualidade.

BISMILLAH

"Em nome de Deus, o que tem compaixão, o misericordioso": esta invocação é conhecida como *Bismillah*, pronunciada no início e no fim de qualquer ato religioso. Como símbolo, representa a misericórdia divina.

ESTRELA DE CINCO PONTAS

Há cinco presenças divinas e os muçulmanos praticam os cinco pilares do islã, ou deveres sagrados – entre eles, rezar cinco vezes ao dia.

HEXÁGONOS Três é o número celestial que, quando dobrado, transforma-se em seis – o hexágono, forma de seis lados, representa o "Círculo Celestial".

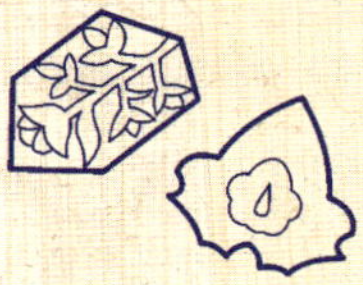

FOLHAS E FLORES Os motivos florais estilizados encontrados dentro de formas hexagonais e os padrões coloridos representam a vegetação luxuriante do paraíso.

ESTRELA DE OITO PONTAS Oito é um número celestial no islã. O paraíso é formado por oito regiões, e oito anjos seguram o trono de Alá no Dia do Juízo.

ESTRELA DE DEZESSEIS PONTAS Os desenhos destas estrelas islâmicas são circulares e remetem à infinitude e à eternidade. O círculo central simboliza o Deus único e Meca. A estrela possui sete camadas, o número perfeito e dos atributos de Deus. Nas extremidades, estão as dezesseis pontas: o oito celestial dobrado. O azul profundo é associado à abóboda celeste divina.

a cruz

O simples desenho geométrico obtido pela combinação de uma linha vertical e uma linha horizontal forma a cruz, símbolo antigo e universal com centenas de variações, embora a mais conhecida hoje seja o "emblema chefe" do cristianismo, a cruz do sacrifício de Jesus. Essa forma geométrica representa o encontro do céu e da Terra, a união dos opostos, o cosmo e a vida eterna – pois seus braços podem se estender até o infinito, tornando a cruz um *axis mundi* ao redor do qual gira toda a existência. Suas quatro pontas simbolizam os quatro elementos e os quatro pontos cardeais; também representa a árvore da vida, cujas raízes estão no céu e seus galhos, na Terra. Também é associada aos deuses celestiais e aos elementos: missionários espanhóis da Igreja Católica Apostólica Romana ficaram surpresos ao encontrar a cruz como emblema dos deuses mesoamericanos do vento e da chuva, Tlaloc e Chac, e amuletos em forma de cruz representavam o martelo do deus Thor na cultura escandinava pré-cristã.

A antiga cruz conhecida como suástica, ou cruz gamada, infelizmente ainda evoca o nazismo, que a adotou como emblema. No entanto, a suástica é um antigo símbolo auspicioso usado amplamente no budismo e no hinduísmo para representar o Sol, a paz e os ciclos da vida. O simbolismo solar é a essência da cruz celta, anterior ao cristianismo *(p. 27)*.

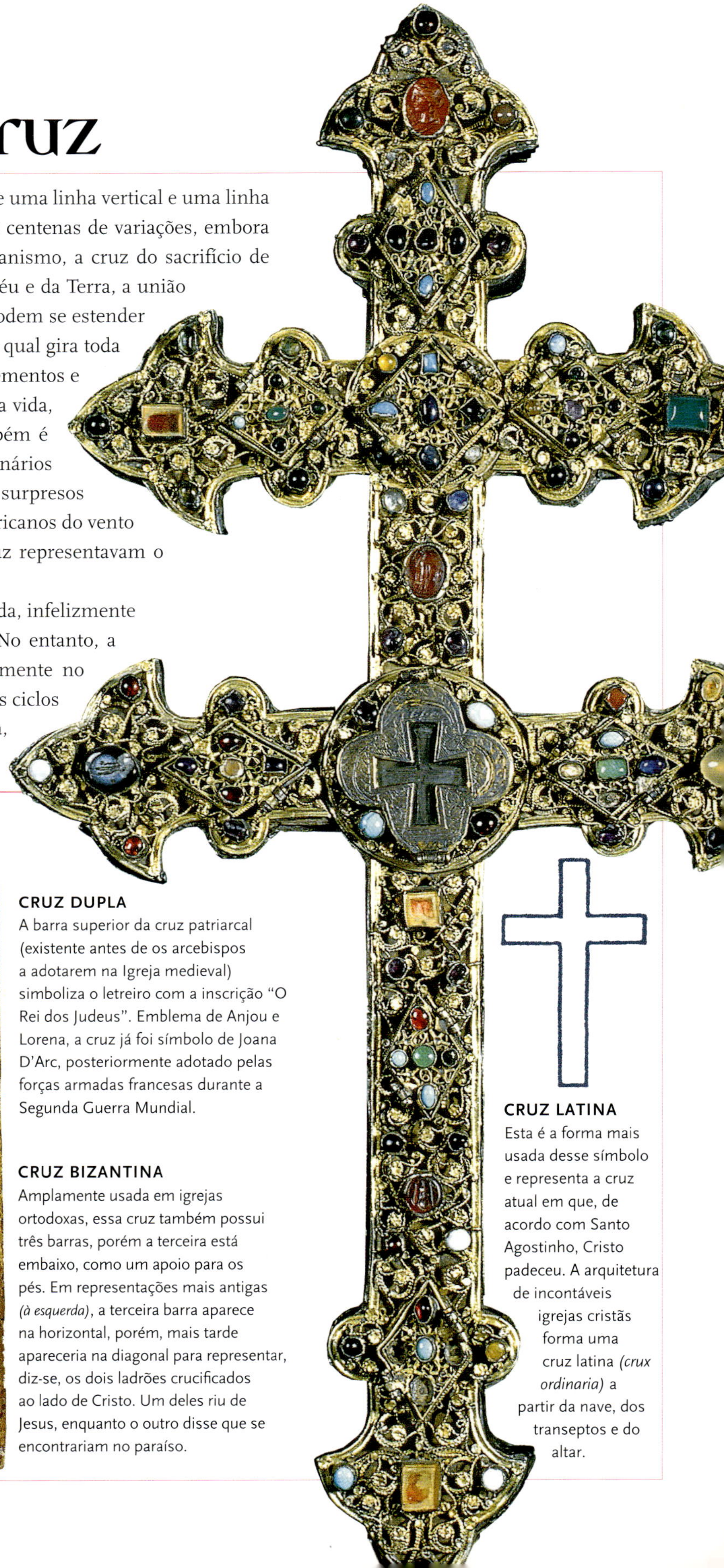

CRUZ DUPLA
A barra superior da cruz patriarcal (existente antes de os arcebispos a adotarem na Igreja medieval) simboliza o letreiro com a inscrição "O Rei dos Judeus". Emblema de Anjou e Lorena, a cruz já foi símbolo de Joana D'Arc, posteriormente adotado pelas forças armadas francesas durante a Segunda Guerra Mundial.

CRUZ BIZANTINA
Amplamente usada em igrejas ortodoxas, essa cruz também possui três barras, porém a terceira está embaixo, como um apoio para os pés. Em representações mais antigas *(à esquerda)*, a terceira barra aparece na horizontal, porém, mais tarde apareceria na diagonal para representar, diz-se, os dois ladrões crucificados ao lado de Cristo. Um deles riu de Jesus, enquanto o outro disse que se encontrariam no paraíso.

CRUZ LATINA
Esta é a forma mais usada desse símbolo e representa a cruz atual em que, de acordo com Santo Agostinho, Cristo padeceu. A arquitetura de incontáveis igrejas cristãs forma uma cruz latina *(crux ordinaria)* a partir da nave, dos transeptos e do altar.

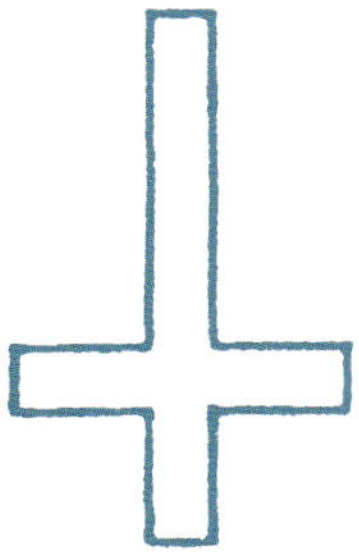

CRUZ INVERTIDA
A cruz latina invertida é o emblema específico de São Pedro, o "príncipe dos apóstolos", que pediu para ser crucificado de ponta cabeça num ato deliberado de humildade perante Cristo, segundo o livro apócrifo *Atos de Pedro*. Essa cena foi pintada por Michelangelo e muitos outros artistas.

A CRUZ DE CRISTO

A cruz era um símbolo incomum nas igrejas mais antigas por duas razões: o cristianismo era ilegal e a crucificação era, sobretudo, símbolo de castigo e vergonha para ladrões e rebeldes. A cruz também era usada pelos pagãos para insultar os cristãos. O **LÁBARO**, ou **CHI-RHO**, era mais usado, assim como a **CRUX DISSIMULATA** (cruz disfarçada) em forma de **ÂNCORA, MACHADO** ou **TRIDENTE.** Contudo, após a abolição da morte na cruz e a fé totalmente legalizada no ano de 312, a cruz passou a ser amplamente exibida; a religião cristã espalhou-se e terminou por absorver o simbolismo auspicioso de outras formas de cruz conhecidas pelos convertidos. Atualmente, a mais conhecida é a mais simples, a **CRUZ LATINA**, mas há uma série de outros desenhos espalhados pelo mundo, como esta (*à direita*) de Ravena, Itália, cujas extremidades são decoradas. Muitas variações latinas carregam simbolismos particulares. As mais comuns são: latina, **GREGA, SAUTOR, DUPLA** e **TAU.** A cruz também simboliza santos, também os não crucificados (como Pedro e André).

CRUZ GREGA
A cruz grega *(crux immissa quadrata)* possui quatro braços do mesmo tamanho. No cristianismo, é associada a São Jorge e, mais amplamente, à energia centrípeta de Cristo – uma das formas de Deus que desceu ao mundo para espalhar a nova vida. Existem muitos exemplos pré-cristãos, de c. 1600 a.C., entre eles um de Cnossos.

CRUZ DE MALTA
Existia na Assíria e foi retomada com as cruzadas da Ordem Militar Hospitalária de São João de Jerusalém (também conhecida como Ordem dos Cavaleiros Hospitalários ou dos Cavaleiros de São João), que se estabeleceriam em Malta. Cada braço da cruz se alarga a partir do centro e termina com duas pontas, o que a faz apontar em oito direções.

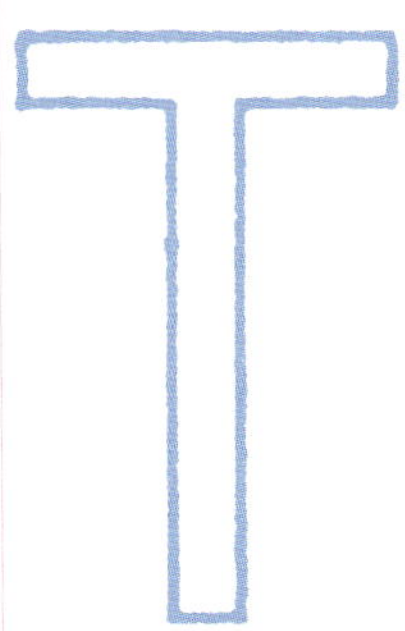

CRUZ TAU
Sem o braço de cima, o nome dessa cruz se deve à semelhança com a letra grega tau (τ), ou com o T maiúsculo. Alguns a consideram a forma original da cruz. Era um símbolo pré-cristão do Egito, onde seria associada, posteriormente, a Santo Antão. Também é a cruz do mitraísmo.

CRUZ PAPAL
Com três barras, é uma variação da cruz dupla patriarcal usada pelo papa (férula). Como a tiara papal, ou coroa tripla, essa cruz simbolizaria a Trindade, embora o significado preciso desses objetos não seja popular. De forma geral, as três barras remetem aos três aspectos do papa: bispo de Roma, patriarca do Ocidente e sucessor de Pedro.

CRUZ TEMPLÁRIA
A cruz grega com os braços que se alargam a partir do centro em forma triangular era usada pela Ordem dos Cavaleiros Templários; tornou-se, posteriormente, símbolo da condecoração militar (cruz de ferro).

CRUZ ANSATA
Se possui um arco ou um círculo na parte superior, a cruz torna-se o hieróglifo egípcio para *ankh*, "vida". Na mão de um deus, representa a chave simbólica para os mistérios da vida e da morte.

SAUTOR
O sautor simboliza martírio, em particular o de Santo André, que, de acordo com a lenda, foi crucificado numa cruz em diagonal.

FORQUILHA
A cruz em forma de Y é associada à Árvore da Vida. Simboliza o Cristo na cruz, com os braços abertos em sinal de misericórdia.

LÁBARO
O lábaro também é chamado de chi-rho, combinação de chi (χ) e rho (ρ), as duas primeiras letras da palavra Cristo em grego. Era um símbolo comum de Cristo antes da cruz latina tornar-se popular.

ROSA-CRUZ
A rosa superposta à cruz latina simboliza a Virgem Maria, a "rosa sem espinhos". Tornou-se emblema da Ordem de Rosa-cruz, ou dos rosa-cruzistas *(pp. 48-9)*.

SÍMBOLOS DA VIDA COTIDIANA

A PARAFERNÁLIA DA VIDA COTIDIANA — DESDE UM GRÃO DE MILHO ATÉ A CÚPULA DE UMA IGREJA — OFERECE UM VASTO CONJUNTO DE SÍMBOLOS CUJOS SIGNIFICADOS DERIVAM DO USO, PRÁTICO OU CERIMONIAL, DA MITOLOGIA, OU DA SIMPLES ASSOCIAÇÃO À FORMA OU COR DO OBJETO.

OBJETOS DE USO COMUM

As ferramentas e outros instrumentos domésticos representam nosso instinto de sobrevivência e sustento. Podem ser usados para a criação ou destruição e possuem simbolismos cósmicos relacionados aos ciclos da vida e à interação do céu e da Terra.

RODA

A roda pode aludir aos ciclos anuais ou sazonais, ou ao ciclo da vida (nascimento, morte e renascimento). Para os budistas, a Roda de Darma (*acima*) representa os ensinamentos de Buda.

SINO

Antiga forma de aviso sonoro, o sino é símbolo de alerta, vigilância e atenção. Com suas notas claras e puras, representa a limpidez: noivas judias usavam pequenos sinos para denotar virgindade.

BALANÇA

Desde a Antiguidade, o ato de pesar uma porção contra outra é um símbolo comum, que denota o julgamento de valores relacionados. No antigo *Livro dos mortos* egípcio, um coração é pesado junto à pena da verdade, para determinar a virtude da alma e o merecimento do paraíso. Talvez seja esta a origem da ideia cristã de pesar as almas no dia do juízo final. A deusa romana Iustitia (Justiça) representa a lei na tradição ocidental e segura uma balança que simboliza a justeza e a imparcialidade.

ARADO

Quando a humanidade tornou-se sedentária e agricultora, o arado firmou-se como um símbolo natural do estilo de vida pacífico e frutífero. A paz é expressa pela transformação das espadas nos dentes do arado. Esse instrumento remete ao órgão sexual masculino, que penetra e fecunda a terra feminina. Na Índia, é um símbolo tradicional de força do rei.

ÂNCORA
Símbolo tradicional de São Nicolau de Bari, santo padroeiro dos navegadores, a âncora representa a esperança em tempos atribulados. De forma mais geral, esse objeto é associado à virtude da esperança, "âncora da alma" (Hebreus 6:19), e figura como uma das três qualidades essenciais junto à fé e à caridade (amor). Por ser uma espécie de cruz, também representa a salvação através de Cristo.

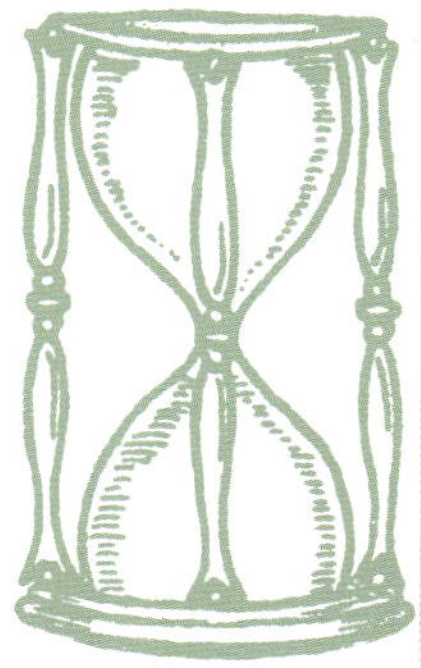

AMPULHETA
O deus grego Cronos, símbolo do tempo e do destino, segura uma ampulheta. Os dois compartimentos significam os mundos superior e inferior, vida e morte: o esvaziamento gradual de um dos lados representa o passar da vida, as "areias do tempo" se esvaindo. Contudo, basta virar a ampulheta de ponta-cabeça para ganhar uma chance de começar novamente, o que pode significar uma mudança no coração.

TOCHA
A tocha acesa denota iluminação espiritual e intelectual, e também veracidade. Na Grécia Antiga, o sacerdote supremo da cidade de Elêusis era conhecido como *Dadukos*, ou "acendedor da tocha", por seu papel de mensageiro dos deuses. A tocha como emblema olímpico também deriva da Antiguidade grega. Na Estátua da Liberdade (*acima*), simboliza ainda a luz da liberdade contra as forças obscuras da tirania.

ESCADA
A escada que leva aos céus era uma imagem comum em muitas culturas antigas. Segundo a Bíblia, o patriarca Jacó sonhou com uma escada entre o céu e a Terra, com anjos que subiam e desciam por ela, símbolos da comunicação entre Deus e a humanidade (Gênesis 28:11-22). Escadas celestiais também eram associadas a aspirações e à busca de ideais.

O NAVIO SIMBÓLICO

Um navio no MAR simboliza a humanidade vulnerável em busca de seu destino no vasto universo. Em algumas civilizações antigas, os mortos eram depositados em barcos para que suas almas encontrassem lugar de descanso além do oceano, como o barco indonésio de espíritos (*à esquerda*). A deusa egípcia Ísis era homenageada pelos navegadores no início da primavera, quando lançavam um barco ao mar para buscar proteção contra o mau tempo. No norte europeu pré-cristão, os chefes anglo-saxões eram sepultados em navios para que a água os levasse ao além, como o navio-túmulo de um rei pagão de Sutton Hoo, Inglaterra.

A ala principal da igreja cristã é chamada NAVE (*navis*, em latim, ou "navio") e remete aos navegantes da fé unidos na embarcação rumo à jornada espiritual, protegida das tempestades e infortúnios por Deus. A ideia da embarcação como comunidade autossuficiente tem origem em muitas imagens simbólicas. O camelo é o "navio do deserto", porque atravessa longas distâncias sem precisar se alimentar.

ESPADA

A espada simboliza o princípio masculino: a introdução do falo no feminino, a terra, para dar início ao processo de fertilização. O deus romano Saturno às vezes é representado com uma espada, em alusão às suas origens como o antigo deus italiano da agricultura. No baralho do tarô, a espada simboliza o elemento ar, a sabedoria e o discernimento (*pp. 122-3*).

FOICE E GADANHA

A foice é atribuída ao Pai do Tempo (*p. 93*) e ao tradicional esqueleto encapuzado, ou ceifador, símbolo da figura da morte. A forma de lua crescente desse instrumento é associada ao princípio feminino, à fertilidade e a deusas lunares como Deméter e Ártemis (Diana). No simbolismo comunista, a foice representa os trabalhadores rurais.

MARTELO

O martelo de pedra era a arma de Thor, o deus nórdico do trovão, e símbolo de proteção para os pagãos escandinavos. Amuletos com a forma do martelo de Thor foram populares mesmo na era cristã. Os martelos também são ferramentas associadas à construção do progresso. No comunismo, representava a classe trabalhadora industrial, em geral usado junto à foice (*à esquerda*).

TAÇAS E CÁLICES

As taças e cálices são associados ao feminino por representarem receptáculos de alimento; suas formas arredondadas remetem esses objetos aos ciclos eternos do tempo e da criação. Taças simbólicas ou ornamentais podem representar troféus esportivos e, como tais, a capacidade e a vitória. O objeto também é o recipiente do elixir da vida eterna, como o Santo Graal da lenda medieval do rei Artur. A origem desse significado está no mito clássico da taça de ambrosia, o elixir da vida eterna, tomado pelos deuses do Olimpo.

BIGORNA

A bigorna é símbolo da criatividade feminina e do ato de forjar a vida, em especial se combinada com o masculino martelo. Gregos e romanos atribuíam as atividades vulcânicas aos forjadores subterrâneos do deus Hefesto (Vulcano).

CAJADO

O cajado do pastor simboliza a autoridade firme, porém gentil. Os bispos usam esse objeto para mostrar que lideram o rebanho de Cristo (*p. 150*). O cajado estilizado e o chicote do faraó indicavam a soberania: eram emblemas de Osíris, deus do mundo inferior e da terra fértil.

BANDEIRA

A bandeira expressa identidade, unidade, independência e soberania de um povo. As bandeiras nacionais possuem cores significantes e emblemas relacionados ao país. Em muitas bandeiras europeias, a cruz simboliza o cristianismo, enquanto nas bandeiras de países islâmicos são comuns a lua crescente e as estrelas. A bandeira vermelha, branca e azul da França inspirou muitas nações, sobretudo as fundadas por movimentos revolucionários ou anticoloniais. O estandarte de batalha é um meio de identificação, mas também símbolo de coragem. Bandeiras hasteadas a meio mastro remetem ao luto.

PRATO

O prato é emblema de abundância e sucesso, talvez pelo costume de ser o recipiente dos primeiros frutos da colheita para a celebração da fecundidade da terra. Os pratos de ouro ou prata são, em geral, troféus esportivos.

CANGA OU JUGO

A parelha, peça de madeira para prender juntas de boi, é um símbolo tradicional de opressão: dizia-se dos inimigos dos antigos romanos que eles "andavam com o jugo", em alusão à escravidão. Contudo, por ser um importante instrumento agrícola, significa também disciplina e trabalho em conjunto.

armas

O uso duplo das armas – para defesa e ataque – confere a esses instrumentos um simbolismo ambíguo. A "luta pelo bem" acabou por associá-las a certas virtudes como honra, justiça e verdade. Na mitologia, algumas armas possuem qualidades mágicas que dão a seus empunhadores força sobrenatural e até mesmo invencibilidade. Símbolos de autoridade, algumas armas se transformaram em objetos estilizados para cerimônias ou rituais, como o machado dourado que representa a autoridade real no parlamento britânico.

Em muitos casos, armas exemplares com características mágicas eram feitas de metais preciosos em alusão ao seu valor. Na *Ilíada*, Homero escreve que a armadura e o escudo de Agamenon eram feitos de uma amálgama especial de ouro e prata (liga conhecida como *electrum*), devido à beleza que exibiam. No cristianismo, as armas tornaram-se símbolo do poder espiritual e de "lutar a boa luta" em nome de Cristo, Príncipe da Paz. A linguagem da batalha física tornou-se a linguagem do progresso espiritual, como na prece de Martin Luther King, derivada do Salmo 46: "A força segura é Deus Nosso Senhor, armadura e escudo dignos de confiança".

Pilhas de armas e armaduras figuram na arte ocidental como troféus tradicionais de vitória, mas também como símbolo de guerra e agressão. Armas quebradas remetem à renúncia à violência.

PUNHAL E ADAGA

Fáceis de esconder, os sinistros punhais e adagas remetem à traição ou à quebra de acordo, sendo comuns em assassinatos. Também são instrumentos usados em rituais de sacrifício, como o que Abraão tentou fazer com o filho Isaac, em oferenda a Deus, antes da intervenção de um anjo (Gênesis 22). Em rituais astecas, as pessoas eram sacrificadas com uma faca de pedra ou de obsidiana (*à esquerda*), tipo de vidro vulcânico que simboliza a morte.

MACHADO

Símbolo quase universal de poder, autoridade e julgamento. O machado de duas cabeças era, possivelmente, um símbolo lunar dos antigos reis minoicos de Creta. Em muitas culturas, o machado era associado a deuses solares ou da tempestade e, nesse sentido, assemelha-se à simbologia do martelo. Em algumas regiões da África, ele é usado como parte da dança da chuva. Na Roma Antiga, as *fasces* eram um machado com o cabo rodeado de varas, símbolo dos magistrados. Mussolini usou o instrumento como emblema de seu partido não à toa batizado de fascista.

ESCUDO

Na mitologia grega, o escudo com o desenho da cabeça da Medusa era um atributo de Atena (Minerva); a caçadora virgem Ártemis também carregava um escudo para simbolizar seu papel como defensora da castidade. Na Europa medieval, os escudos eram adornados com diversas insígnias para permitir a diferenciação na batalha – costume que deu origem à heráldica (*pp. 78-9*).

TRIDENTE

O tridente de Posêidon (Netuno), deus clássico dos mares, era similar a um raio estilizado. Também era usado por Britânia, "senhora das ondas", personificação da Grã-Bretanha (*à esquerda*) e símbolo das nações britânicas (Inglaterra, Escócia e País de Gales) ou dos três reinos: Inglaterra, Escócia e Irlanda.

ESPADAS DO PODER

A **ESPADA** é o símbolo militar e do poder real por excelência, a arma dos guerreiros, cavaleiros (*abaixo*) e reis. Como todas as armas, porém, pode ser usada na defensiva, para proteger os fracos em nome da justiça e da honra. Por associação, também remete à coragem e ao cavalheirismo, além de simbolizar a autoridade secular. É o emblema da profissão de soldado, assim como a **PENA DE ESCREVER** é associada aos caminhos da paz. Na peça de teatro *Cardeal Richelieu*, de 1839, Edward Bulwer-Lytton cunhou a memorável frase: "a pena é mais poderosa que a espada". Essa arma é associada ainda ao discurso poderoso que "atravessa" mentiras, significado presente na ESPADA da verdade. A ambivalência como arma agressiva e defensiva remete a **ESPADA DE DOIS GUMES**, alusão a situações com aspectos bons e ruins.

Na Europa medieval, a espada era tema de muitas lendas, como a famosa espada **EXCALIBUR** do rei Artur, que dava os poderes do destino ao soberano que conseguisse arrancá-la da pedra na qual estava fincada. Quanto à forma, a espada se assemelha à **CRUZ** cristã, por isso era usada como insígnia por muitos cruzados.

A lâmina afiada associa a espada ao discernimento e à iluminação. Na mitologia hindu, a espada flamejante de **VISHNU** simboliza sabedoria, arma contra a ignorância. A espada de **MANJUSHRI**, a deidade budista do conhecimento, possui significados semelhantes às da espada de Vishnu.

PORRETE

O porrete, símbolo arquetípico da força bruta e um dos primeiros armamentos inventados, figura nesta imagem (*à direita*) como arma do guardião de um templo tailandês. Era a arma do deus Hércules na mitologia clássica e de vários heróis celtas, como Dagda, o patriarcal "Bom Deus" da antiga mitologia irlandesa. Um golpe do enorme porrete de Dagda era suficiente para matar uma pessoa, mas se a ponta tocasse a ponta de outro porrete, podia trazer os mortos de volta à vida.

LANÇA E DARDO

A lança era jogada de cima de um cavalo, enquanto o dardo era usado em terra. A lança denota a montaria masculina e a amizade entre homem e cavalo. São Jorge (*à esquerda*) derrotou o dragão, porém a lança partiu-se ao meio, imagem que se tornou seu emblema. O soldado romano que golpeou Jesus na cruz é representado por um cavaleiro de lança, geralmente chamado de Longinus, a palavra grega para dardo. O instrumento também era atributo das deusas gregas Atena e Ártemis.

ARCO E FLECHA

O **ARCO** e a **FLECHA** são emblemas tradicionais de guerreiros e caçadores. O arco e flecha do deus solar **APOLO** representa o poder de transformação do Sol: o arco simboliza a energia solar e as flechas, seus raios vitais e fecundos que penetram a Terra. Na China, o arco é o símbolo do arqueiro divino **YI**. Quando dez sóis apareceram no céu e ameaçaram destruir a Terra de calor, **YI** atingiu nove deles com suas flechas. Um arco acima de uma porta significa nascimento.

O **ARCO-ÍRIS** às vezes é interpretado como um arco divino em função do episódio em que Deus coloca seu arco no céu para marcar o fim do dilúvio e seu acordo com Moisés (Gênesis 9:13). De maneira similar, na mitologia hindu o arco de **SHIVA** representa a força divina e é atributo de **RAMA** (*à esquerda*, sobre o ombro de Hanuman). Contudo, esses símbolos não são apenas masculinos. Na mitologia clássica, **ÁRTEMIS (DIANA)** é a poderosa caçadora dos deuses, cujas flechas mataram as sete filhas da terrível rainha **NÍOBE** e, em outra ocasião, feriram o caçador Órion. Ártemis se apaixonou perdidamente por Órion, mas seu irmão Apolo, enciumado, ludibriou-a para que ela atingisse Órion com suas flechas. A ideia de tensão erótica entre o arqueiro e sua vítima também está na figura do **CUPIDO**, cuja flecha simboliza o prazer e a dor do vínculo amoroso. O equilíbrio entre poder letal e controle corporal do arqueiro é perfeitamente representado no signo do zodíaco **SAGITÁRIO**, um **CENTAURO** com o arco e a flecha armados para atirar.

Na arte cristã, as flechas podem significar martírio ou imortalidade. São Sebastião figura sempre atingido por flechas, provação à qual ele milagrosamente sobreviveu. **FLECHAS ROMPIDAS** e outras armas neutralizadas denotam paz.

MAÇA

Similar ao cetro, a maça cerimonial – nesta figura (*à esquerda*) adornada com uma águia imperial no topo – foi há muito tempo deslocada de sua função militar, âmbito em que era usada como arma, com uma bola dentada na ponta. A maça coroada é símbolo da autoridade real entre o parlamento britânico e outros parlamentos da Comunidade Britânica.

ARMADURA

Seja na Europa medieval, seja entre os samurais do Japão, a armadura completa tinha a função de proteger e mostrar a posição social superior do guerreiro, pois era cara e pouco acessível. O "cavaleiro de armadura brilhante" é um ideal clássico ocidental de cavalaria, como demonstra a lenda de São Jorge, representado por um cavaleiro medieval (*ilustração, p. 86*). A armadura permaneceu um símbolo de nobreza e poder militar até muito depois do desenvolvimento das armas de fogo.

CHICOTE E AÇOITE

Em muitas sociedades, o chicote era usado simbolicamente para expelir o mal do corpo: no evangelho, conta-se que Jesus expulsou os vendelhões do Templo de Jerusalém a "chicotadas" (João 2:15). O chicote com nós na ponta, ou açoite, foi particularmente concebido para cortar a pele das vítimas. Cristo foi açoitado antes da crucificação, por isso o açoite é considerado um dos instrumentos da Paixão. Em realidade, era uma arma de punição popular no Império Romano que tornou-se símbolo de opressão brutal. O chicote também é associado à veemência e à oposição radical. Como instrumento de autoflagelação, simboliza a penitência; é emblema de Maria Madalena e de outros santos.

HINDUÍSMO

O hinduísmo não possui fundador específico, mestres ou escritos sagrados, mas a maioria dos hindus aceita as ideias de reencarnação da alma e de que o carma – ações de um indivíduo na vida terrena – é determinante das próximas vidas. A *mocsa*, ou libertação do ciclo infinito do renascimento, acontece quando a sabedoria superior é atingida pela vivência correta e prática da devoção, com oferendas aos deuses e meditação iogue. Qualquer atividade que constrói e estimula a vida – a medicina, a dança, a construção – pode ser considerada um ato de devoção. A ilustração acima representa o casamento de Vishnu e Lakshmi, assistido por outras deidades. Os deuses são considerados manifestações de um ser supremo, em geral chamado Brahman (não confundi--lo com o deus Brahma). Esse ser pode transmutar-se em muitas formas para ser mais acessível aos humanos. Algumas deidades são familiares para todos os hindus (*imagem principal*), outras, como Brahma e Varuna, são hoje menos proeminentes que em tempos anteriores. Há, também, uma infinidade de deuses locais.

As torres cônicas nos templos hindus simbolizam o Monte Meru, lar celestial dos deuses. Sacramentos importantes e ritos de passagem, como casamentos, são realizados na presença do fogo sagrado (*agni*), que representa o cosmo como testemunha; é pelo consumo do fogo que o corpo retorna simbolicamente ao cosmo após a morte.

AUMKAR
O *aumkar* representa a sílaba sagrada *Om*, pronunciada (em três sons, *a-u-m*) antes e depois de cada prece hindu. Para muitos, foi o primeiro som do cosmo e é a concretização física da sabedoria verdadeira.

IANTRA
Devotos do caminho espiritual conhecido como tantra usam o iantra como ponto focal da meditação na busca pela libertação (*mocsa*). Como as mandalas budistas (*p. 115*), os iantras são diagramas simbólicos do cosmo.

ADEREÇO DE CABEÇA Essa estátua do século X representa Vishnu (*à direita*) e Shiva (*à esquerda*) em sua forma combinada, Harihara. Metade do ornamento da cabeça é a coroa real de Vishnu, metade é o penteado de Shiva sobreposto.

TRIDENTE A arma de Shiva é o tridente (*trishula*), associado a criação, preservação e destruição, bem como a outras trindades sagradas.

NANDIN Entre as figuras à direita de Harihara está sua cavalgadura, o cão Nandin. Outras imagens são o filho de Shiva e o deus com cabeça de elefante, Ganesha (*no quadro*).

RODA A roda em forma de disco (chacra) de Vishnu simboliza a superação da ignorância. Ela tem um caule de lótus, outro dos atributos de Vishnu.

BÚZIO Na mão de Vishnu figura o trompete em forma de búzio, instrumento usado em rituais sagrados desde a Antiguidade e considerado símbolo do som da criação.

KALKIN Entre as figuras à esquerda de Harihara está Kalkin, o décimo e futuro avatar de Vishnu (*no quadro*), um guerreiro num cavalo branco que fundará a nova era.

DEUSES E SÍMBOLOS

Os deuses hindus mais proeminentes — **VISHNU**, **SHIVA** e a **DEUSA (DEVI)** — possuem muitas manifestações, como **SHAKTI**, **DURGA** e **KALI**. Vishnu possui dez **AVATARES** com os quais combate o mal no mundo. Os mais populares são **KRISHNA**, em geral um jovem de pele azul (como Vishnu) tocando **FLAUTA**, e **RAMA** (herói do épico Ramayana). Shiva e seu consorte, **PARVATI** (uma das formas da deusa) são representadas por **LINGA** e **YONI**. O casamento de Vishnu e **LAKSHMI** (*ilustração, p. oposta*) simboliza a união ideal de marido e mulher.

Outras deidades populares incluem o deus macaco **HANUMAN** e **GANESHA** (*abaixo*), símbolo da superação de obstáculos e reverenciado antes de qualquer jornada ou empreendimento — sua metade **ELEFANTE** representa a superação de grandes dificuldades e sua cavalgadura, um **RATO**, a superação das pequenas.

As mãos dos deuses sempre seguram armas — associadas à onipotência — e outros atributos simbólicos. Muitas deidades também possuem animais associados, como é o caso de Ganesha.

roupas

Em todas as culturas e em todas as épocas, as roupas e os acessórios pessoais são expressões visíveis de individualidade, independência e livre-arbítrio – ou sinais de conformidade e dependência, ao ceder a autonomia individual em nome de um grupo. As vestes de uma pessoa podem indicar nacionalidade, pertencimento cultural e fé religiosa. Os ofícios e profissões definiram roupas adequadas ao tipo de trabalho, como o avental dos maçons ou o barrete de artesão usado pelo deus egípcio Path para marcar seu papel de criador. Na arte cristã, muitas figuras sagradas podem ser reconhecidas por suas vestes: São João Batista, em geral, aparece com uma túnica rústica feita de peles de animais (símbolo dos tempos que passou isolado na natureza), enquanto São Jerônimo, tradutor da Bíblia para o latim, aparece às vezes com as (anacrônicas) vestes escarlates de um cardeal. Para Adão e Eva, o ato de vestir roupa para esconder a nudez representava a perda da inocência.

O pertencimento a certos ofícios ou grupos, como exército, marinha, polícia, igreja, justiça ou medicina, requer uniforme (literalmente, "forma única" de vestir-se) para diferenciar as habilidades, a condição ou a posição dentro do grupo, em especial em instituições muito hierarquizadas, como a Igreja e o exército. As vestes eclesiásticas possuem uma grande variedade de cores simbólicas de acordo com a época, ritual ou festividade. Os uniformes também implicam a aceitação de um código de ética grupal, em geral assumido sob a forma de juramento.

Os prisioneiros devem usar uniformes como símbolo de submissão às autoridades e da perda de suas liberdades individuais. Ocasiões formais, como casamentos e funerais, em geral requerem trajes adequados – como roupas claras de dia, ou roupas escuras em funerais –, que expressam respeito ou conformidade com a ocasião. Mesmo se o uniforme não for obrigatório, obedecer a certos códigos implícitos pode expressar a posição de autoridade ou probidade (*pp. 150-3*).

PELE DE ARMINHO
A gola ou a borda de pele de arminho com manchas pretas era um artigo de luxo, pois requeria a morte de vários animais e o cuidado especial do couro. As vestes adornadas com arminho marcavam a condição de realeza ou nobreza (*acima*).

ADEREÇOS DE CABEÇA
A forma do adereço de cabeça representa o grau de autoridade e marca a liderança ou posição no grupo – como a mitra de um bispo ou o cocar indígena (*à direita*). Adornos especiais para a cabeça – como a quipá judaica ou o turbante islâmico – podem revelar a fé religiosa de seus portadores. Cobrir a cabeça é um sinal comum de respeito, mas no judaísmo é comum cobrir a cabeça apenas na presença de Deus. (Ver **COROA**, *p. 151*.)

VÉU

O véu é um símbolo de modéstia muito difundido que denota respeito e deferência a superiores na escala social e divina. Quando **MOISÉS** retornou do Monte Sinai, teve de usar um véu para proteger seus fiéis do reflexo brilhante de Deus em sua face. Muitas mulheres muçulmanas usam o **HIJAB** (véu) como sinal de modéstia, enquanto em casamentos cristãos é comum a noiva aparecer com esse adereço para marcar seu estado de pureza antes do casamento. O véu é um atributo da figura da **CASTIDADE**. Também pode simbolizar o engano. Na Bíblia, Jacó enganou-se e confundiu Léa com Raquel e, como consequência, teve de trabalhar mais 12 anos para seu sogro, **ISAAC**.

Uma antiga relíquia do Vaticano é o véu de linho com o qual uma mulher chamada **BERENICE** (*à direita*; **VERÔNICA** em latim) secou o suor do rosto de **CRISTO** enquanto ele carregava a **CRUZ** ao calvário. Diz-se que suas feições ficaram milagrosamente marcadas no pano, conhecido em latim como *vera icon* (ou "imagem verdadeira"), anagrama de Verônica.

SAPATO OU BOTA

Os escravos andavam descalços na Antiguidade; os sapatos representavam liberdade. Na Inglaterra, era comum jogar um sapato nos noivos para desejar boa sorte. Dois sapatos indicavam o mesmo na China, onde a palavra *xie* significa "sapato", "harmonia" e "união". A bota pode ter significados mais brutos. Quando criança, o apelido do perturbado imperador Gaius era Calígula, que significa "Botinhas".

LUVAS

As luvas eram símbolo de *status*: se usadas por membros do clero, indicavam "mãos limpas", sem corrupção. Por outro lado, "dinheiro de luva" é um tipo de suborno originado pelo antigo costume de o cliente passar discretamente um par de luvas ao advogado para representá-lo. A expressão "cair como uma luva" remete a algo que combina com outra coisa ou se ajusta perfeitamente a ela (como a luva na mão).

TOGA

O grande símbolo do estatuto de cidadão romano era a toga, veste formal que consistia numa peça larga de tecido enrolada ao redor do corpo com elaboração. Senadores e imperadores vestiam togas com bordas violeta, tintura cara e pouco acessível usada como sinal de *status*. O traje equivalente para as mulheres era a estola, vestido longo plissado. Mulheres em toga eram consideradas prostitutas.

CAPA OU MANTO

Eliseu usou o manto de Elias para simbolizar sua sucessão como profeta de Deus (II Reis 2:13). Daí, "passar o manto" significa passar a responsabilidade a outro. A capa (em latim, cappella) de São Martinho era uma relíquia famosa numa pequena igreja de Tours, na França. A relíquia batizou igreja e, mais tarde, capela virou sinônimo de igreja pequena. A capa ainda representa dissimulação e ocultamento.

ESTAMPA DE DRAGÃO

O imperador chinês usava uma veste amarela de seda bordada com dragões e outros símbolos imperiais. Apenas ele podia usar a figura do dragão de cinco garras. A corte usava vestidos decorados com dragões de três ou quatro garras.

MANOPLA

Na cavalaria medieval, um cavaleiro sem manopla mostrava estar desarmado ou ser inofensivo. Jogar as manoplas no chão era desafiar um cavaleiro ou nobre de mesmo estatuto social; pegá-las do chão era aceitar o desafio.

CINTA E CINTURÃO

A cinta pode expressar submissão, castidade e empoderamento. Na mitologia clássica, Afrodite (Vênus) usava uma cinta mágica que a tornava irresistível; o "cinturão de Ísis" representava a vitalidade e a pureza no Egito Antigo. O cinturão da Virgem é uma famosa relíquia cristã. Guerreiros "cintavam seus pertences": usavam um cinto para carregar suas armas.

SANDÁLIA

Acessório que representa a velocidade: sandálias aladas eram atributos do deus mensageiro Hermes (Mercúrio) e do herói Perseu, que usou-as para matar o monstro marinho Ceto.

TÚNICA

A túnica se molda facilmente no corpo. Por analogia, na tradição cristã o corpo é chamado "túnica da alma". Na mitologia grega, a morte de Hércules se deve à imersão de sua túnica em veneno letal ao toque (*p. 179*).

comida e bebida

Na Antiguidade, era comum associar a abundância da natureza à benção divina. A colheita boa demonstrava favor divino, enquanto a safra ruim simbolizava a punição por desobediência ou deslealdade aos deuses. Em muitas fés religiosas, antes de comer reza-se uma prece em agradecimento a Deus pela providência de alimento. Festivais celebram momentos anuais de mudança no ciclo da agricultura; a maioria dos festivais religiosos judaicos, por exemplo, deve suas origens ao ciclo da agricultura. A ideia de que os deuses podem ser agraciados com alimentos resultou em sacrifícios, como a tradição judaica da oferenda queimada (*p. 166*); na oferenda de ambrosia aos deuses gregos; e, de maneira mais geral, nos banquetes aos deuses. Entre outros banquetes festivos, está a Boda de Caná, na qual o vinho simboliza o espírito celeste e a água, vida terrena. No milagre dos pães e dos peixes, indicavam a eternidade da vida.

PÃO
Fonte básica de alimento, o pão simboliza a vida. Numa metáfora espiritual, Cristo é descrito como o "pão da vida" (João 6:35), o alimento da alma. O fermento, um dos ingredientes desse alimento, é um fator simbólico. Na tradição judaica, o pão sem fermento representa pureza e sacrifício, enquanto o fermentado sugere transformação espiritual. Em algumas culturas, partir o pão significa morte.

PEIXE
Os praticantes das religiões de mistério partilhavam uma refeição sagrada com peixe, pão e vinho (mais tarde refletida na eucaristia). O peixe era venerado pelos antigos como símbolo de fecundidade, por isso eles comiam refeições com pescado todas as sextas-feiras. Essa prática foi abraçada pelo cristianismo como alternativa à abstinência de carne vermelha no dia da semana em que Cristo morreu.

TRIGO E CEREAIS
Alimento ainda mais básico que o pão, o trigo representa o sustento eterno. Na mitologia grega, os mistérios de Elêusis eram práticas rituais em que Deméter, deusa da fertilidade, era venerada por iniciados pela simples contemplação de um grão de trigo, símbolo da boa colheita. O milagre do renascimento do trigo na primavera, a partir das sementes da colheita do ano anterior, contribuiu para o cereal tornar-se símbolo da ressurreição no Novo Testamento.

ARROZ
Grão mais importante do Oriente, tem significados semelhantes aos do milho e do trigo no Ocidente. Na mitologia chinesa, crescia na natureza até interromper a comunicação entre o céu e a Terra. A partir daí, os camponeses precisaram cultivá-lo.

GRÃO DOS DEUSES

Como principal cultura de muitas civilizações pré-colombianas, o milho adquiriu o simbolismo da benevolência e da prosperidade. Em cada primavera, a emergência de abundantes pés de milho, que morriam e renasciam no ano seguinte, fez o grão ser considerado de origem divina, um alimento essencial dos deuses.

No Egito, a morte e o renascimento do milho eram atribuídos ao deus Osíris, que zelava pelos procedimentos funerários e julgava o destino dos mortos. Na Mesoamérica, os maias e os astecas veneravam deuses dos grãos, responsáveis pelo processo de fertilização e colheita. O caule e as espigas de milho eram usados como ícones de deuses da fertilidade na casa de camponeses astecas; muitas vezes, guerreiros carregavam grãos de milho como amuleto.

Povos nativos do sudoeste norte-americano classificam o milho como um dos "três irmãos", junto aos feijões e à abobrinha. Como símbolo de fecundidade, muitos carregavam o pólen do milho numa bolsinha para atrair a fertilidade e fazer oferendas aos espíritos.

MANÁ
Quando os israelitas estavam à beira de padecer de fome no Monte Sinai, o maná caiu do céu milagrosamente para alimentá-los. Moisés disse que era o pão do céu: tinha a "forma e a cor da semente de coentro, branca; e gosto de pão de mel" (Êxodo 16:31). O termo foi universalmente adotado como sinônimo de ingrediente surpresa.

BOLINHOS LUNARES
Os chineses comem bolinhos da lua para celebrar o festival de outono. Os doces redondos são feitos com pasta de semente de lótus e gemas de ovos de pato e os chineses os saboreiam enquanto observam a Lua.

CABAÇA
Um dos Oito Imortais do taoismo possui uma cabaça como símbolo. A associação do fruto à longevidade é representada por uma fumaça que sai de dentro da cabaça, símbolo do espírito se libertando do corpo.

COGUMELO
O cogumelo é ligado à imortalidade na tradição taoísta e aparece junto à Rainha Mãe do Ocidente em representações dessa deusa (*p. 51*). A característica alucinógena de algumas espécies vinculou o cogumelo ao mistério e à revitalização.

PESSACH
O jantar de Pessach (passagem), ou Páscoa judaica, comemora a fuga dos israelitas do Egito depois da última praga (quando o anjo da morte "passou" pela casa dos judeus sem matar os primogênitos). Os ingredientes do jantar representam os elementos da fuga: o cordeiro simboliza o sangue desse animal, sacrificado; o pão sem fermento (matzá) representa a pressa em sair do Egito e a jornada de 40 anos no deserto sem esse ingrediente; os ovos exprimem a promessa de um novo começo; e as ervas amargas simbolizam o sofrimento no Egito. No cristianismo, Cristo é representado como o Cordeiro de Deus que derramou seu sangue na Páscoa.

TOMATE
Povos nativos do México acreditavam que o tomate – fruto procedente das Américas – possuía várias qualidades sobrenaturais: aquele que visse alguém comer sementes de tomate era agraciado com o dom da vidência. Os povos do leste da região fizeram uma releitura dessa crença e associaram o tomate à feitiçaria. O fruto foi levado para a Europa revolucionária, em particular a França, onde sua cor foi relacionada ao sangue das lutas e ele tornou-se um fruto popular entre os republicanos.

A ÚLTIMA CEIA

A última ceia celebrada por Cristo e seus discípulos antes da crucificação representa a substituição dos antigos valores judaicos pelos novos ensinamentos de Jesus. Segundo as próprias palavras de Cristo, o vinho e o pão consumidos durante essa refeição simbolizavam, respectivamente, seu sangue e seu corpo. Jesus pediu que, a partir de então, o ritual fosse difundido e praticado entre os seguidores da fé cristã como recebimento do novo espírito e da vida eterna — origem da eucaristia e do dia de graças, em que os fiéis agradecem a Deus por ter sacrificado seu filho. Nos primórdios da Igreja, esse ritual também incluía peixe, alimento associado à eternidade de Cristo. Pintores da Renascença representavam a última ceia como um ritual sacramental, em que Jesus derramava vinho num cálice e abençoava um filão de pão como faziam os sacerdotes cristãos. João sempre era representado inclinado sobre Jesus (como neste afresco de 1460).

MEL
O aspecto dourado e a doçura do mel, fonte de inspiração para artistas, poetas e profetas, conferem a esse alimento um caráter divino, capaz de estimular palavras eloquentes de sabedoria.

ABÓBORA
A abóbora representa imprudência e descuido. Na festa de Halloween, época de caos espiritual, as abóboras são esculpidas como se fossem caveiras com expressões demoníacas.

MELANCIA
Apesar de ter origem africana, a melancia (*à direita*) começou a ser cultivada no leste da Ásia já no século XII. Por volta dos séculos XVI e XVII, a fruta chegou à Inglaterra. No Sudeste Asiático, a melancia simboliza a fertilidade por causa de suas numerosas sementes. Representações dessa fruta são comuns na arte mexicana do Dia dos Mortos.

VINHO

O vinho remete à transformação positiva devido ao processo de fabricação da bebida, que transforma a uva em estado natural num líquido potente e saboroso. Simboliza o poder da natureza, a fertilidade e a ressurreição. Pelo poder de desinibir, o vinho também é associado à revelação da verdade, em especial nos mentirosos. Em sua obra *História Natural*, Plínio, o Velho, escreveu *"in vino veritas"* – "no vinho está a verdade". No islã, o vinho representa a promessa do paraíso.

SOMA

Para os hindus, o soma é uma mistura alcoólica que simboliza o vigor de Deus e confere poder divino. O soma é identificado com a Lua, cuja vitalidade é renovada a cada mês pelo Sol. A força da bebida é representada na arte hindu por uma águia ou um touro.

ELIXIR DA VIDA

Os alquimistas medievais acreditavam que um pó ou fluido mágico, conhecido como "elixir da vida", podia trazer o dom da imortalidade a quem o tomasse. Os chineses ingeriam algumas substâncias que hoje se sabe serem tóxicas, como mercúrio e ácido sulfúrico, na esperança de ganhar longevidade. O "elixir da vida" também era um termo usado para designar a "pedra filosofal", o meio que transformaria os metais inferiores em ouro. Em realidade, o processo alquímico tornou-se metáfora para a jornada espiritual à iluminação. Na arte tibetana budista (*à esquerda*), os deuses, santos e mestres são representados com um vaso que contém o elixir da imortalidade.

CALDEIRÃO DO OUTRO MUNDO

A ideia de um caldeirão onde se fabricam poções mágicas é muito difundida na mitologia. Na tradição celta, os caldeirões eram considerados cornucópias inesgotáveis que tinham o poder de revitalizar guerreiros feridos. O deus irlandês Dagda deu um passo a mais e recobrou a vida num caldeirão que nunca se esvaziava. As poções das bruxas eram misturadas em caldeirões para produzir feitiços.

HIDROMEL

Na mitologia celta, o hidromel era o néctar dos deuses imortais. Era tomado no principal festival celta, do qual participavam os sacerdotes, representantes dos deuses na Terra. O hidromel é mel fermentado e, em algumas culturas, sua doçura é associada à verdade.

BACANAL

Na Grécia e na Roma antigas, as festas orgiásticas regadas a bebida eram realizadas em homenagem ao deus Dioniso (Grécia) ou Baco (Roma). Os bacanais envolviam rituais com vinho sagrado, símbolo da união e êxtase entre o celebrante e a deidade. O culto místico prometia uma vida pós-morte de perpétuo prazer aos iniciados.

símbolos de ofício

As pessoas dotadas de habilidades particulares ou de responsabilidades especiais podem ser, em geral, identificadas por suas roupas ou pelas ferramentas de trabalho, embora antigamente esses aspectos fossem muito mais marcados que hoje, sobretudo na Europa. Na Inglaterra, por exemplo, os físicos eram reconhecidos por suas bengalas com o topo prateado, enquanto os eruditos usavam chapéu negro e bata comprida, também negra, quando circulavam em público.

Os membros da elite – juízes, nobres, guerreiros, sacerdotes, poetas, membros de guildas e outros trabalhadores – vestiam-se de forma distintiva e usavam acessórios para marcar suas ocupações e seu *status* na hierarquia social. No mundo moderno, roupas e parafernálias específicas estão cada vez mais restritas a cerimônias e festivais, como as vestes especiais dos clérigos das Igrejas Romana, da Ortodoxa, da Anglicana e de outras tradições cristãs. Quando em público, os sacerdotes usam uma espécie de "coleira" com roupas normais e o papa se veste de branco para marcar seu papel de chefe da Igreja Católica Romana: a cor é associada à retitude moral divina.

As sociedades privadas, como a dos maçons e outros grupos especiais, também possuem seus próprios códigos simbólicos para delimitar a identidade grupal e a separação em relação ao mundo exterior.

CETRO
O cetro, similar ao bastão de batalha, simboliza a autoridade suprema. Na Grécia Antiga, os únicos que podiam pronunciar um julgamento eram os detentores do cetro. Em muitas civilizações, o cetro denotava punição cruel e era adornado com emblemas de águias ou dos deuses do trovão e da destruição. Os reis cristãos carregavam cetros dourados com uma cruz no topo e, nas cerimônias de coroação, seguravam o objeto com a mão direita (a mão que controla o poder).

ORBE
O orbe, literalmente "mundo" (do latim *"orbis"*), é uma esfera dourada com uma cruz no topo, símbolo da soberania de Cristo sobre o universo e, por extensão, da legitimidade do rei que governa em seu nome. Na Grã-Bretanha, o orbe designa o monarca como "Defensor da Fé", título dado pelo papa a Henrique VIII (que depois negou a autoridade papal) e usado para todos os reis a partir de então. O orbe era mantido na mão esquerda (mão da paz) durante as coroações.

BÁCULO
O báculo é um bastão alto, algo como um cajado mais elaborado, que simboliza o papel pastoral dos bispos, supervisores do rebanho de fiéis, como se fossem sucessores diretos dos apóstolos de Cristo – por sua vez, o pastor de Deus na Terra. Esse objeto também simboliza a função disciplinar dos bispos como líderes de uma diocese (região episcopal), onde deve zelar para que "carneiros errantes" não saiam da circunscrição da ortodoxia. A ponta semicircular representa a bênção de Deus derramada sobre o rebanho por meio do báculo do pastor, o bispo.

COROA

A coroa é o emblema supremo da autoridade real. No mundo clássico, as coroas ou diademas simbolizavam o poder celestial atribuído pelos deuses. Ao contrário das coroas europeias posteriores, as gregas e romanas eram mais singelas — por exemplo, de folhas de **CARVALHO** (sagradas para **ZEUS/JÚPITER**) ou de **LOURO** (sagradas para **APOLO**). O imperador romano vestia uma coroa de **ROSAS** para denotar triunfo, considerada uma bênção do **DEUS SOL** — a **COROA DE ESPINHOS** de Cristo, "rei dos judeus", era uma paródia a esse ato romano.

A forma "típica" da coroa, espécie de cilindro de metal com a parte superior dentada, deriva de versões europeias mais antigas e estilizadas das coroas romanas de louro. Na alta Idade Média, as coroas tornaram-se símbolo de grandiosidade: eram feitas com pedras e metais preciosos para indicar o *status* de seu portador e, muitas vezes, arrematadas com uma **CRUZ** na ponta superior para lembrar o domínio universal de Cristo, em nome de quem o monarca governava. Nos reinados modernos, a coroa figura como emblema oficial do Estado. Na Europa, os reis britânicos são os últimos praticantes de rituais formais de coroação.

Os imperadores chineses vestiam adereços de cabeça decorados com dragões imperiais dourados **(LONG)** e **PÉROLAS** para denotar sabedoria. A imperatriz vestia adorno similar com seu símbolo, o fabuloso **FÊNIX** chinês, ou **FENG**.

AMPOLA E COLHER DA COROAÇÃO

A ampola é o frasco que contém óleo sagrado ou unguento, usado para ungir soberanos numa cerimônia de origem bíblica praticada pelos reis israelitas (I Samuel 10:1). O ato afirma simbolicamente a bênção de Deus e da Igreja sobre o novo monarca.

TRONO DE SALOMÃO

Como assento do rei, o trono é símbolo de autoridade quase divina. Um dos tronos mais elaborados era o do rei Salomão (I Reis 10:18-20), que serviu de inspiração para os tronos subsequentes do mundo judaico-cristão, associados ao poder e à sabedoria do monarca. A moldura de marfim representava a incorruptibilidade e era adornada com ouro solar em alusão à sabedoria divina. Dois leões, símbolo de poder, denotavam Israel e Judá, as duas províncias do reino de Salomão. No topo dos seis degraus que levavam ao trono, havia outros doze leões – as doze tribos de Israel.

ANEL E BRACELETE

A forma de círculo confere ao anel os sentidos de eternidade, continuidade e voto inquebrável. O objeto era usado para indicar um ofício sagrado. O rei colocava um anel durante a coroação para aludir a seu "casamento" com o reino e o povo. As freiras usam um anel para simbolizar a "união sagrada" com Cristo. O papa usa o "anel do pescador" como o supervisor apostólico que zela pelos fiéis, ou *pisciculi* ("peixinhos", em latim), em nome de Cristo. O bracelete também remete à eternidade: o faraó egípcio, por exemplo, usava uma pulseira adornada com um escaravelho para indicar a vida após a morte.

BASTÃO

O bastão oficial deriva do cajado ou do bastão simples, a arma mais básica, mas também suporte dos peregrinos. Como antigo símbolo do poder mágico e divino, pode representar a potência do falo ou o dedo indicador em atitude de acusação. Membros da realeza e parlamentares ingleses são conhecidos pelos bastões que usam nas cerimônias. Na abertura anual do parlamento, o cavalheiro de negro, com bastão da mesma cor, bate na porta da Câmara dos Comuns para chamar os parlamentares ao encontro da rainha. O primeiro pedido é recusado, ato simbólico de rejeição à autocracia.

INSÍGNIAS MILITARES

O exército romano foi o primeiro do ocidente a ter uma hierarquia de oficiais, com **LISTRAS** em suas vestes para denotar a posição. As patentes militares modernas foram criadas no século XVIII, época em que os soldados e oficiais começaram a usar insígnias para indicar o *status*. Nos exércitos, os oficiais não comissionados (soldados, cabos e sargentos) são designados respectivamente por uma, duas ou três **PATENTES** costuradas na manga (*à esquerda*), enquanto os oficiais comissionados (de segundo tenente em diante) geralmente usam insígnias na ombreira com várias combinações de **BARRAS**, **ESTRELAS**, **PONTOS** e, em monarquias, **COROAS**. Os generais vestem insígnias adicionais e o marechal (ou almirante) usa um **BASTÃO** cerimonial.

As marinhas do mundo todo possuem sistemas similares aos do exército, exceto pelo fato de carregarem as insígnias nas mangas. Para os oficiais, esses emblemas consistem quase sempre em **TIRAS DOURADAS**, enquanto o do almirante é uma **ÂNCORA** e sua **CORDA**, ou uma ou mais estrelas, que simbolizam as habilidades de navegação. As aeronáuticas em geral seguem o mesmo sistema.

SELO PRESIDENCIAL

Criado pelo presidente Rutherford B. Hayes em 1880 como emblema pessoal do presidente dos Estados Unidos, este selo adorna o teto e o tapete do Salão Oval, a bandeira presidencial, os documentos da Casa Branca, os meios de transporte presidenciais e até a louça utilizada em jantares oficiais. O selo é uma versão do Grande Selo dos Estados Unidos, cujo elemento principal é uma águia-calva com um ramo de oliveira em uma das garras e flechas de guerra ou desafio na outra, circunscrita por cinquenta estrelas – uma para cada estado americano.

TIARA PAPAL

Até o ano de 1963, os papas foram coroados com uma tiara cônica tripla da Idade Média, agora guardada como parte do tesouro da Santa Sé, no Vaticano. É formada por três coroas sobrepostas e uma cruz no topo, e interpretada como símbolo dos três domínios do papa como bispo de Roma, líder espiritual da Igreja e governante dos Estados da Igreja (hoje confinados na cidade do Vaticano). Também é considerada representação da Trindade e das três principais virtudes cristãs: a fé, a esperança e o amor.

ORDEM DA JARRETEIRA

As ordens de cavalaria possuíam seus próprios emblemas. Na Inglaterra, a mais nobre de todas era a Ordem da Jarreteira, instituída em c. 1348 pelo rei Eduardo III. Num baile real, a liga (ou jarreteira) da meia de uma dama escorregou para baixo, gerando deboche entre os homens e constrangimento entre as mulheres. Imediatamente, o rei pegou a jarreteira, silenciou a balbúrdia e proferiu, em francês: *"Honi soit qui mal y pense"* – "Envergonhe-se quem nisto vê malícia", frase que figura na insígnia da ordem.

QUADRADO MANDARIM

No Império Chinês, oficiais usavam insígnias bordadas em suas vestes para indicar a posição na hierarquia. Conhecidos como "quadrados mandarim" *(buzi)*, foram introduzidos em 1391 pelo imperador Hongwu, da dinastia Ming, e usados até 1912. As diferentes posições eram simbolizadas por criaturas auspiciosas: os oficiais civis de posição mais elevada, por exemplo, vestiam o grou (*acima*), animal que representava sabedoria, longevidade e veneração. O oficial militar de mais alta patente vestia o *qilin*, criatura com chifres, símbolo da proteção.

CHAPÉU
Chapéus podem indicar posição social, honra ou vitória: esportistas de uma seleção nacional podem ganhar um boné com as cores ou emblema do time, e ser agraciado com um chapéu pode denotar honra. Modelos mais formais distinguem posições sociais ou hierárquicas. O barrete escarlate dos cardeais é um tipo de gorro, assim como o barrete negro usado por acadêmicos em ocasiões formais. Um gorro especial, com aba de arminho, é usado pelos soberanos britânicos durante a cerimônia de coroação, como sinal de autoridade.

CHAPÉU DE TOLO
Acreditava-se que o chapéu cônico e pontudo estimulava o poder do pensamento. Durante a Reforma, era sinônimo de ideias antiquadas. Mais tarde, tornou-se símbolo de estupidez: era usado em escolas para ridicularizar alunos tidos como pouco inteligentes.

MITRA
A mitra episcopal é o adereço de cabeça mais formal entre os clérigos; pontudo e aberto no topo, em geral é ricamente adornado e leva uma cruz na ponta. Na arte cristã, São Bernardo pode ser identificado por três mitras no chão – alusão à lenda de que teria negado três vezes a nomeação como bispo.

COROA DO FARAÓ
O faraó usava duas coroas diferentes por ser o "senhor das duas terras", o Alto e o Baixo Egito. A *hedjet*, ou coroa branca, adorno de cabeça símbolo do Alto Egito, e a *deshret*, coroa vermelha do Baixo Egito (*acima*), podiam ser usadas individualmente ou combinadas numa única coroa, a *pschent*, para representar a totalidade do reino.

Para alguns rituais, o faraó vestia a coroa de plumas *atef*, associada ao deus Osíris, ou a azul e dourada *khepresh* ("coroa da guerra"). Ele também usava o *nemes*, um pano para a cabeça com listras azuis e douradas. Toda coroa tinha a uraeus, imagem dourada da cobra deusa, a naja, símbolo de proteção do faraó por espirrar veneno no rosto de seus inimigos.

BARRETE DA LIBERDADE
O barrete frígio foi usado pela primeira vez pelos homens libertos da antiga Frígia, na Ásia Menor. De cor vermelha para aludir ao sacrifício, esse gorro de feltro foi usado na Revolução Francesa como emblema da luta pela liberdade e da queda da tirania. É um atributo de "Marianne", a personificação feminina da revolução.

instrumentos musicais

Os materiais, as formas e os sons dos instrumentos musicais possuem um simbolismo denso e diversificado, formado ao longo de muito tempo – algumas flautas de ossos de animais datam de milhares de anos. Representações de festas em sarcófagos egípcios sugerem que a música continha energia sexual e possuía uma função ritual na passagem para a vida após a morte. Os instrumentos musicais chineses são classificados de acordo com o material de fabricação (madeira, pedra, couro etc.); muitos imitavam sons da natureza e eram associados a ela. Na arte cristã antiga e medieval, os instrumentos simbolizavam fenômenos importantes e atributos humanos; anjos anunciam o juízo final com trompetes e, no céu, serenam os abençoados com arpas e alaúdes; São Paulo comparou um cristão sem amor a um "címbalo que retumba" (I Coríntios 13:1), sugerindo insinceridade. Para pensadores da Renascença, os contornos dos instrumentos de cordas sugeriam as formas do corpo humano.

A associação de instrumentos musicais a valores eternos era recorrente no Oriente. Budistas tibetanos usavam um pequeno sino de mão para denotar a limpidez da iluminação suprema na ausência de todas as coisas.

PANDEIRO
Instrumento de percussão associado à alegria, o pandeiro era usado em rituais e celebrações associados à felicidade. Na Bíblia, as procissões triunfais – comuns depois das batalhas vitoriosas – eram lideradas por mulheres com pandeiro. O instrumento também aparece em representações egípcias de festins e rituais ligados à vida após a morte.

SISTRO
O sistro, similar ao chocalho, era associado a Hathor, a maternal deusa egípcia do amor, da música e da dança; era tocado em rituais para estimular a alegria. Quando o culto a Hathor foi substituído pelo de Ísis, o instrumento tornou-se também atributo dessa deusa. No antigo Israel, soava-se o sistro para acompanhar danças.

GAITA DE FOLES
A gaita de foles é um instrumento popular em muitos lugares. Nas margens de manuscritos medievais, figuras de camponeses grotescos tocando gaitas de foles simbolizavam a rusticidade rural, em comparação com a vida nos mosteiros, cidades e palácios. Hoje, o instrumento simboliza autodeterminação nacional, sobretudo entre os escoceses.

FLAUTAS
O pífano ou o flautim – tipos de flauta pequena – acompanhavam os tambores de guerra e tinham notas altas e agudas para serem escutadas no clamor da batalha. O deus hindu Krishna é, pela tradição, um mestre da flauta e sempre aparece tocando para mulheres leiteiras (*gopis*), inclusive sua amada, Radha (*acima*). Na ópera de Mozart *A flauta mágica*, o instrumento carrega simbolismos rituais maçônicos.

HARPA E LIRA

A lira e sua parente, a harpa, estão entre os mais antigos dos instrumentos — a lira já figurava num relevo sumério de c. 2500 a.C. — e inúmeras lendas atestam seu poder. De acordo com a mitologia grega, a lira foi inventada por Hermes (Mercúrio), que esticou cordas no casco de uma tartaruga. Contudo, Mercúrio foi forçado a entregar seu instrumento como castigo por roubar o gado de Apolo (*à direita*), deus que figura na mitologia clássica como símbolo da música e da inspiração artística com a lira inventada por Mercúrio. Apolo era líder de nove musas, de onde deriva a palavra "música". A lira foi desenhada para acompanhar canções e seu maior expoente na mitologia clássica era Orfeu, que com sua música convenceu Hades a libertar Eurídice, esposa do músico, presa no mundo inferior. Cristo muitas vezes figurava como Orfeu e sua lira, rodeado por criaturas (seus seguidores) seduzidas por suas canções (mensagens divinas).

FLAUTA DE PÃ

As flautas de Pã (ou siringes) eram tocadas por pastores na mitologia grega. Esse instrumento – cujo nome tem origem no deus da natureza, Pã – era associado ao vício e à astúcia. Pã ensinou Dáfnis, o criador da poesia bucólica, a seduzir a ninfa Cloé com a flauta de Pã. O instrumento também figurava no imaginário bucólico da arte renascentista: muitas pinturas da época representavam pastores tocando essa flauta ao menino Jesus. Um instrumento similar faz parte da cultura popular dos povos andinos da América do Sul.

TROMPETE

A função tradicional do trompete era recepcionar ou proclamar a presença da realeza e soar o começo da batalha, notadamente em combates entre cavaleiros. No contexto religioso, era associado à providência divina, à vitória e à salvação. No Velho Testamento, trompetes anunciavam a presença de Deus, enquanto na conquista israelita de Canaã esse instrumento marcou a aprovação divina da queda de Jericó (Josué 6). O som do trompete divino ou angelical anunciará o juízo final. Pintores da Renascença caracterizaram o trompete como atributo de mensageiros (*à direita*).

CÍMBALO

O címbalo era usado em antigas cerimônias judaicas para acompanhar os cantos do salmista, e simbolizava o triunfo. Na Igreja cristã, por outro lado, era proibido por ser associado ao inferno. Também é usado em rituais de budistas tibetanos, mas em formato pequeno, para os dedos (*tingsha*).

ÓRGÃO

Considerado "rei dos instrumentos", o órgão é amplamente usado em igrejas e seu som remete à majestade divina. J. S. Bach (1685-1750) incorporou muitos elementos do simbolismo cristão em suas composições para órgão, como em "St. Anne", por exemplo, em que três fugas denotam as três entidades da Santíssima Trindade.

VIOLINO

A semelhança entre as formas curvas do violino e do corpo da mulher é a origem da associação desse instrumento ao feminino.

MUSAS

Na mitologia grega, musas eram ninfas divinas, seguidoras de Apolo e fonte da inspiração criativa. Na arte, muitas vezes figuravam com seus instrumentos: Euterpe (musa da música e da poesia lírica) tocava flauta dupla e trompete; Tália (comédia e poesia pastoral), violino; Melpômene (tragédia), trompa; Terpsícore (canto e dança), lira, harpa ou violino; Erato (lírica e poesia de amor), pandeiro, lira ou triângulo; Calíope (poesia épica), trompete; e Polímnia (hinos heroicos), órgão portátil ou alaúde.

TAMBOR

Instrumento antigo, o tambor é muito usado em rituais. Para os nativos americanos, simboliza o cosmo: o arco redondo dos céus e a inseparável unidade de passado, presente e futuro. Suas batidas remetem à pulsação humana e aos ritmos eternos da natureza. O tambor marca o tempo da batalha ou o ritmo lento da procissão de um funeral. Na arte ocidental, é comum a imagem de Satã tocando um tambor.

CHOFAR

O chofar, ou chifre de carneiro, era usado para convocar os israelitas para guerras ou cerimônias religiosas; foi tocado quando "Israel transportava a Arca da Aliança" (I Crônicas 15:28). É usado em sinagogas para anunciar festivais.

Edifícios

As edificações formam um braço importante do simbolismo – desde a ideia medieval de Deus como "arquiteto do cosmo" até os atuais "arranha-céus". Poucos tipos de edifício carregam um simbolismo tão profundo como os dedicados à adoração divina. Prédios sagrados e templos de várias tradições espalhados pelo mundo foram desenhados para evocar o poder cósmico. Os egípcios construíram pirâmides e obeliscos para refletir a luz perfeita do deus sol, enquanto no leste da Ásia budistas erigiram pagodes (*à esquerda*) com diferentes níveis para simbolizar a ascensão espiritual. O antigo tabernáculo judeu foi o precursor do templo judaico, da sinagoga e da igreja cristã, e representava a casa de Deus na Terra. Como outros santuários, o tabernáculo possuía dimensões geométricas precisas que refletiam a progressão espiritual, ou seja, a travessia iniciada no mundo exterior, com a passagem por espaços velados, até o altar mais sagrado, ou o ponto mais profundo da alma em que se encontra o "divino dos divinos".

As construções ocupam um lugar central no simbolismo da maçonaria. O principal emblema de identificação da sociedade maçônica é a pirâmide com o topo achatado, alusão à incompletude da ascensão espiritual humana (*pp. 158-9*). Na psicologia, casas, quartos e outros ambientes simbolizam estados da mente. Nos sonhos, de acordo com Jung, a casa representa o ego, e qualquer sentimento de desconforto em relação à casa, como relutância em entrar em certos ambientes, sugere emoções reprimidas na vida consciente.

PONTE
A ponte indica passagem de um estado a outro, por isso muitas viagens de iniciação empreendidas por sociedades secretas chinesas incluíam o cruzamento de várias pontes. No islã, as dificuldades de ascender à vida sagrada após a morte são representadas pela Ponte do Paraíso, tão fina quanto um fio de cabelo. O papa é o *"pontifex maximus"*, título originalmente atribuído a monarcas romanos cujo significado é "o maior construtor de pontes", em alusão ao papel do imperador como intermediário entre os deuses e a humanidade.

PORTA
Tanto simbólica como literalmente, a porta é o limite entre o mundo exterior e o interior sagrado. Cristo é descrito como "a porta" para a salvação (João 10:9). A porta também era considerada o símbolo alquímico da transição.

JANELA
As janelas significam receptividade à iluminação e à sabedoria. As redondas podem representar o olho e a consciência, em especial no topo de uma torre, pois aludem à cabeça de uma pessoa.

CÚPULA

Símbolo universal da abóboda celeste. As mesquitas possuem cúpulas porque o profeta Maomé descreveu a visão celestial de um domo de madrepérola e quatro pilares. Os primeiros estupas budistas, monumentos sagrados a Buda e a outras entidades importantes, tinham uma cúpula no topo e a base quadrada, alusão à Terra e aos céus (domo).

ESCADARIA

Se as escadas levam a um plano elevado, significam a ascensão da alma à sabedoria divina; se descem, remetem às profundezas do inconsciente e ao reino do oculto. A escadaria em espiral representa a dependência de uma pessoa por um princípio eterno – como Deus ou o amor –, simbolizado pelo pilar central (**ESCADA**, *p. 136*).

PILAR

Estruturas de suporte essenciais, os pilares ou colunas aludem à estabilidade e à força. Por extensão, se associam à manutenção da ordem estabelecida – daí a expressão "pilar da sociedade". Os obeliscos egípcios (*à direita*) glorificam o deus sol Rá e o faraó, o "filho de Rá". As colunas da vitória dos imperadores romanos remetiam a um simbolismo óbvio (e fálico) de poder masculino. "Pilares de Hércules" era o nome clássico dado ao estreito de Gibraltar, no mar Mediterrâneo.

TORRE

A torre é um símbolo comum da loucura das aspirações humanas, notadamente na história bíblica da Torre de Babel (no Gênesis) – construção cujo projeto de alcançar os céus e Deus fracassou. As torres também são símbolos de vigilância, em particular no sentido religioso de alertar para o apocalipse ou para a iminência do juízo final. No simbolismo psicanalítico, a torre representa o falo ereto: o herói que salva a donzela da torre é visto como metáfora da maturidade sexual.

A CASA DE DEUS

As **BASÍLICAS** romanas seculares — salões públicos retangulares enormes — foram o modelo para as primeiras igrejas. O salão principal tornou-se a **NAVE** (do latim, *"navis"*, navio), símbolo da igreja como "embarcação" das almas salvas; o fundo do salão, onde sentavam os juízes romanos, tornou-se o **SANTUÁRIO** (abside e presbitério). Nessa parte, está o **ALTAR**, símbolo da presença de Deus e, na catedral, o **TRONO** do bispo (*cathedra*). A planta básica dessas construções possui forma de **CRUZ**, com duas áreas chamadas **TRANSEPTOS**, projetadas a partir da nave. A **CÚPULA** bem acima do ponto de cruzamento simboliza a abóboda **CELESTE**. A nave principal era literalmente "orientada" para o nascer do **SOL**, o **LESTE**, como símbolo da ressurreição. O mobiliário da igreja é carregado de simbolismo: o atril, por exemplo, sempre tem uma **ÁGUIA**, símbolo de São João e seu evangelho.

MONTANHA DIVINA

As torres cônicas de alguns templos hindus representam as casas dos deuses e montanhas cósmicas, como o Monte Kailash ou Meru, residência de Shiva e centro do mundo.

KIVA

De forma circular ou oval, a *kiva* é um espaço sagrado, parcialmente subterrâneo, dos povos hopi e pueblo. Possui um lugar clausurado para simbolizar onde os primeiros homens emergiram do mundo inferior.

MIHRAB

Um dos espaços mais importantes da mesquita, o *mihrab* ou recôndito da prece, é um nicho em forma de abside na parede. Sua função é indicar o *qibla*, a direção de Meca, para onde os fiéis devem se orientar fisicamente ao rezar.

KUMBUM

O Templo de Kumbum, localizado no mosteiro de Gyantsé, Tibete, data do século XV e possui a forma de uma mandala – diagrama cósmico sagrado – tridimensional. Foi construído como uma pirâmide escalonada cujo pináculo é cônico, símbolo do processo espiritual que começa na Terra, passa pelo mundo espiritual e culmina na iluminação.

NOVA JERUSALÉM

O Novo Testamento professa a descida de uma cidade celestial à Terra: "Nova Jerusalém", uma sociedade perfeita sob o governo de Cristo (Apocalipse 21). Por extensão, essa passagem simboliza uma renovação social radical.

MAÇONARIA

A maçonaria (literalmente, "trabalho do pedreiro") é uma sociedade masculina, com "ateliês" ou "lojas" espalhadas pelo mundo todo. Suas atividades – sem recorrer às populares teorias da conspiração – giram em torno da crença numa Deidade, da solidariedade entre os membros, da probidade na vida profissional e privada e de obras de caridade. Ela se originou das guildas medievais de pedreiros que criaram os edifícios mais importantes da época: as catedrais. Os maçons profissionais se viam como "trabalhadores de Deus" e descendentes de Hiram, rei de Tiro, considerado mestre e construtor do Templo de Salomão em Jerusalém (I Reis 6:8).

As raízes mais recentes da maçonaria estão na Grã-Bretanha do século XVII. Não se sabe ao certo se estava relacionada às guildas de pedreiros, mas de qualquer forma logo foi aberta a outros profissionais. Na maçonaria, assim como na alquimia, o verdadeiro trabalho não é físico, e sim espiritual: transformar a pedra bruta da alma em blocos de pedra polida para construir em si mesmo o templo perfeito do espírito, assim como os maçons da Antiguidade construíram o Templo do Senhor. Construir esse templo é a metáfora central da maçonaria. Ferramentas para o trabalho da pedra, como esquadro e compasso, são símbolos importantes da sociedade (*acima e p. 159*). Os maçons percorrem três estágios do ingresso como aprendiz até o estatuto de mestre. As iniciações de cada etapa são realizadas em rituais simbólicos, cujos detalhes são mantidos em segredo tanto do mundo externo quanto dos membros dos estágios inferiores.

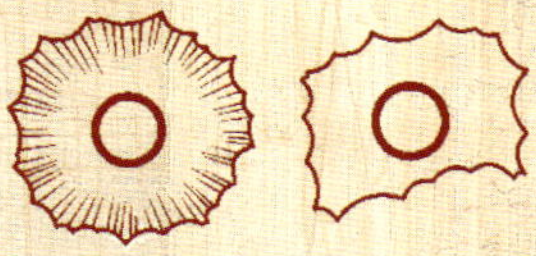

SOL E LUA Como o piso de mosaico branco e preto, o sol e a lua representam as dualidades cósmicas: claro e escuro, positivo e negativo. Os ciclos solares e lunares também são importantes para a maçonaria.

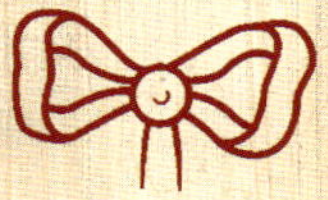

NÓ INFINITO Símbolo da eternidade e do eterno Criador, também representa o enlace e a união da irmandade dos maçons.

MARTELO E ESPÁTULA O martelo e a espátula são ferramentas básicas para transformar a pedra bruta da alma no bloco polido que pode fazer parte do Novo Templo.

A MAÇONARIA E SEUS FUNDADORES

A primeira loja maçônica das Américas foi fundada em 1733, nos Estados Unidos. George Washington era maçom, assim como Benjamin Franklin — aspecto que gerou muitas especulações sobre a extensão da maçonaria e a sua influência na fundação dos Estados Unidos. Alguns símbolos adotados por novos republicanos eram muito familiares aos maçons, o que sugere a incorporação de símbolos maçônicos de irmandade e de união adaptados às aspirações dos fundadores do país. Essa relação aparece explícita até mesmo no **GRANDE SELO DOS ESTADOS UNIDOS** (*à direita*), no qual figura a **PIRÂMIDE INACABADA** "coroada" pelo poderoso **OLHO DA PROVIDÊNCIA** (*p. 159*). Na maçonaria, a pirâmide (*à esquerda*) denota o esforço dedicado à construção do espírito perfeito e da cidade **NOVA JERUSALÉM**, a nova sociedade ideal, conceito presente no lema do selo: *novus ordo seclorum*, ou "a ordem da nova era".

ABETA A abeta triangular deste avental de um francês do século XIX indica que quem o usava era um mestre maçom.

COLMEIA Como o próprio avental, a colmeia e o enxame de abelhas são emblemas do ideal maçônico "trabalho e progresso".

OLHO DA PROVIDÊNCIA Também chamado de olho de Deus, está no meio do triângulo e representa a Santíssima Trindade, a iluminação e o conhecimento divinos.

ESPADA E RÉGUA A espada representa a verdade e a régua, a medida precisa. Entre as outras ferramentas da imagem estão o triângulo e o gabarito.

ESQUADRO E COMPASSO Estes dois símbolos aludem à vida vivida corretamente com a ajuda do discernimento e do juízo. Diz-se dos maçons que eles se encontram entre o compasso e o esquadro, o que implica agir honradamente.

DUAS COLUNAS Dois pilares de bronze, chamados Boaz e Jaquim, sustentavam o pórtico do Templo de Salomão. São vistos como o princípio feminino e masculino.

SETE DEGRAUS Número místico da ascensão espiritual. Os degraus superiores denotam os estágios de aprendiz, companheiro maçom e mestre.

O TEMPLO Uma das ideias centrais da maçonaria é a construção do Novo Templo, o cerne de Nova Jerusalém, a sociedade perfeita, justa e harmônica a ser criada.

MITOS

OS MITOS SÃO HISTÓRIAS SIMBÓLICAS QUE BUSCAM EXPLICAR O UNIVERSO E A CONDIÇÃO HUMANA, TAIS COMO A ORIGEM DO COSMO, DO NASCIMENTO E DA MORTE, DO CIÚME E DA TRAIÇÃO. EM GERAL ELABORADAS NA ANTIGUIDADE, ESSAS PODEROSAS NARRATIVAS SÃO FONTES IMPORTANTES DE SIMBOLISMOS.

a criação

O mistério sobre a criação do universo é central nas mitologias. Águas primordiais ou vazios escuros que concentravam todo o potencial da existência são temas recorrentes, enquanto as forças elementares da natureza eram personificadas em gigantes cósmicos.

DUALIDADE

Em muitos mitos da criação, o tempo começa quando a unidade inicial se divide em dois por um processo ordenador emergido do caos: masculino/feminino, luz/trevas, céu/Terra etc. Na mitologia maori, o primeiro ser se divide no céu masculino (Rangi) e na Terra feminina (Papa) *(acima)*.

CICLOS CÓSMICOS

A energia primordial, de força incontrolável, cria e destrói ao mesmo tempo. A partir desse princípio há a ideia de que o universo é regido por uma natureza cíclica: mundos são constantemente criados e recriados. Para budistas tibetanos esse ciclo infinito é a Roda da Vida (*acima*).

SERPENTE CÓSMICA

A serpente era andrógina para muitas culturas antigas e, por isso, um emblema comum da deidade autocriadora. Também representa o oceano primordial de onde surgiu o universo e para onde tudo retornará. É a natureza em seu estado mais bruto, o espírito animado gerador do poder vital da Terra. Da serpente cósmica emana toda a procriação e fertilidade, enquanto a serpente enrolada simboliza o poder latente. No Egito, a serpente Apep simbolizava o caos primordial; vivia no submundo (*p. 172*) e precisava ser destruída todas as noites para renascer no dia seguinte (*p. 83*).

REMEXER O OCEANO
A mitologia hindu descreve como os deuses e semideuses tiraram uma montanha sagrada (Mandara) do mar, enrolaram a serpente cósmica Vasuki ao seu redor e puxaram o animal pelas extremidades para a montanha girar como um pião, remexendo as águas do oceano primordial. Dessa agitação surgiu o Sol, a Lua, outros elementos do cosmo e, finalmente, o elixir da imortalidade.

OVO CÓSMICO

No Extremo Oriente, no Egito, na Índia, na China e na Oceania, a criação era concebida como um **OVO CÓSMICO** forjado a partir de um vazio amorfo. Ao quebrar-se ele liberou toda a força criadora do mundo. Algumas interpretações dizem que o ovo foi fecundado por uma **SERPENTE**, outras sustentam que um **PÁSSARO GIGANTE** pôs o ovo no **OCEANO PRIMORDIAL**. Ambas as versões aparecem no mito egípcio do deus **AMUN**. Na primeira, um deus em forma de serpente foi o primeiro ser a habitar as águas primordiais, onde fertilizou o ovo cósmico; na outra, Amun transformou-se em **GANSO** para pôr o ovo. Para o povo Dogon, do Mali, a vibração criada pelo deus **AMMA** quebrou o ovo e libertou as divindades ordem e caos. Na mitologia chinesa, o ovo continha o deus **PAN KU**, criador de tudo (*acima, à direita*).

GÊNESIS

Na Bíblia, a criação não é o resultado do caos divino, e sim um processo ordenado que levou seis dias. No primeiro dia, Deus separou a luz da escuridão; no segundo, diferenciou as águas do firmamento (céu). Os quatro dias seguintes de criação foram coroados com o surgimento da humanidade. A narrativa parece ter sido inspirada em tradições mitológicas antigas do Oriente Médio e é menos uma explicação literal do surgimento do universo que a glorificação da majestade e da grandeza de Deus.

PAN KU

Na mitologia chinesa, o ancestral divino de todas as coisas era Pan Ku, um gigante divino que cresceu durante dezoito mil anos dentro do ovo cósmico antes de eclodir e partir o ovo em duas partes: a luz (*yang*), representante do céu; e a escuridão (*yin*), representante da Terra. Depois de outros dezoito mil anos, Pan Ku deitou e morreu. As partes do seu corpo deram origem às paisagens celeste e terrena: os olhos formaram o Sol e a Lua; seu cabelo e sua barba, as estrelas; a respiração, o vento e as nuvens; e sua voz, os trovões.

NUN

De acordo com as narrativas da mitologia egípcia, o mundo foi criado quando um monte de terra emergiu de Nun, o corpo de águas abissais do início dos tempos. O monte, de forma piramidal, proporcionou um lugar seguro para o pássaro Benu – manifestação do deus sol – pousar, ato símbolo do nascimento do mundo. O Benu quase sempre figura como uma garça cinza (*acima*).

DRAGÃO DAS ÁGUAS

A representação da batalha primordial no mito épico da Antiguidade babilônica influenciou muito o antigo Oriente Médio. As águas primordiais da sabedoria e as forças cegas do caos se personificaram no dragão feminino Tiamat. Marduk, campeão dos deuses, derrotou Tiamat e partiu seu corpo em dois: uma parte transformou-se no céu e a outra, na Terra.

TEMPO DO SONHO

A mitologia australiana aborígene se refere ao período primordial como **TEMPO DO SONHO**, durante o qual heróis ancestrais de forma humana e animal percorreram o território australiano e deixaram rastros em forma de rochas, cavernas, rios e outros acidentes de relevo, além das leis humanas. Contudo, o Tempo do Sonho também representa um estado do ser humano que ainda pode ser acessado por rituais. Os participantes desses ritos acreditam que transformam-se em seus antepassados e usufruem de seus poderes ao recordar eventos primordiais ou frequentar locais ancestrais, como o **ULURU** (*p. 108*). A morte e a mortalidade são explicadas como consequências dos desvios humanos. Os antepassados tiveram a chance da imortalidade, mas também falharam em levar vidas perfeitas.

A GRANDE SERPENTE (*acima*)
O conceito da serpente como força primordial da criação tem grande importância na mitologia dos povos africanos. O povo Fon, do Benin, descreve o poder criativo da deidade bissexual Mawu-Lisa como um fluxo na forma de uma grande serpente, Da Ayido Hwedo. Esse poder, também presente no arco-íris e na água, envolve o planeta como se fosse um grande espiral que mantém a unidade dos elementos terrestres.

YMIR
A mitologia nórdica representa as forças primordiais com um gigante, Ymir. Como nas narrativas chinesa e indiana (com seus gigantes Pan Ku e Purusha, respectivamente), a violência da criação é representada pelo desmembramento desse ser descomunal. Neste caso, o corpo do gigante representa a Terra; o crânio, o céu; e o sangue, o mar.

DUELO DE TITÃS
Batalhas cósmicas com gigantes primordiais são interpretadas como símbolo da luta pela evolução social contra as forças disruptivas da anarquia. Narrativas da mitologia grega contam que os deuses do Olimpo, liderados por Zeus, lutaram contra os gigantes e os titãs para dominar o mundo.

OMETECUHTLI
Para os astecas, Ometecuhtli foi o primeiro ser primordial autoforjado e dual (masculino e feminino). Todos os outros deuses surgiram a partir dele.

PURUSHA
Na tradição hindu, o corpo sacrificado de Purusha, o gigante primordial, é a origem do cosmo, dos deuses e de todas as criaturas. Para os hindus, a realização de sacrifícios rituais – em homenagem ao sacrifício cósmico do gigante – é essencial para a manutenção do universo.

PÁSSAROS MERGULHADORES
Para os povos nativos norte-americanos as primeiras terras foram trazidas das profundezas do oceano primordial por criaturas aquáticas. Na cultura cheienê, a deidade Maheo ("todo espiritual") criou as águas, os pássaros e todas as criaturas aquáticas. Quando os pássaros cansaram de voar, mergulharam em busca de terra. Finalmente, o Mergulhão trouxe à superfície um pedaço de solo, que depositou na mão de Maheo. O solo cresceu e apenas a Tartaruga Avó era capaz de aguentá-lo no casco, onde ele cresceu até tornar-se uma porção de terra firme (*p. 83*).

OCEANOS DE CÉU E TERRA
No mito da criação islâmico, o grande oceano primordial separou-se em águas altas e baixas: o fresco e doce oceano do céu e as águas salgadas e amargas da Terra.

o dilúvio

Dilúvios apocalípticos que varrem a humanidade da terra aparecem em diferentes mitologias. Em geral, figuram como punição divina, porém trazem renovação: independentemente da causa, representam novos começos, uma sociedade transformada e mais sábia, cujo vínculo com os céus é retomado.

O dilúvio mais conhecido é o bíblico, protagonizado por Noé, um homem virtuoso designado por Deus para sobreviver à catástrofe, pois construiria um navio, ou arca, no qual ele e sua família abrigariam um casal de cada espécie de animal para repovoar a Terra. A sobrevivência de apenas um homem, ou um casal, após um dilúvio tem origens na mitologia mesopotâmica (*quadro, p. 165*) e ecoou em outras culturas. Os gregos falavam de um dilúvio provocado pelos deuses ao qual sobreviveram apenas Deucalião e sua mulher, Pirra. Na tradição hindu, o primeiro homem, Manu, sobrevive a um dilúvio após construir uma embarcação. Em geral, o escolhido para sobreviver é semidivino ou, no caso de Noé, homem de grande virtude.

A ARCA DE NOÉ

(à direita) Essa pintura islâmica representa o profeta Nuh (Noé) em sua arca, como descrito no Alcorão. No capítulo 6 do Gênesis, contudo, o barco figura como retangular e lembra a arca cúbica de Utnapishtim, da épica de Gilgamesh (*quadro p. 165*). Como embarcação da proteção divina, simboliza o cosmo.

MANU

Na mitologia hindu, Manu retirou um peixinho dourado da água, mas o animal cresceu muito e Manu devolveu-o ao oceano. Mais tarde, o mesmo peixe, Matsia, voltou para avisá-lo de um dilúvio e o aconselhou a construir um barco para abrigar sementes de todas as coisas. Quando veio a catástrofe, o barco foi protegido por Matsia, que tornou-se avatar do deus Vishnu (*à esquerda*) em situações de perigo à humanidade.

DEUCALIÃO E PIRRA

Na mitologia grega, o titã Prometeu avisou seu filho Deucalião sobre um dilúvio. Ele e sua mulher, Pirra, construíram um barco e sobreviveram. Após a catástrofe, o oráculo de Delfos disse a eles que jogassem para trás os ossos de Gaia, a Terra. Os "ossos" eram pedras: as de Deucalião se transformaram em homens e as de Pirra, em mulheres. Essa recriação da humanidade pelos próprios seres humanos simboliza a autonomia dos homens.

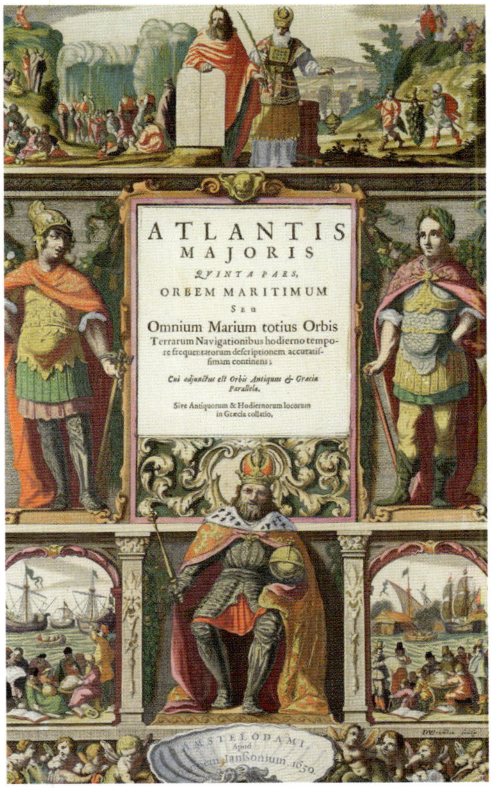

ATLÂNTIDA
O filósofo grego Platão se referia a Atlântida como um reino esplendoroso numa ilha atrás dos Pilares de Hércules (estreito de Gibraltar), que fora destruída subitamente – em um dia e uma noite – pelo oceano. Para Platão, Atlântida era uma metáfora da transitoriedade e da incerteza do mundo em que vivemos. O lugar mítico, cujas origens podem estar na destruição da ilha vulcânica de Tera, no Mediterrâneo, tornou-se símbolo de uma utopia perdida, ou o ideal de uma sociedade altruísta, como *A nova Atlântida*, de Francis Bacon (1627).

O DILÚVIO BABILÔNICO

Os mitos de dilúvio da antiga Mesopotâmia precedem a narrativa bíblica de **NOÉ** e provavelmente refletem as enchentes dos rios Tigre e Eufrates. Em linhas gerais, essas versões antigas são muito similares à da Bíblia, com a diferença principal de que os vários **DEUSES** do dilúvio mesopotâmico transformaram-se em apenas um na história de Noé. Mas elas coincidem na causa e na consequência: Deus decide destruir a humanidade, mas lhe dá uma segunda chance com a salvação de apenas um homem (ou casal) virtuoso. A história suméria de **ZIUSUDRA** é a mais antiga de todas, porém é muito fragmentada. A narrativa de **UTNAPISHTIM**, no **ÉPICO DE GILGAMESH**, é uma das obras literárias conhecidas mais antigas. (c. 2000 a.C.).

A história mais detalhada é a epopeia de **ATRAHASIS**. Os humanos haviam sido criados para servir o céu, mas os deuses não podiam suportar seu barulho. Então, **ENLIL** enviou uma série de calamidades à Terra para destruí-los, das quais a última foi um dilúvio. Porém, o deus **ENKI** (*abaixo, extrema direita*) avisou o piedoso rei Atrahasis com antecedência, que fez um barco para se salvar com a família e vários animais. Os outros deuses não podiam suportar a vida sem o trabalho humano e, após sete dias, decidiram retroceder o dilúvio. Atrahasis, como Noé, fez um sacrifício e **ENLIL** aceitou não destruir a humanidade, apenas reduzi-la. Como recompensa por sua piedade, Atrahasis tornou-se imortal junto aos deuses.

CINCO SÓIS
(*acima*) A cosmologia asteca reconhecia cinco sóis como as cinco eras sucessivas. Confrontações entre os deuses levaram a batalhas cósmicas e à destruição de cada era, com o estabelecimento da seguinte. A era atual, o quinto sol, surgiu quando um grande dilúvio transformou as pessoas da quarta era em peixes.

CRIANÇAS NA CABAÇA
De acordo com os povos Maio e Yao, do sul da China, o deus do trovão causou um dilúvio e destruiu a humanidade, exceto duas crianças que se esconderam dentro de uma cabaça e, posteriormente, repovoaram a Terra. O mito alude ao simbolismo de fertilidade em torno da cabaça, por sua abundância de sementes.

FINTAN, O SÁBIO
A mitologia irlandesa adaptou o dilúvio bíblico ao modo celta e introduziu o elemento da transformação mágica. Antes da chegada do povo Gael, outras cinco ondas de ocupação tinham povoado a Irlanda. A primeira foi liderada por Cessair, filha de Bith – por sua vez, filho de Noé, que chegou quarenta dias antes do dilúvio. O cataclismo destruiu todo o povo de Cessair, exceto Fintan Mac Biochra, que sobreviveu por transformar-se numa criatura. Após viver por 5.500 anos como salmão, águia e falcão, transformou-se outra vez em homem. E pôde, finalmente, contar essa história ao povo que substituiu o povo de Cessair.

sacrifício

A ideia de oferecer algo de muito valor ao divino como símbolo de devoção, obediência ou respeito aparece em muitas culturas. Em geral, quanto mais valioso o sacrifício, maior o retorno divino, por isso um sacrifício comum era o do único filho ou filha. Na tradição cristã, o exemplo mais forte é a ideia de Jesus sacrificado como o Cordeiro de Deus (*quadro, p. 167*). Oferecer um presente aos deuses ou a Deus é transformar a oferenda em algo sagrado – "tornar sagrado" significa literalmente "sacrificar" – e separá-la do mundo profano. No judaísmo, o sacrifício de Noé após o dilúvio foi uma oferenda consumida pelo fogo (literalmente, "cova da queima", em grego *holo kaustus*), que chegou a Deus na forma de aroma. O termo holocausto foi usado para o assassinato em massa dos judeus pelos nazistas, interpretado como um sacrifício cataclísmico de um povo inteiro.

A necessidade das antigas sociedades de elaborar um sistema ritual de sacrifício indica a ambiguidade com a qual a humanidade percebe seu lugar no universo: se por um lado tem propensão a afastar-se do divino por sua condição, por outro busca aproximar-se. Ao mesmo tempo, ao encarnar uma "alteridade" sagrada, o ato sacrificial une o sacrificado e o sacrificador numa unidade cósmica.

BODE EXPIATÓRIO
Em muitas tradições antigas, em substituição ao sacrifício para um rei, oferecia-se algo para agradar os deuses. Na tradição judaica, os pecados de uma comunidade eram confessados e simbolicamente transferidos a um "bode expiatório", um bode que era solto no deserto para morrer ali. Esse costume ritualizou-se como cerimônia para marcar o Yom Kippur, o dia do perdão.

ABRAÃO E ISAAC
No capítulo 22 do Gênesis, Deus pede para Abraão provar sua fé e sacrificar seu único filho, Isaac. No último momento, um anjo aparece com um carneiro, sacrificado por Abraão em lugar do filho. Para os muçulmanos, a Cúpula da Rocha marca o local desse episódio (*acima*). A história de Abraão simboliza a entrega irrestrita a Deus e, para os cristãos, é uma prefiguração da crucificação, o sacrifício de Jesus.

SACRIFÍCIO ASTECA
Para os astecas, a continuidade do mundo somente seria garantida com sacrifícios abundantes e regulares de vítimas humanas ao deus sol, que, na crença deles, era "banhado" em sangue a cada fim de tarde. Cerimônias elaboradas preparavam as vítimas que, depois de tomar banho, eram sacrificadas no topo do templo do deus com uma faca afiada, com a qual o sacerdote (*acima, à direita*) também cortava o coração ainda batendo. O corpo era, então, esquartejado.

SATI
Na tradição histórica hindu, o costume conhecido como *sati* ou *suttee* – hoje proibido na Índia – obrigava as viúvas a imolar-se na pira funerária de seus maridos, como prova de devoção e fidelidade. O ato também simbolizava devoção à deusa Sati, que se imolou após o pai ter humilhado seu marido, Shiva. O sacrifício da viúva para servir ao marido no além-mundo também ocorria no Egito, na Grécia e na Cítia antigos, embora não com tanta regularidade.

IFIGÊNIA
A possibilidade de a ambição tornar-se cega e cruel a ponto de superar o amor do pai pelo filho é a poderosa mensagem por trás do mito do sacrifício de Ifigênia por Agamenon. O líder do exército grego contra os troianos escolheu a mais bela de suas filhas para sacrificá-la em troca de ventos favoráveis na partida de sua frota de batalha rumo a Troia. Uma versão do episódio conta que Ifigênia foi salva pela deusa Ártemis, deusa da caça, e tornou-se sua sacerdotisa.

CRISTO, O CORDEIRO

No Novo Testamento, a morte de Cristo é interpretada como o sacrifício pelo pecado original. Jesus é descrito como o **CORDEIRO DE DEUS** que tira o pecado do mundo (João 1:29), referência à ideia judaica de sacrificar o cordeiro pascoal na cerimônia de **PESSACH**. O **SANGUE** de Cristo teria limpado a humanidade do pecado instituído pela desobediência de **ADÃO**. É ainda representado pelo vinho da **EUCARISTIA**, ou **CEIA DO SENHOR**, o principal rito da igreja cristã. O vinho da comunhão simboliza a partilha da redenção e a futura ressurreição para a vida eterna em Cristo, a "verdadeira **VINHA**". De fato, na arte cristã, as uvas aludem à vida eterna e à ressurreição. Na Europa medieval, dizia-se (equivocadamente) que o **PELICANO** alimentava seus filhotes com sangue do próprio peito (*acima*); o pássaro tornou-se outro símbolo para o sacrifício de Cristo.

SACRIFÍCIO EQUINO
Os grandes reis da Irlanda iniciavam seu reinado com um banho ritual em caldo de carne de cavalo sacrificado. Simbolicamente, o ato conferia ao rei a força, a velocidade e a virilidade do cavalo.

MITRA
Mitra era o deus persa da guerra, da justiça e do Sol. No Império Romano, tornou-se o mote do mitraísmo, misterioso culto centrado no sacrifício de um touro como ato para renovar a criação e atingir a imortalidade. O culto atraía muitos soldados romanos, por causa dos riscos de morte em combate. Seguidores de Jung interpretam a morte do touro como símbolo da vitória do lado espiritual sobre o lado animal do homem.

MONTE TAI
Na China, cinco montanhas sagradas correspondentes às quatro direções cardeais mais o centro místico são reverenciadas. A mais sagrada é o monte Tai, no qual os imperadores realizavam sacrifícios aos céus. A montanha é associada ao nascer do Sol, ao nascimento e à renovação.

ODIN, O ADIVINHADOR
Senhor dos deuses nórdicos, Odin vivia em Valhala (*p. 171*) entre heróis derrotados. Sacrificou um olho para ganhar a sabedoria secreta das runas, símbolos místicos usados na adivinhação. Os prisioneiros em batalha eram sacrificados a Odin, cujos sacerdotes previam os desfechos dos combates.

CRISTIANISMO

Há muitas correntes cristãs, mas a maioria compartilha a crença na trindade de Deus, ou seja, sua divisão – e ao mesmo tempo, união – em três pessoas: Pai, Filho e Espírito Santo. Para os cristãos, Jesus era o messias, o salvador e o redentor da humanidade, e sua aparição foi um acontecimento chave na história. Ao mesmo tempo humano e divino, Jesus morreu na cruz (c. 30 d.C.) e ressurgiu fisicamente do mundo dos mortos aos seus seguidores – símbolo da promessa de ressurreição para a vida eterna.

Por mais de dois milênios, artistas e artesãos usaram um vasto repertório simbólico cristão em suas obras. O símbolo principal do cristianismo, a cruz, figura de muitas maneiras diferentes (*pp. 132-3*) e representa o próprio Cristo, seu sacrifício redentor e a promessa de ressurreição para a vida eterna a todos os fiéis. Contudo, a cruz tornou-se um símbolo muito difundido apenas quando o Império Romano aboliu a crucificação, no início do século IV. Antes disso, muitos cristãos relutavam em associar Jesus à cruz porque bandidos, rebeldes e criminosos eram punidos da mesma forma. De fato, muitos pagãos usavam a cruz como argumento de que Jesus era uma pessoa comum. À medida que a memória desse sistema penal desaparecia, o uso da cruz como símbolo de Cristo se consolidava.

Entre os primeiros símbolos cristãos estava o monograma qui-rô (*p. 169*) e a imagem do peixe, símbolo de Jesus como "pescador de homens", e seus seguidores como *pisciculi*, ou peixinhos. Cristo também figurava como o "Cordeiro de Deus" e o "Bom Pastor" de seu rebanho, formado pelo fiéis.

PELICANO Símbolo medieval popular do amor divino e do sacrifício de Cristo, o pelicano, acreditava-se, morria para permitir a sobrevivência de seus filhotes (*p. 167*).

TAÇA DO SACRIFÍCIO
O cálice é a taça de vinho da última ceia e da Eucaristia (comunhão sagrada) que contém o "sangue de Cristo". Acima dela está a hóstia ou pão eucarístico, o "corpo de Cristo".

AURÉOLAS

Na arte cristã, as figuras sagradas aparecem, em geral, circundadas por uma **AURÉOLA**, ou **NIMBO**, uma luz irradiada a partir da cabeça. É provável que os cristãos tenham adotado a auréola a partir de representações de deuses e soberanos greco-romanos. No início (c. 400 d.C.), o símbolo era considerado uma alusão ao poder: aparecia apenas em pinturas da **TRINDADE** (Pai, Filho, Espírito Santo) e de **ANJOS**. Posteriormente, passou a ser símbolo do sagrado estendendo-se aos **SANTOS**. Cristo — e às vezes o **DEUS PAI** e o **ESPÍRITO SANTO** — aparece com uma auréola que inclui uma **CRUZ** (*à esquerda*), enquanto Deus tem uma auréola triangular, em alusão à trindade. Em geral, ela está no contorno da figura inteira; às vezes, apenas na parte superior. É associada em especial a Jesus e à **VIRGEM MARIA**, para quem a aura pode aparecer na forma estilizada da **MANDORLA**.

VIDEIRA
A videira tornou-se um símbolo cristão popular de ressurreição espiritual e física. Jesus falou: "Sou a verdadeira vinha" (João 15:1), e ressurgiu dos mortos como "as primeiras frutas daqueles que padeceram" (I Coríntios 15:20). Se Jesus (e depois a Igreja) era a vinha, os verdadeiros seguidores eram seus ramos. Na eucaristia, os fiéis partilham vinho, o "sangue de Cristo". O cacho de uvas também é associado à Terra Prometida.

CHAVES DE PEDRO
Os santos cristãos podem ser reconhecidos por seus símbolos específicos. Pedro era chamado de "príncipe dos apóstolos" porque carregava as "chaves do reino do céu", confiadas a ele pelo próprio Cristo (Mateus 16:19). Duas chaves cruzadas representam o papado (Pedro teria sido o primeiro papa). Descruzadas, simbolizam a autoridade conferida aos sacerdotes cristãos para perdoar os pecados dos arrependidos.

MÃO DE DEUS
A mão que surge do céu é símbolo do Deus Pai. Alfa e ômega (AΩ), respectivamente primeira e última letra do alfabeto grego, referem-se a Deus como o início e o fim de todas as coisas (Apocalipse 22:13).

COROA DA VITÓRIA
Símbolo da soberania de Cristo e de seu triunfo sobre a morte, a coroa figura junto aos pregos e ao açoite da Paixão (o sofrimento de Jesus, que culminou com a morte na cruz).

QUI-RÔ O qui (x) e o rô (p) são as duas primeiras letras da palavra Cristo em grego; juntas, formavam um monograma muito usado no início do cristianismo.

TITULUM As letras INRI são as iniciais para *Iesus Nazarenus Rex Iudaeorum* (Jesus de Nazaré, rei dos judeus). Colocado no topo da cruz, o *titulum*, ou título, era usado para ridicularizar o condenado, mas para os cristãos, representava a verdade.

a morte e o além

A maior parte das culturas representa a morte e o além com muitos símbolos. Para muitas tradições, os mortos vão para o céu, em geral um lugar acima da abóboda celeste ou além do horizonte oceânico. Às vezes, esse lugar é mais ambíguo: figura como uma dimensão presente, porém invisível e paralela, representada por um lugar terreno ideal, como um belo jardim repleto de aromas, flores e "pássaros do paraíso". O Duat, por exemplo, era o Egito perfeito, com um grande rio – símbolo do Nilo – e muitos campos de cultivo. A ideia de reclusão sagrada também é representada pela noção do paraíso como ilha encantada e santuário definitivo: a Ilha Verde da Irlanda, a Ilha dos Abençoados de Apolo, Avalon da lenda do rei Artur e as Ilhas Orientais dos Chineses Imortais. O paraíso pode aparecer também como o céu para certa elite: Valhala, por exemplo, era reservada apenas aos guerreiros nórdicos mais valentes; os Campos Elísios eram destinados somente aos heróis clássicos (*abaixo*).

A ideia de que a humanidade já existiu num mundo agradável e perfeito, mas por seus erros e desobediências foi castigada por Deus e condenada a viver a vida imperfeita na Terra, é muito difundida. Dessa concepção, derivaram duas ideias centrais em muitas culturas: a recompensa dos sofrimentos terrenos pela existência abençoada no além-mundo e o conforto psicológico de que todos pagarão por suas injustiças, mesmo se isso não acontecer no plano terreno. Para os condenados, o destino não é o céu, mas o inferno, concebido como um submundo cheio de figuras aterradoras, com feras demoníacas e inúmeras formas de sofrimento. Para os virtuosos, o paraíso muitas vezes figura como um espaço agradável, banhado de luz e música harmônica, onde é possível experimentar a alegria eterna e a reunião com os antepassados.

O CEIFADOR

O ceifador personifica a morte como um esqueleto encapuzado que segura uma foice, com a qual ele "ceifa" as almas. É uma figura sinistra, mas não necessariamente maligna, já que não representa a causa da morte – condição, ademais, inevitável. Na arte, o ceifador é um *memento mori*, a lembrança da mortalidade.

TÂNATOS

O deus grego da morte, filho da noite e da escuridão, irmão gêmeo de Hipnos (o sono), era um jovem alado (*à esquerda*), pois a morte é sempre considerada vigorosa e ativa. Tânatos pode figurar com uma espada, atributo natural para alguém considerado "implacável como o bronze" por Hesíodo, escritor do século VIII a.C.

DIA DOS MORTOS

O Dia dos Mortos é um feriado mexicano de origem asteca, ligado aos católicos dias de Todos os Santos e de Finados (1º e 2 de novembro). Na festa, que honra os familiares e amigos falecidos, os túmulos são enfeitados com cravos-de-defunto, balas em forma de caveira e a comida e bebida favoritas do morto – segundo a crença, nesse dia as almas retornam para visitar os vivos.

VALHALA

Na mitologia nórdica, Valhala era o salão de festas de Odin e lar dos guerreiros no reino de Asgard, a residência dos deuses (*à esquerda*). Os guerreiros destinados a Valhala eram escolhidos nos campos de batalha por deusas chamadas valquírias. Entre paredes de escudos e tetos de lanças, os heróis lutavam entre si enquanto esperavam por Ragnarok, a batalha do fim dos tempos (*p. 181*).

HADES

Hades (literalmente, "o invisível") era o nome do deus grego da morte e também de seu reino. Frio, sombrio, escuro e povoado por demônios, o Hades é considerado o epítome da repressão mental pela psicanálise. O reino era guardado por Cérbero, cão bestial de três cabeças, e, uma vez que a alma ingressava nesse lugar, não saía mais – apesar de figuras como Perséfone e Orfeu terem conseguido fugir. A travessia dos mortos pelo rio Estige até o Hades simbolizava a saída da alma do corpo para o novo estado de ser.

MISTÉRIOS DE ELÊUSIS

(*à esquerda*) Os ritos secretos para Deméter, deusa da agricultura e da fertilidade, eram realizados em Elêusis. Os iniciados participavam de banhos de sol, procissões e dramas religiosos na busca pela vida feliz no além-mundo. Deméter era irmã de Zeus, o deus dos céus, e Hades, o deus do mundo inferior, por isso representava a inter-relação dos dois elementos.

CAMPOS ELÍSIOS

(*à direita*) Um dos reinos do mundo inferior, os Campos Elísios, ou Elísio, era o refúgio de heróis derrotados, como Aquiles, o herói grego da guerra de Troia, e o pai de Eneias, o herói troiano Anquises. Alguns mortais obtinham permissão para visitar o Elísio. Na *Eneida*, de Virgílio, Eneias entra no local e aprende com seu pai como funciona o universo.

ET IN ARCADIA EGO

A nostalgia de uma idade perdida, em especial a época da juventude, é representada pela frase em latim **ET IN ARCADIA EGO**, ou "Na Arcádia também estive". A Arcádia é uma região histórica da Grécia Antiga que representava o idílio pastoral. Contudo, na Itália do século XVII, a frase ganhou um significado mais profundo com a tradução "até na Arcádia eu estou". A palavra "eu" significava **MORTE** e a frase era um **MEMENTO MORI**, lembrança de que a juventude, a beleza e a alegria não duram para sempre. A frase é o título de um quadro famoso de Nicolas Poussin (1594-1665) que mostra quatro pastores tentando decifrar a inscrição de um túmulo antigo (*acima*).

TÁRTARO
Tártaro era o grande abismo do mundo inferior grego, lugar ainda pior que o Hades. Era o destino das almas mais perturbadas, como Sísifo (*à esquerda*), que sofriam tormentos eternos. O Tártaro figurava como uma alcova de paredes e portão de bronze e era tão profundo que se uma bigorna fosse jogada do céu, demorava nove dias para alcançá-lo.

HÓRUS E OSÍRIS
Na mitologia egípcia, o deus Osíris (*à esquerda*) foi o primeiro soberano. Ele foi derrotado e esquartejado por seu rival Seth, o deus da desordem. Ante a exigência de Ísis, esposa de Osíris, seu corpo foi reconstruído e embalsamado pelo deus Anúbis – foi a primeira múmia egípcia. Ísis usou a magia para ressuscitar Osíris e, então, conceber Hórus, que posteriormente derrotou Seth. Osíris tornou-se o rei do mundo inferior (*abaixo*), juiz dos mortos e senhor da fertilidade. Cada faraó morto era identificado com Osíris, enquanto os vivos eram ligados a Hórus. Os dois reinos paralelos desses deuses, o mundo dos vivos e o dos mortos, simbolizavam a estabilidade e a continuidade da ordem.

TERRA PURA
(*acima*) A maior tradição budista no Japão é conhecida como “Terra Pura”, em referência a um paraíso ocidental conhecido como Sukhavati, o reino do Buda Amitaba. Originária da China, mas também encontrada no Vietnã, a tradição atraía os mais pobres, pessoas com pouco tempo para a meditação intensiva necessária para alcançar a iluminação. Sua principal crença é a possibilidade de renascer na Terra Pura simplesmente por invocar o nome de Amitaba com devoção. Uma vez no paraíso de paz, felicidade e abundância de Amitaba, seus seguidores poderiam despertar a “natureza de Buda” interior e atingir o nirvana para libertar-se do ciclo infinito do renascimento.

A VIDA APÓS A MORTE NO EGITO

Os antigos egípcios tinham vários conceitos de vida após a morte, entendidos como complementares. As almas podiam ascender e tornar-se estrelas, ou juntar-se ao deus SOL RÁ em sua **EMBARCAÇÃO DOS MILHÕES**, que navegava pelo céu durante o dia e pelo mundo inferior à noite. Também podiam descer diretamente ao **MUNDO INFERIOR** para serem julgadas pelo deus **OSÍRIS**. O **CORAÇÃO** dos mortos era pesado em uma **BALANÇA** em comparação à pluma **MA'AT** (símbolo da verdade ou integridade moral). Se a balança se mantivesse em equilíbrio, a alma era absolvida e seguia para o **DUAT**, paraíso semelhante a um Egito perfeito (*abaixo*). Mas quando o coração desequilibrava a balança por estar pesado de pecado, era devorado pelo monstro **AMAMET**, ou **AMUT**, uma personificação do inferno. Esse destino era o pior de todos.

As almas absolvidas tomavam a forma de BÁ, um pássaro com cabeça humana que podia voar por Duat e também pelo reino dos vivos. Duat, localizado tanto no submundo quanto no céu noturno, era habitado por muitas criaturas fantásticas, como os **SHABTIS**, figuras mumificadas enterradas com os mortos para reviver na forma de servos. Entre as criaturas malignas estava a serpente **APEP**, que todas as noites tentava destruir o deus sol quando ele passava de barco rumo a Duat, mas sempre era derrotada pelo deus Seth — embate associado à ordem cósmica e ao renascimento do sol a cada dia.

INANA NO MUNDO INFERIOR
A deusa suméria do sexo e da fertilidade era Inana (a babilônica Ishtar), personificação do planeta Vênus. A mitologia conta que ela desceu ao mundo inferior e foi derrotada, mas ressuscitou e voltou à Terra. Como o mito de Perséfone, que desceu ao Hades, porém tinha permissão para voltar à Terra parte do ano, a história de Inana simboliza a morte da vegetação no inverno e seu renascimento na primavera. De forma geral, Inana e Perséfone também representam a esperança da existência no além-mundo.

BANDEIRA PIRATA
"Roger" era uma gíria em inglês para ladrão, e "jolly roger" designava diversas bandeiras piratas nos séculos XVII e XVIII. O objetivo era alarmar outros navios e rendê-los sem necessidade de lutar: algumas eram pintadas de preto em alusão à morte (o destino dos que resistissem), outras de vermelho, a cor do desafio. O modelo mais famoso de "jolly roger" levava uma caveira branca e dois ossos cruzados sobre fundo preto: símbolos da bandeira pirata por excelência.

PENGLAI
(*à direita*) Na mitologia taoista, os imortais habitam uma ilha lendária no leste da China chamada Penglai, símbolo do estado de júbilo e terra dos famosos cogumelos da imortalidade. A relação entre leste e vida eterna na cosmologia chinesa vem da associação do ponto cardeal com a primavera, estação da renovação e do crescimento vigoroso.

AGNI
A cremação é o elemento chave da crença hindu sobre a libertação da alma pela morte. Quando o corpo é queimado, acredita-se que Agni, deus do fogo, conduz o espírito do morto à existência alegre dos céus, de onde ele reencarnará.

ALÉM-MUNDO CELTA
O mundo celta dos mortos abençoados é uma terra de celebrações, alegria e juventude eternas, como o irlandês Tir na n'Og, ou Terra da Juventude. Na lenda arturiana, Avalon é o paraíso místico que recebe o rei Artur convalescente. Em sua versão do século XII, Godofredo de Monmouth chama Avalon de "Ilha das Maçãs" – na mitologia celta, as macieiras são árvores típicas do além-mundo, cujos frutos possuem propriedades mágicas.

SÉTIMO CÉU
Na tradição muçulmana, o paraíso é descrito de forma elaborada: há oito portões de entrada e uma escada de cem degraus que leva a sete níveis – os sete céus. Cada um é habitado por diferentes criaturas da história sagrada, mas o sétimo céu, o mais alto, é reservado a Deus, aos anjos superiores e a Maomé. Os cabalistas também seguem um sistema de sete céus, cuja raiz está nas antigas cosmologias mediterrâneas.

RODA DA VIDA
Na crença budista, a Roda da Vida representa o *samsara*, eterno ciclo da vida, morte e renascimento. Nela, figuram os sete reinos da existência nos quais se pode renascer – desde o reino dos animais até o dos deuses. O melhor reino é o humano, pois oferece a chance de libertação do *samsara* pelo darma, o conjunto dos ensinamentos de Buda.

TORRES DO SILÊNCIO
(*à esquerda*) Os zoroastristas, seguidores da religião pré-islâmica do Irã, não enterram nem queimam os mortos, por crer que os elementos terra, fogo e água devem manter-se puros. Desde os tempos antigos, os cadáveres são expostos no alto de estruturas de pedra circulares para serem devorados por pássaros.

EGITO ANTIGO

O povo do Egito Antigo se comunicava por meio de um sistema único de símbolos. Os padrões presentes em edifícios, monumentos e objetos cotidianos não eram meramente decorativos: representavam ideias e crenças fundamentais para o funcionamento da sociedade. Por exemplo, o faraó (rei), figura protetora do povo, era representado com o braço erguido e segurando um bastão, em posição de ameaça aos inimigos do Egito. Essa imagem do faraó figurou desde as dinastias mais antigas até os primeiros séculos da nossa era, quando imperadores romanos ainda eram representados com esse simbolismo tradicional.

A forma de um edifício ou objeto também podia denotar uma função simbólica. As grandes pirâmides de Gizé – assim como as plataformas nos templos e santuários onde ficavam as imagens dos deuses e das deusas – representavam o monte primordial da origem da vida.

É na linguagem escrita, contudo, que a preferência pela comunicação simbólica aparece mais patente. Acreditava-se que os hieróglifos ("escritos talhados") tinham sido inventados por Toth, o escriba dos deuses. A mística em torno dos hieróglifos se deve, em parte, ao misterioso desuso: por 1500 anos, tornou-se indecifrável. Posteriormente, esses símbolos estranhos, belos e sobrepostos talhados em ruínas de templos e túmulos intrigariam visitantes do munto todo. Muitos atribuíam significados místicos e até mágicos a eles.

A maioria dos hieróglifos representa sons ou grupos de sons, como o alfabeto. Outros são imagens estilizadas do próprio significado: a palavra "coruja", por exemplo, é simplesmente a imagem de uma coruja. Um terceiro tipo designa a palavra de acordo com seu significado em contexto: "responder", por exemplo, é um homem com a mão na boca, sugerindo o ato de falar.

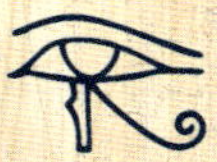

OLHO DE HÓRUS O olho do deus solar Hórus, com o qual identificava-se os faraós vivos, era um amuleto comum. Neste peitoral (adorno para essa região do tronco), o olho figura entre dois uraeus (*abaixo*) na embarcação do deus sol.

ESCARAVELHO Representa o deus sol ao amanhecer, quando ressurge potente do mundo inferior, como o besouro que esculpe uma bola de fezes de gado com as patas para revestir seus ovos e a carrega rolando.

URAEUS O uraeus, imagem de uma naja em posição de ataque, era associado a Uadjit, a deusa em forma de serpente e padroeira do Baixo Egito, protetora do faraó.

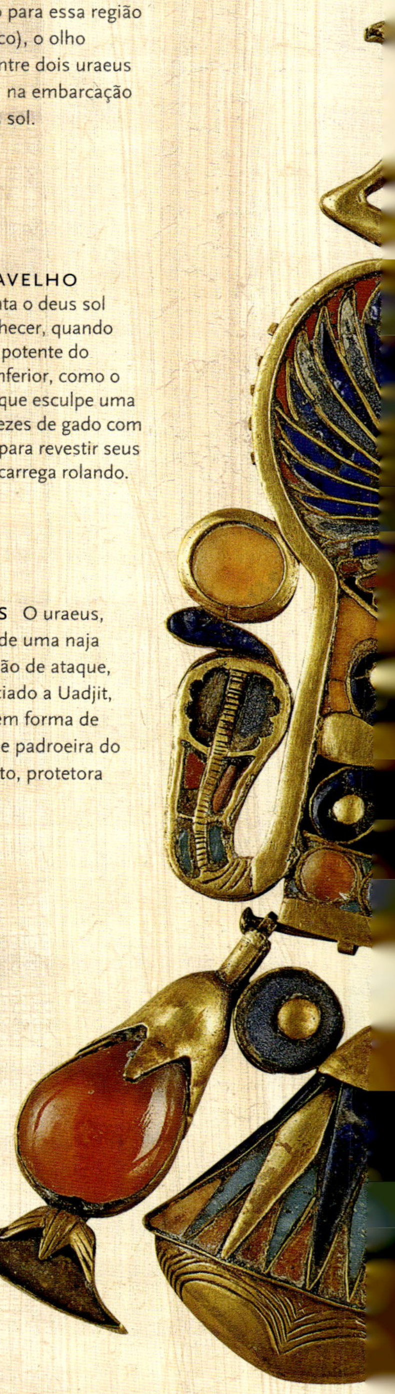

ANKH A cruz ansata ou "chave da vida" era símbolo de imortalidade. Na época romana, a *ankh* era usada pelos coptas, cristãos nativos do Egito, como símbolo do cristianismo.

DJED Com forma de pilar ou mesmo de coluna vertebral estilizada, o *djed* representa estabilidade. Era visto como uma qualidade masculina da realeza, em particular associada ao deus Osíris.

LUA E SOL As "duas luzes" do céu eram interpretadas como os olhos de Hórus. A Lua, o olho esquerdo, fora ferida por Seth, deus do caos, e por isso brilhava menos.

PAPIRO O papiro representava o Baixo Egito, o delta do Nilo, onde o junco crescia em abundância. Na parte inferior do peitoral, esse símbolo aparece alternado com o lótus, ou lírio-d'água, a planta heráldica do Alto Egito.

O PANTEÃO EGÍPCIO

o deus sol **RÁ** e a deidade solar **HÓRUS** eram representados, em geral, por um homem com cabeça de falcão ou por esse pássaro voando. **OSÍRIS** — pai de Hórus e senhor do mundo inferior, terra dos mortos e de solo fértil — figurava com a pele **PRETA** ou **VERDE** (cores da morte, mas também da renovação, pois o solo fértil era preto e a vegetação, verde). Também era representado como faraó, aparecendo com símbolos da realeza, como o **CAJADO**, a **COROA** e o **CHICOTE**. Outro deus associado à morte e ao além-mundo é **ANÚBIS**: de pele preta e cabeça de chacal, o animal que assombrava cemitérios.

HATHOR, a antiga deusa da fertilidade, era representada por uma **VACA** ou por uma mulher com **ORELHAS** desse animal. O culto a Hathor fundiu-se com o de Ísis, mãe divina e protetora do faraó. Seu nome era "trono" e esse era seu símbolo. Hipopótamos fêmeas são considerados protetores poderosos e a deusa hipopótamo Taueret (*acima*) era a deidade doméstica favorita.

NEKHBET
Assim como a deusa naja Uadjit era a padroeira do Baixo Egito, Nekhbet foi protetora do Alto Egito. Da mesma maneira que o escaravelho com asas e garras de falcão no centro da figura, Nekhbet segurava um hieróglifo para "eternidade" em cada garra.

aventura

Heróis em busca de um objetivo simbólico ou real sempre foram um tema estimulante para a imaginação mítica. Em geral, essas buscas figuravam como grandes jornadas ou viagens repletas de perigos e desafios para testar a coragem, a força, a ingenuidade e a honra do aventureiro. Alguns heróis eram agraciados com proteção divina e ensinamentos para adquirir habilidades antes da partida – como o caso de Jasão, ensinado por Quíron, o centauro sábio, a caçar e a guerrear. Mas apenas os heróis de coração puro triunfavam.

Os objetivos almejados podiam ser de ordem espiritual, ou mesmo a recompensa da vida eterna. Quanto a este último, em geral os heróis se desapontavam, mas passavam a aceitar a condição humana da mortalidade – como na épica suméria de Gilgamesh. Ao superar os obstáculos, o herói se sentia aliviado e se enchia de plenitude. Psicologicamente, a aventura pode ser vista como uma alegoria do mistério da existência: o herói representa o indivíduo que luta contra os imprevistos da vida (ou negocia com eles).

ÉPICA DE GILGAMESH
(*à direita*) Uma das mais antigas (c. 3000 a.C.) de que se tem notícia, em que o rei Gilgamesh, três terços divino, parte em busca da imortalidade e encontra apenas o consolo de que os esforços humanos para viver eternamente sempre serão em vão.

PERSEU
Herói grego, era protegido e armado pelas deidades Atena e Hermes. Sua espada curva, o escudo polido e as sandálias aladas simbolizam a virtude, a força e a velocidade. Perseu cortou a cabeça de serpentes da Medusa – que representam o mal e o pecado – observando-a pelo reflexo de seu escudo.

O VELO DE OURO
(*acima*) O grego Jasão foi incumbido da tarefa quase impossível de encontrar o velo de ouro do Cáucaso, emblema solar muito cobiçado. O carneiro alado com pelo de ouro – do qual foi feita a lã do velo – era o animal sagrado de Zeus. Para alcançar seu objetivo, o herói precisaria superar as forças das trevas, representadas por um dragão alerta. A árvore onde estava pendurado o velo simbolizava a Árvore da Vida e a imortalidade.

O SANTO GRAAL

A aventura em busca do **SANTO GRAAL** protagonizada pelos cavaleiros do **REI ARTUR** está entre as lendas medievais mais conhecidas. Basicamente, trata-se da busca pela imortalidade. O graal é considerado o cálice com o qual **JOSÉ DE ARIMATEIA** recolheu, ao pé da cruz, gotas do **SANGUE DE JESUS**, consideradas um elixir da vida eterna. De acordo com a lenda britânica, José levou o cálice para a Grã-Bretanha, onde o precioso objeto se perdeu. A tarefa de encontrá-lo foi designada ao rei Artur e aos cavaleiros da **TÁVOLA REDONDA** (*à direita*).

Para os celtas, o graal simbolizava o **CORAÇÃO** como o elemento irradiador da vida, e no cristianismo o cálice figura como o **SAGRADO CORAÇÃO** de Cristo. A perda do cálice simboliza também a perda da inocência do paraíso e a separação de Cristo. De acordo com essa ideia, a aventura ganha uma conotação sagrada de resgatar Cristo, pilar espiritual da humanidade, e o renascimento da alma. Os cavaleiros da távola redonda são iniciados espirituais que precisam encontrar certos desafios pelo caminho que os coloquem face a face com a morte. Apenas **GALAHAD** pôde olhar para o graal, por ter pureza espiritual e moral. Ao completar a jornada, sua alma ascendeu diretamente ao céu.

ODISSEIA

A *Odisseia*, poema épico de Homero, descreve a viagem de retorno de Ulisses (conhecido pelos gregos como Odisseu) após a Guerra de Troia. A guerra durou dez anos, o mesmo que a viagem. Descrito como "homem de muitos atributos", o filho de Laerte (o rei da ilha grega de Ítaca) é considerado a personificação da engenhosidade e da fidelidade. É o arquétipo do herói que, ao voltar para casa, precisa resolver uma série de problemas gerados durante sua ausência. Depois de vinte anos longe, Ulisses prova seu valor ao libertar a esposa Penélope dos pretendentes que a acossavam e ao assumir a coroa como rei de Ítaca. Penélope, por sua vez, é um modelo de lealdade pela perseverança e crença incondicional na volta de seu esposo.

VIAGEM DE BRANDÃO

Narrativa muito popular na Europa medieval, a *Viagem de São Brandão* contava a história do monge irlandês do século VI que navegou pelo Atlântico em busca das ilhas paradisíacas dos afortunados. O monge e seus amigos tiveram aventuras fantásticas, como encalhar num peixe gigante (*acima*). Alguns creem que a lenda se baseie na viagem real de um monge para a América do Norte.

XUANZANG

O monge chinês Xuanzang (602-664 d.C.) viajou à Índia numa peregrinação de dezesseis anos para colher escrituras budistas. Essa famosa expedição real foi a base de *Viagem ao Oeste*, de 1582, um dos romances mais populares da literatura chinesa, em que Xuanzang e dois companheiros enfrentam 81 situações difíceis enviadas por Buda para testar sua sinceridade.

ENEIAS

O herói da *Eneida*, de Virgílio, é um homem preso ao seu destino: tornar-se ancestral do povo romano. Após escapar da queda de Troia, Eneias e sua família erraram pelo Mediterrâneo, até que o patriarca se apaixonou pela rainha Dido, de Cartago. Mas seu destino o levou a abandonar a amada e navegar para a Itália.

TERRA PROMETIDA

A ordem divina para Abraão procurar uma terra a seus descendentes, os israelitas, está no centro da fé judaica. A terra prometida, "que emana leite e mel", tornou-se sinônimo de sociedade ideal ou utopia.

TESEU

Teseu foi enviado pelo pai, o rei Ageu de Atenas, para uma missão em Creta: matar o Minotauro. Na psicanálise, o mito de destruir o monstro no coração do labirinto expressa a superação dos medos mais profundos e das emoções reprimidas.

BUSCA DA VISÃO

Em tradições de povos nativos americanos, os xamãs embarcam nas "buscas da visão" do mundo sagrado. Em transes induzidos, visitam o lar invisível dos espíritos ancestrais para obter o poder da cura e espalhar a doença entre os inimigos da tribo.

OS TRABALHOS DE HÉRCULES

O herói ideal da Antiguidade clássica era Heracles, conhecido como Hércules entre os romanos. Seus famosos trabalhos começaram depois de a deusa Hera ter provocado um acesso de loucura nele, fazendo-o matar a família inteira. Como punição, Hércules trabalhou durante doze anos para o rei Eristeu de Tirinto e nesse período realizou doze trabalhos ou desafios.

A sequência dos trabalhos, que culminam no oeste – o poente – e terminam nos portões do mundo inferior, é interpretada como uma metáfora para a jornada da vida, desde o nascimento até a morte. Ou ainda como a luta contra os vícios e "demônios" interiores do homem. Hércules é identificado como um herói solar e há quem considere seus trabalhos o caminho do Sol pelos doze signos do zodíaco: o leão de Nemeia é associado ao signo de Leão; a Hidra e os pássaros do lago Estínfalo (criaturas aquáticas), ao de Câncer; a corça de Cerínia, ao de Capricórnio; e assim por diante.

1. O LEÃO DE NEMEIA
(*à direita*) Cria dos monstros Equidna e Tifão, o leão de Nemeia tinha o corpo resistente às armas, por isso Hércules o estrangulou. O triunfo sobre essa criatura e a associação comum do leão ao Sol simbolizam a vitória sobre a morte, representada também pela pele do leão que Hércules veste.

2. A HIDRA DE LERNA
A Hidra, uma serpente aquática de várias cabeças, vivia nos pântanos de Lerna e simbolizava a natureza indomável. Hércules cortou-lhe uma cabeça e outras duas cresceram no lugar, em alusão à incapacidade humana de superar vícios. Por fim, o sobrinho do herói ajudou cauterizando cada pescoço da fera logo após Hércules cortá-lo.

3. A CORÇA DE CERÍNIA
Hércules devia capturar o cervo com chifres de ouro e bronze sem feri-lo, pois era o animal sagrado de Ártemis. Contudo, o herói feriu-o levemente e culpou o rei Eristeu pelo sucedido. De acordo com algumas interpretações, o episódio revela que a possessividade sempre leva à agressão, apesar da boa vontade.

4. O JAVALI DE ERIMANTO
O quarto trabalho atribuído a Hércules foi capturar e levar vivo a Eristeu um javali monstruoso que estava devastando a região do Monte de Erimanto. O herói conseguiu capturar a besta em meio à neve intensa e levou-a a Eristeu, que revelou sua própria covardia ao esconder-se do animal, dentro de uma urna, por medo.

5. AS ESTREBARIAS DE AUGIAS
Hércules fez a limpeza anual do esterco acumulado nos estábulos do rei Augias em 1 dia. Forte, conseguiu a façanha abrindo dois canais ao longo dos estábulos. A solução hercúlea representa novas perspectivas para lidar com temores cristalizados.

7. O TOURO DE CRETA
Hércules foi enviado a Creta para capturar um touro que expelia fogo pela boca, talvez o pai do Minotauro (*p. 64*). Derrotou o animal e levou-o para a Grécia. A história do herói com o touro talvez tenha origem em alguma dominação grega sobre Creta, onde o touro era uma fera totêmica.

6. OS PÁSSAROS DE ESTÍNFALO
Hércules livrou o lago de Estínfalo dos pássaros comedores de gente. Para isso, usou garras, asas e bico de aço, além de um chocalho de bronze para espantá-los das árvores. Em seguida, acertou em um por um. A lagoa representa uma alma repleta de vícios e tormentos: os pássaros.

8. OS CAVALOS DE DIOMEDES
O herói viajou à Trácia para capturar os cavalos do rei Diomedes, criaturas ferozes comedoras de carne humana. Como Frankenstein e o dr. Moreau, o rei foi destruído pelas próprias bestas: Hércules domesticou as feras ao alimentá-las com a carne de Diomedes.

A MORTE DE HÉRCULES

com **FLECHAS** mergulhadas no sangue venenoso da **HIDRA**, Hércules derrotou um **CENTAURO** que tentou violar sua segunda esposa, **DJANIRA**. O centauro, à beira da morte, convenceu Djanira a manchar a roupa de Hércules com o seu sangue, pois seria uma poção do amor. No entanto, o sangue do centauro estava contaminado pelo veneno da Hidra: quando Hércules vestiu a roupa, agonizou até a morte. Levado ao **OLIMPO** transformou-se em deus, inteiramente divino e imortal.

9. O CINTURÃO DE HIPÓLITA
Eristeu queria presentear sua filha e ordenou Hércules a tomar o cinturão de Hipólita, rainha das amazonas, guerreiras da Anatólia. Ele as derrotou, matou Hipólita e retornou com o cinturão. O episódio foi entendido como a afirmação do patriarcado grego sobre o matriarcado estrangeiro.

10. OS BOIS DE GERIÃO
Para capturar os bois de Gerião, um gigante com três cabeças e corpo tríplice, Hércules velejou até uma ilha no Oceano, o "rio" que circundava a Terra. Para passar por uma porção de terra desconhecida, abriu um canal ao afastar duas montanhas, criando os Pilares de Hércules (nome antigo do estreito de Gibraltar). Matou Gerião e capturou o rebanho. Sua embarcação era o carro de Hélio (deus sol) e a história é repleta de simbolismo solar.

11. AS MAÇÃS DAS HESPÉRIDES
Hércules se aventura novamente no oeste e navega por entre os Pilares para colher maçãs de ouro de uma árvore protegida pelas Hespérides, ninfas do monte Atlas. Para obter os frutos da imortalidade, precisou, em primeiro lugar, derrotar o dragão Ládon. Também se deparou com o titã Atlas, sustentador do mundo. As imagens de Hércules ao lado da macieira podem ter influenciado a representação cristã do Éden.

12. A DESCIDA AO MUNDO INFERIOR
A última tarefa de Hércules foi capturar vivo o monstro de três cabeças Cérbero, guardião do mundo inferior. Ao arrombar à força os portões do "inferno", ele mostrou que é possível superar o medo da morte.

o fim dos tempos

As ideias sobre o fim do mundo variam de uma cultura para outra, porém em muitas delas o cataclismo final simboliza limpeza e renovação, com o surgimento de um novo mundo a partir do antigo – às vezes há a sobrevivência de alguns indivíduos virtuosos ou escolhidos. Era o caso, por exemplo, do mito nórdico de Ragnarok, e também da Nova Jerusalém do cristianismo. Nas cosmologias hindu e mesoamericana, o fim do mundo figura como parte de um ciclo infinito de criação, destruição e recriação.

As tradições judaico-cristã e islâmica mencionam o dia do juízo final, em que os pecadores são separados dos virtuosos. A ideia de que um messias virá para salvar o povo judeu da persecução e estabelecer o reino de Deus conflui com a crença de alguns cristãos na segunda vinda de Jesus. Tanto os escritos sagrados judaicos como os cristãos descrevem em imagens gráficas os sinais da proximidade do fim: terremotos, incêndios e dilúvios serão os presságios do conflito entre as forças do bem e do mal, como a batalha de Armagedom, no Apocalipse (*p. 181*).

DESCIDA AO INFERNO
O *Evangelho de Nicodemus* (século IV d.C.) conta a descida de Jesus ao inferno entre sua morte e sua ressurreição, quando destruiu os portões do Hades e libertou muitas pessoas de outras épocas, como Adão e Eva e os profetas. O episódio é considerado uma antecipação do dia do juízo final, em que os mortos abençoados ressuscitarão.

MARIA, A INTERCESSORA
Na crença católica romana, o corpo e a alma da Virgem Maria subiram ao céu três dias após sua morte. Maria tornou-se intercessora entre os fiéis e Cristo e seu culto como essa figura mediadora floresceu sobretudo na Idade Média, quando muitas mentes cristãs foram acometidas pelo terror do juízo final. Acreditava-se que uma forma de evitar a condenação divina era rogar proteção à Virgem por meio de orações como a Ave-Maria: ela passaria essas preces a Cristo e ele, a Deus.

BRAHMAKALPA
Pela cosmologia hindu, o ciclo de vida na Terra é apenas um Brahmakalpa, ou seja, um dia e uma noite de Brahma, o primeiro deus da antiga trindade, ou Trimúrti (Brahma, Vishnu e Shiva). Protegido por Vishnu, o Preservador, o mundo segue seu curso durante o dia de Brahma, mas sob os olhos de Shiva, o Destruidor, declina durante a noite de Brahma e termina com a destruição pelo fogo – momento em que Brahma, o Criador, intercede e restitui o mundo com o amanhecer de um novo *kalpa*. Estudiosos calcularam que um *kalpa* dura 8,64 milhões de anos.

O DIA DO JUÍZO FINAL

A BÍBLIA possui diversas visões apocalípticas do fim dos tempos, como as de EZEQUIEL e DANIEL. O APOCALIPSE (também chamado de Livro da Revelação) é o único do NOVO TESTAMENTO. Provavelmente escrito durante o reino do sanguinário imperador DOMICIANO (81–96 d.C.), é permeado por imagens simbólicas fortes. Jesus, o CORDEIRO, dará início às SETE PRAGAS da história mundial. Os desastres reservados à Terra são representados por QUATRO CAVALEIROS, e SETE ANJOS despejarão SETE CUIAS DE OURO cheias de pragas na humanidade pecadora. O bem, simbolizado por UMA MULHER E UMA CRIANÇA, enfrentará o mal, representado por um DRAGÃO DE SETE CABEÇAS ou SATÃ. Um grande DEMÔNIO, identificado pelo NÚMERO 666, representa o ANTICRISTO (*p. 121*). As forças do bem lutarão na batalha final do ARMAGEDOM e a PROSTITUTA DA BABILÔNIA, em referência a Roma, cairá. Os homens sagrados reinarão por um MILÊNIO antes do breve retorno de Satã. Finalmente, os mortos serão julgados pelo LIVRO DA VIDA no JUÍZO FINAL, e um NOVO CÉU e uma NOVA TERRA surgirão, junto com a NOVA JERUSALÉM.

PAHANA
Na América do Norte, os hopis viram na chegada dos europeus o início do fim dos tempos; serpentes de ferro (estradas) e uma teia de aranha gigante (fios do telégrafo) capturaram a sua terra. Mas Pahana ("o verdadeiro homem") traria sabedoria no dia da purificação.

RAGNAROK
Na mitologia nórdica há o Ragnarok, o "Crepúsculo dos Deuses", quando deuses, homens e o mundo antigo seriam consumidos num cataclismo geral. Nasceria, então, um novo mundo, idílico.

RASTAFÁRI
Para os rastafáris, o fim começou em 1930, quando o rás (rei) Tafari (Hailé Selassié, tido como encarnação de Deus) tornou-se imperador da Etiópia. No dia do juízo final, ele e as crianças perdidas de Israel (descendentes dos escravos africanos) se reunirão no Monte Sião.

SAOSHYANT
Para o zoroastrismo, a Terra será inundada por metal fundido que expurgará os pecados dos vivos e dos mortos. O salvador, Saoshyant, conduzirá todos para o reino da deidade suprema Auramasda.

SATÃ
No Livro de Jó, Satã ("acusador"), ou Satanás, figurava como um agente de Deus que afligia Jó para testar sua fé. Posteriormente, Satã passou a ser interpretado como inimigo de Deus: era o demônio, a fonte de todo o mal, tentador da humanidade e líder dos anjos rebeldes que foram expulsos do céu. Satã também chefiou um exército de demônios, derrotado pelo exército celestial de São Miguel.

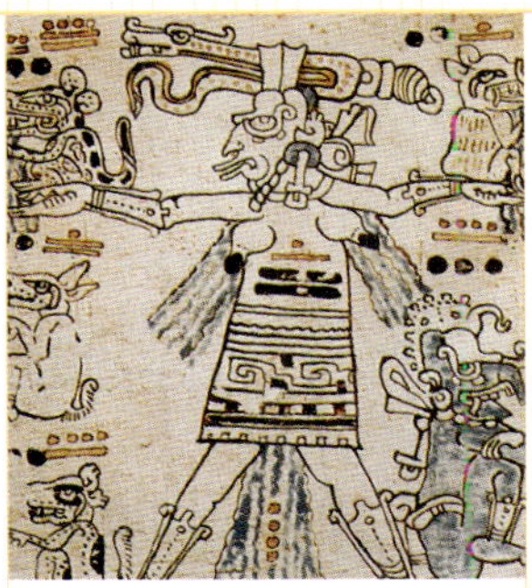

PROFECIA MAIA
O calendário maia, conhecido pela complexidade e pela exatidão dos cálculos astronômicos, prevê que a época atual acabará no dia 22 de dezembro de 2012. Essa crença, adotada por alguns seguidores da Nova Era, é baseada na conjunção do solstício de inverno meridiano com o centro da Via Láctea, acontecimento astronômico interpretado como momento de mudança no campo magnético da Terra. Um "buraco negro" na Via Láctea representa a estrada maia para o mundo inferior e simboliza o canal de nascimento da próxima era mundial.

OS CINCO SÓIS ASTECAS
Os astecas acreditavam que o conflito entre quatro deuses – cada um representante de ¼ do universo – levou ao fim catastrófico de cada um dos Cinco Sóis, ou eras cósmicas. Onças destruíram o primeiro Sol; um furacão destruiu o segundo; o fogo, o terceiro; e um dilúvio, o quarto. O quinto Sol (o atual) será destruído por terremotos.

bibliografia

ALLAN, T. *The Symbol Detective*. Londres: Duncan Baird Publishers, 2008.

BATTISTINI, M. *Symbols and Allegories in Art*. Los Angeles: Getty Publishing, 2005.

__________. *Astrology, Magic, and Alchemy in Art*. Los Angeles: Getty Publishing, 2007.

BECKER, U. *The Continuum Encyclopedia of Symbols*. Londres: Continuum, 2000.

BEER, R. *The Encyclopedia of Tibetan Symbols and Motifs*. Londres e Chicago: Serindia Publications, 2004.

BENTLY, P. (coord.). *The Dictionary of World Myth*. Nova York: Facts on File, 1995.

BINDER, P. *Magic Symbols of the World*. Londres: Hamlyn, 1972.

BLACK, J.; GREEN, A. *Gods, Demons and Symbols of Ancient Mesopotamia: An Illustrated Dictionary*. Londres: The British Museum Press , 1992.

BOARDMAN, J., GRIFFI n, J. e MURRAY, O. (coord.). *The Oxford History of Greece and the Hellenistic World*. Oxford e Nova York: Oxford University Press, 2001.

BUCKLAND, R. *Signs, Symbols & Omens: An Illustrated Guide to Magical & Spiritual Symbolism*. Woodbury: Llewellyn Worldwide, 2003.

CAMPBELL, J. *The Hero with a Thousand Faces*. Princeton: Princeton University Press, 1949.

__________. *The Power of Myth*. Nova York: Bantam Doubleday Dell Publishing Group, 1989.

CARR–GOMM, S. *Dictionary of Symbols in Art*. Londres: Duncan Baird Publishers, 2000.

__________. *The Secret Language of Art: The Illustrated Decoder of Symbols and Figures in Western Painting*. Londres: Duncan Baird Publishers, 2008.

CARTER, G. (coord.). *The Illustrated Guide to Latin American Mythology*. Londres: Studio Editions, 1995.

CHAMBERLAIN, J. *Chinese Gods: An Introduction to Chinese Folk Religion*. Hong Kong: Blacksmith Books, 2009.

CHEVALIER, J.; GHEERBRANT, A. (trad. J. Buchanan Brown). *The Penguin Dictionary of Symbols*. Londres: Penguin Books, 1996.

CIRLOT, J. E. (trad. J. Sage). *A Dictionary of Symbols*. Londres: Routledge, 1971.

COHEN, D. *The Secret Language of the Mind*. Londres: Duncan Baird Publishers, 1996.

COOPER, J. C. *An Illustrated Encyclopaedia of Traditional Symbols*. Londres: Thames & Hudson, 1978.

CORNELIUS, G.; DEVEREUX, P. *The Language of Stars & Planets: A Visual Key to Celestial Mysteries*. Londres: Duncan Baird Publishers, 2003; São Francisco: Chronicle Books, 2003.

DRURY, N. *The Dictionary of the Esoteric*. Londres: Watkins Publishing, 2004.

__________. *The Watkins Dictionary of Magic*. Londres: Watkins Publishing, 2005.

EBERHARD, W. *A Dictionary of Chinese Symbols*. Londres: Routledge, 1988.

ELIADE, M. *The Myth of the Eternal Return*. Princeton, Nova Jersey: Princeton University Press, 1992.

_______. *Essential Sacred Writings from Around the World*. São Francisco: HarperSan Francisco, 1992.

_______; MAIRET, P. *Images and Symbols*. Princeton: Princeton University Press, 1991.

FONTANA, D. *Dreamlife: Understanding and Using your Dreams*. Shaftesbury: Element Books, 1990.

_______. *The Secret Language of Symbols: A Visual Key to Symbols and their Meanings*. Londres: Duncan Baird Publishers, 1993; São Francisco: Chronicle Books, 1994.

FRANKL, E.; PLATKIN TEUTSCH, B. *The Encyclopedia of Jewish Symbols*. Lanham: Jason Aronson Inc. Publishers, 1996.

FRASER, J. G. *The Golden Bough: A Study in Magic e Religion*. Oxford e Nova York: Oxford University Press, 1994.

FRIED, J.; LEACH, M. (coord.). *Funk and Wagnall's Standard Dictionary of Folklore, Mythology and Legend*. Nova York: Thomas Y. Crowell, 1972.

GETTINGS, F. *The Arkana Dictionary of Astrology*. Londres e Nova York: Arkana, 1990.

GREEN, M.J. *Dictionary of Celtic Myth and Legend*. Londres e Nova York: Thames & Hudson, 1997.

HALL, J. *Dictionary of Subjects and Symbols in Art*. Boulder: Westview Press, Inc., 2007.

HART, G. *The Routledge Dictionary of Egyptian Gods and Goddesses*. Londres e Nova York: Routledge, 2005.

HOLROYD, S.; POWELL, N. *Mysteries of Magic*. Londres: Bloomsbury Publishing, 1991.

HOPE, J. *The Language of the Spirit: A Visual Key to Enlightenment and Destiny*. Londres: Duncan Baird Publishers, 2003; São Francisco; Chronicle Books, 2003.

HUXLEY, F. *The Way of the Sacred*. Londres: Geofrey Cave, 1989.

IMPELLUSO, L. *Nature and Its Symbols*. Los Angeles: Getty Publishing, 2005.

INNES, B. *The Tarot*. Nova York: Arco Publishing, 1978.

JUNG, C. G. *Analytical Psychology: Its Theory and Practice*. Londres: Routledge, 1986.

________. *The Archetypes and the Collective Unconscious*. Londres: Routledge, 1991.

________. *Man and His Symbols*. Nova York: Laurel Press, 1997.

KOKKINOU, S. *Greek Mythology*. Atenas: Intercarta, 1989.

KURRELS, J. *Astrology for the Age of Aquarius*. Londres: Anaya Publishers, 1990.

LIUNGMAN, C. G. *Symbols – Encyclopaedia of Western Signs and Ideograms*. Lidingö: HME Publishing, 2004.

MERRIFIELD, R. *The Archaeology of Ritual and Magic*. Londres: Batsford, 1987.

MORGAN, P. *Buddhism*. Londres: Batsford, 1989.

MILLER, M.; TAUBE, K. *An Illustrated Dictionary of the Gods and Symbols of Ancient Mexico and the Maya*. Londres e Nova York: Thames & Hudson, 1997.

O'CONNOR, M.; AIREY, R. *Symbols, Signs & Visual Codes*. Londres: Southwater Publishing, 2007.

OPIE, I.; TATEM, M. (coord.). *A Dictionary of Superstitions*. Oxford e Nova York: Oxford University Press, 2005.

OWUSU, H. *Symbols of Native America*. Nova York: Sterling, 1999.

________. *African Symbols*. Nova York: Sterling, 2007.

PICKERING, D. Cassell *Dictionary of Superstitions*. Weidenfeld Nicolson Illustrated, 1995.

POWELL, T. G. E. *The Celts*. Londres: Thames & Hudson, 1983.

RAWSON, P. Tantra. *The Indian Cult of Ecstasy*. Londres W. W. Norton, 1984.

SAUNDERS, N. J. *Animal Spirits*. Londres: Duncan Baird Publishers, 1995; Boston: Little, Brown & Company Inc., 1995.

SCHOLEM, G. *On the Kabbalah and its Symbolism*. Nova York: Schocken Books, 1969.

SPENCE, L. *Myths and Legends of the North American Indians*. Whitefish: Kessinger Publishing, 1997.

THOMPSON, C. J. S. *Lure and Romance of Alchemy*. Whitefish: Kessinger Publishing, 2003.

TRESIDDER, J. *1001 Symbols*. Londres: Duncan Baird Publishers, 2003; São Francisco: Chronicle Books, 2003.

________. (coord.). *The Complete Dictionary of Symbols in Myth, Art and Literature*. Londres: Duncan Baird Publishers, 2004; São Francisco: Chronicle Books, 2004.

TRESIDDER, M. *The Language of Love*. Londres: Duncan Baird Publishers, 2004; São Francisco: Chronicle Books, 2004.

VAN OVER, R. *I Ching*. EUA: New American Library, 1971.

VITEBSKY, P. *The Shaman*. Londres: Duncan Baird Publishers, 2000; Boston: Little, Brown & Company Inc., 2000.

WATERSTONE, R. *India*. Londres: Duncan Baird Publishers, 2002; Nova York: Thorsons, 2002.

WELCH, P. B. *Chinese Art: A Guide to Motifs and Visual Imagery*. North Clarendon: Tuttle Publishing, 2008.

WILKINSON, R. H. *Symbol & Magic in Egyptian Art*. Londres: Thames & Hudson, 1999.

WILLIAMS, C. A. S. *Chinese Symbolism and Art Motifs*. North Clarendon: Tuttle Publishing, 1988.

WILLIS, R. (coord.). *World Mythology*. Londres: Duncan Baird Publishers, 2006; Nova York: Oxford University Press, 2006.

ZIMMER, H. *Myths and Symbols in Indian Art and Civilization*. Princeton: Princeton University Press, 1992.

ZIMMERMAN, L. J.; MOLYNEAUX, B. L. *Native North America*. Londres: Duncan Baird Publishers, 2002; Boston: Little, Brown & Company Inc., 2002.

índice Remissivo

Agradecimentos e créditos das imagens

agradecimentos

Os seguintes artistas produziram trabalhos encomendados especialmente para este livro (listados abaixo com o número da página e a posição da imagem: a = no alto, b = embaixo, c = no centro, d = à direita, e = à esquerda):

Neil Gower: 33b, 175
Olaf Hajek: 2–3, 4–5, 6–7, 22–23, 24, 32, 92, 104, 114, 134, 160
Katarzyna Klein: 3bd, 22ce, 23bc, 25, 27bc, 33ce, 33c, 33cd, 36bd, 41c, 53ad, 93, 103, 115, 118bd, 135, 161
Clare Melinksy: 27bd, 34bc, 35, 40c, 45ad, 45be, 46ad, 53ae, 53bd, 55ae, 55ad, 55ce, 55cd, 70bc, 73ad, 94c, 117ae, 125c, 148be
Gary Walton: 29be, 29bc 51be, 63ae, 71be, 72cd, 73ae, 77ce, 77c, 77cd, 82ae, 82ac, 82ad, 83ad, 95be, 105ce, 105c,105cd, 107al, 125cd
Mark Watkinson: 30-31, 38-39, 48-49, 60-61, 68-69, 78-79, 90–91, 100, 112-113, 130-131, 142-143, 158-159, 168-169

créditos das imagens

A editora gostaria de agradecer as pessoas, museus e arquivos de fotografias listados a seguir por permitirem a reprodução de seus materiais. Todos os cuidados foram tomados para identificar os detentores dos direitos. No entanto, se omitimos algum, pedimos desculpa e, se informados, corrigiremos em eventual edição futura.

AA = Art Archive, Londres
ADO = Alfredo Dagli Ort
AKG = AKG imagens, Londres
BAL = Bridgeman Art Library, Londres
BL = The British Library, Londres
BM = © Administradores do Museu Britânico
BN = Biblioteca Nacional de Paris
BSP = Big Stock Photos
Dr = Dreamstime.com
EL = Erich Lessing
EM = Museu Egípcio, Cairo
GDO = Gianni Dagli Orti
iS = iStockphoto.com
ML = Museu do Louvre, Paris
NAM = Museu Nacional de Antropologia, cidade do México
PC = Coleção Privada
Sc = Foto Scala, Florença
Sh = Shutterstock.com
V&A = Victoria and Albert Museum/© V&A Images, Londres. Todos os direitos reservados
WFA = Werner Forman Arquivo, Londres

Página 8 Mapa do universo com sete estágios do sol no centro do mundo e signos do zodíaco, tirado de *Fine Flower of Histories*, do historiador otomano Seyid Loqman Ashuri, 1583. (AA/Museu de Arte Turca e Islâmica, Istambul/ ADO); **9** Fragmento de pedra de calendário maia usado na Guatemala e México (iS/Leeuwtje); **10be** insígnia da Great Western Railway Company (AA/Eileen Tweedy); 10ad Estrela comunista com foice e martelo (Sh/Sinisa Botas); **11** Cruz decorada de altar. Meuse, França, c. 1160-1170; francesa ou belga, com cinco cenas do Velho Testamento (BM); **12** Templo de Minakshi Sundareshvara, Madurai, Sul da Índia (Sh/Aleynikov Pavel); **13** Taiji (Sh/Khramtsova Tatyana); **14** Estátua do Buda, China (Sh/kentoh); **15** amuleto Bá, da tumba do príncipe Hornakht, século XIX a.C. (WFA/EM); **16a** Rosto do diabo em bronze, porta antiga (iS/xyno); **16b** Till Eulenspiegel, bufão de contos populares, desenhado numa nota oriunda do Banco Brunswick State em 1921, por Günther Clausen (AKG); **17** Ergotismos e Cleitias (século VI a.C): detalhe da luta entre lápitas e centauros em vaso francês, (Sc – Cortesia de Ministero Beni e Att. Culturali/ Museu Arqueológico de Florença); **18ae** Corredor de arcos no ambulatório sul da catedral de Wells, Somerset (Br Lawrence Lew, OP); **18b** Templo de Angkor Wat, Cambodja, (Getty imagens/ National Geographic/Martin Gray); **19** Padrão de mesquita em Isfahan, Irã (Sh/javarman); **20** *A árvore da sabedoria do bem e do mal*, xilogravura de Geheime Figuren der Rosenkreue, 1785-1788 (AKG/BN); **21** Iluminura do tratado da alquimia *Splendor Solis*, provavelmente Augsburgo, fim do século XVI (AKG/Staatsbibliothek Preußischer Kulturbesitz, Berlim – Cod.germ.fol.42,); **25b** Grande galáxia espiral conhecida como Messier 81. Telescópios Spitzer e Hubble e Explorador da Evolução das Galáxias, NASA. A M81 está há cerca de 12 milhões de anos-luz da constelação Ursa Maior (NASA/JPLCaltech/ ESA/Harvard-Smithsonian CfA); **26ae** Detalhe de cerca do Palácio de Versalhes, busto do rei Luís XIV (iS/Robert Kirk); 26ad Escaravelho alado na porta de um templo de Edfu (iS/Pierrette Guertin); **27ae** 1 bandeira japonesa (Sh/ ARTEKI); 2 bandeira do Uruguai (Sh/Andrew Chin); 3 bandeira da Argentina (Sh/Adam Golabek); 4 bandeira da Tailândia (Sh/c); 5 bandeira de Antígua e Barbuda (Sh/ Hintau Aliaksei); 6 bandeira da Malásia (Sh/Kheng Guan Toh); **27ad** Deus Hélio no carro solar, pintura de cerâmica grega, Canosa, 330 a.C. (AKG/Staatlische Antikensammlungen e Glyptothek, Munich/EL); **27c** Suástiva hindu no exterior de um templo (Sh/Ami Parikh); **28-19c** Imagem da Lua em cada estágio de um mês lunar (Biblioteca Science Photo/Eckhard Slawik); **28be** Máscara esquimó da vila de Andreofsky: o rosto representa o espírito da Lua, a borda ao redor da face simboliza o ar, os aros representam os níveis do cosmo e as penas, as estrelas. (WFA/Sheldon Jackson Museum, Sitka, Alasca); **28ad** Lua crescente no topo de uma mesquita (Dr/ Dcubillas); **29td** A Lua do baralho do tarô de Antonio Cicognara, século XVI (AA/Academia Carrara, Bergamo/ ADO); **30te** Relógio zodiacal azul com detalhes em ouro e adornos; 30ae Símbolos do zodíaco chinês (Sh/fl y); **31c** Planisfério ou mapa celestial com os símbolos astrológicos, do Atlas *Sive Geographia compendiosa in qua orbis terrarun ostenditur*, 1784, publicado em Amsterdã por A. Zurne (AA/Biblioteca Bodleian, Oxford, 2027a.49); **34be** Oliveira com tronco partido (Dr/Brandpoint); **34ad** Estátua de Buda entrelaçada por três raízes (iS/Anthony Brown); **35ad** Carvalho na floresta de Mazury, Polônia (Sh/Piotr Skubisz); **36ce** Pedaço de papel chinês com galho de pinheiro (Sh/John Lock); **36be** Ilustração de amendoeira florida (Sh/Ann Triling); **36ad** Teixos ao redor de jardim de igreja com cruz celta, Dyfed, sudoeste do País de Gales (Photoshot/NHPA/David Woodfall); **37ad** Galho de oliveira (Sh/Laurent Renault); **37ce** Pintura de paisagem com três ciprestes e dia ensolarado, por Ellen Beijers (Sh); **37d** Floresta Vermelha da Califórnia (iS/Kelly Cline); **38ae** Abraão (em armadura medieval) e o rei sacerdote Melquisedeque (Ge 14:17-24). Detalhe do Altar de Verdun, por Nicholas de Verdun, 1181. Igreja de Klosterneuburg, Áustria (AKG/EL); **38ad** *União de islamismo, cristianismo e judaísmo*, pelo rabino Jacob Emden de Altona, Alemanha, século XVIII (PC); **39c** *Árvore da vida*, por Mark Penney Maddocks, com as dez esferas (AA/Eileen Tweedy); **40ae** Detalhe de fruta exótica do quadro *Natureza morta com pavão*, de Luis Portu, século XIX, México (AA/Museu Queretaro, México/GDO); **41ae** Caixa de prata em forma de pêssego (Dr/Miao); **41ad** Cerejas (iS/MHJ); **41be** Relevo com desenhos de uvas, ovo e tâmara no Templo de Baal, Palmira, Síria (romana), século XII (AKG/Hedda Eid); **42ad** Limoeiro. Reprodução de livro de botânica (Sh/ Vladislav Gurfi nkel); **42be** Prece com borda de iluminura, do manuscrito flamengo *Livro das horas*, de Philippe de Conrault, c. 1480 (AA/Biblioteca Bodleian, Oxford – 223 fol 148v); **42bd** Relevo com abacaxi, símbolo de "bem-vindo" (Sh/Mary Terriberry); **43ae** Castanheira. Ilustração de *Tacunium sanitatis*, versão latina de um livro árabe sobre saúde. Verona, Itália ou Lombardia, fim do século XIV (AKG/Biblioteca Nacional Austríaca, Viena – Cod.ser. nov.2644); **43ce** Ameixas (iS/Tania Oloy); **43be** Chilis secando (Sh/vlas2000); **43ad** Pássaro sobre noz, fragmento de ilustração do *Livro das horas* de Antoine le Bon, Duque de Lorena, França, 1533 (AKG/BN– NA lat. 302, fol.53); **44ae** Detalhe de mármore de decoração dentro do Forte Vermelho, Déli, Índia (Dr/Rene Drouyer); **44be** Santa Catarina de Sena segurando um lírio, detalhe de tecido bordado em convento de freiras dominicanas em Stone, Staffordshire. Trabalho da escola de bordado de Leek, fundada em 1879 (Br Lawrence Lew, OP); **44bd** Azulejo vitoriano com estampa japonesa de crisântemos (Sh/ Christopher Elwell); **45ae** Coração e rosas, detalhe de túmulo em Munique (iS/xyno); **45acd** Violeta (iS/Roman Dekan); **46ae** Estátua de bodisatva com lótus, Tóquio, Japão (iS/Nikontiger); **46ac** Estampa tradicional chinesa em pedaço de papel (Sh/John Lock); **46c** Hera, detalhe de gravura (Sh/Steve Lovegrove); **46bd** Galho de visco e joaninha, *Book of Hours of the Virgin*, Flemish, 1500 (AA/

BL); **47ae** Página de *Master Shen Fengchi's Orchid Manual: Vol. IV, 1882* (tinta sobre papel), por Zhenlin Shen (fl .1882) (BAL/Arquivo FuZhai); **47ce** Guirlanda de papoula em memorial de guerra (iS/William Murphy); **47cd** Gravura chinesa com desenho de pássaros e flores (Sh/Apollofoto); **48te** Cruz e rosas em antigo túmulo, Munique (iS/xyno); **48-49c** *Mons Philosophorum*, gravura colorida a partir de original de 1604 do *Geheime Figuren der Rosenkreuzer aus dem 16ten und 17ten Jahrhundert*, publicado por J.D.A. Eckhardt, Altona, 1785 (AKG); **49b** *Theosophische Werke*, por Jacob Boehm, Amsterdã, 1682: Luz e escuridão. Todas as coisas se originam do fogo/raiz como nascimento duplo na luz/bem e escuridão/doença (PC); **50be** Taj Mahal, Agra, Índia (Dr/Nrg123); **50d** Motivos florais, Palácio Topkapi, Istambul, Turquia (Sh/Certe); **51ae** Detalhe de *A primavera*, de Sandro Botticelli, c. 1477-1478 (AKG/Rabatti–Domingie); **51ce** Vitral vitoriano do Jardim de Getsêmani, (Sh/Keith McIntyre); **51ad** *Madona da Rosa*, Martin Schongauer, igreja dominicana, Colmar, França, 1473 (AA/GDO); **52ae** A Árvore da Sabedoria do Bem e do Mal, detalhe da fachada da catedral Notre Dame de Paris (Dr/Nikos Koravos); **52cd** Vista de Burghley House, assento do Marquês de Exeter. Gravado e publicado por Robert Havell, 1819 (BAL/Coleção The Stapleton/PC); **52bd** *Vista geral do castelo e pavilhões em Marly*, por Pierre--Denis Martin. Óleo sobre tela, 1722 (BAL/Giraudon/Palácio de Versalhes); **53ae** Rei Salomão e os animais, c. 1595, miniatura indiana, século XVI (BAL/Chester Beatty Library, Dublim – In. 04,f.74r); **53be** Jardim Zen no templo Ryoanji, em Quioto, Japão (Sh/Stanislav Komogorov); **54ae** Diagrama cosmológico, *Book of Byrthferth*, c. 1090 (BAL/St. John's College Library, Oxford – St.Johns 17 f.7v); **54bc** Chac, deus maia da chuva (BSP/Shiver); 54c Ejiri, província de Suruga (Sunshû Ejiri), gravura colorida de Katsushika Hokusai, 1830-1833 (BM); **54bd** Noé com a arca em seus braços, detalhe de vitral vitoriano em São Miguel e Todos os Anjos, Fringford, Oxfordshire (Sh/Sybille Yates); **55bd** veste cerimonial haida (detalhe), aplique com imagem de águia de duas cabeças (WFA/Museu Canadense da Civilização); **56ad** Máscara funerária de Tutancâmon (Dr/Prehor); **56be** Antiga máscara de ouro andina (Sh/Carlos E Santa Maria); **57ce** Palácio Achillion, Corfu (Sh/Netfalls); **57be** Ícone da Virgem Maria e Cristo menino (Sh/Agata Dorobek); **57ad** Estátua de Mercúrio (Dr/Sergey Rusakov); **57bd** Cruz de ferro alemã, medalha militar por valentia (BSP/Brendan Montgomery); **58ae** Estátua de leão de jade, China (Sh/Vivian Fung); **58ad** Estátua do Buda Esmeralda em Phra That Doi Suthep, Bangkok, Tailândia (Sh/Valery Shanin); **58b** Mosaico de serpente com duas cabeças, provavelmente usado em cerimônias como peitoral. Coatl (serpente) é associado a vários deuses como Quetzalcoatl (Serpente Emplumada), Xiuhcoatl (Serpente do fogo), Mixcoatl (Serpente das Nuvens) ou Coatlicue ("aquela com saia de serpente"), mãe do deus Huitzilopochtli. Asteca/misteca, século XV ou XVI, México; **59ae** Diamante (iS/Max Delson); **59td** Pedras semipreciosas, inclusive ágata e ametista (iS/Raigorodski Pavel); **60ae** *Alquimista com a pedra filosofal*, ilustração de manuscrito do século XVI de George Ripley, alquimista inglês do século XV (AA/Bodleian Library, Oxford – Ashmole Rolls 52); **60-61c** *Mestre e adepto sob árvore do amor*, ilustração do manuscrito da Alquimia Slpendor solis, provavelmente produzido em Augsburgo, 1582 (AKG/BL – Ms. Harley 3469, fol.17); **61bd** *Leão devorando o sol*, de Stolcius von Stolcenberg, *Viridarium Chymicum*, Frankfurt 1624 (PC); **62ae** Cavalariço segurando um cavalo selado, miniatura em guache, Paquistão, ca.1840 (V&A); **62be** Lobo em brasão heráldico (PC); **62bc** Cabeça de coiote em réplica de totem do povo Tlingit, Parque Nacional Histórico de Sitka, Alasca (iS/Nancy Nehring); **62bd** Lobo capitolino, com os gêmeos fundadores de Roma (Sh/javarman/Museu do Capitólio, Roma); **63ac** Mosaico romano de um tigre caçando um touro branco (Sh/Bill Perry/Museu do Capitólio, Roma); **63bd** Cabeça de leão coroada na fachada do Palácio Pitti, Florença (iS/PeskyMonkey); **64t** Hanuman, deidade hindu, de um templo em Tirupati, sul da Índia; **64b** Detalhe do portão de Ishtar da Babilônia, séculos VI-VII a.C. (Sh/Martina I Meyer/ Museu de Pergamon,Berlim); **65ae** Detalhe da parede de um tempo budista em Pequim (Dr/Szefei); **65ac** *O cervo agonizante*, gravura publicada por R. H. Stoddard, ca.1883 (iS/Constance McGuire); **65b** Cena rural com representação detalhada do trigo, túmulo de Mena, Tebas (Gabana Studios Germany/Mana, Egito); **66e** Mural colorido de elefante levando pessoas por paisagem verde, Índia (Sh/Jeremy Richards); **66d** Javali comendo fruta de um arbusto próximo a templo grego em Corinto (iS/Brianna May/Museu Arqueológico, Corinto); **67te** *Jesus como o bom pastor*, vitral vitoriano (iS/Pattie Calfy); **67ad** Caverna Canem - "cuidado com o cão", mosaico romano (AA/Museu Arqueológico de Nápoles/ADO); **67ce** Antigo selo estadunidense com um bisão (iS/Ray Roper); **67c** Hieróglifo de coelho, Karnak (Gabana Studios Germany/Mana, Egito); **67bd** Estátua egípcia de gato gravada em granito de Assuã BSP/myskatevi); **68ce** Hamsá azul, símbolo de boa sorte da Torá (BSP/samc); **68bd** Estrela judaica em parede de sinagoga (iS/Arie J Jager); **69c** Instrumentos de templo, ilustração da capa de uma Bíblia de Perpinhã, 1299 (AKG/BN – Cod. Hebr.7, fol.12v); **70ae** Mosaico de piso com diferentes tipos de peixes de água salgada, em alusão aos diferentes povos cristãos, catedral de Aquileia, Itália (AKG/De Agostini Picture Library); **71c** Grande incrustação que representa o peixe bonito ou, se invertido, um tubarão. A pesca anual do bonito era o maior ritual da vila. Acreditava-se que exibir esse desenho na canoa atraía os bonitos e afugentava os tubarões. Ilhas Salomão (WFA/BM); **71bc** Afresco de delfim no Palácio Minuano de Cnossos, Creta, c. 1500 a.C. (BSP/Paul Cowan); **72ae** Carpa Koi, símbolo da sorte, pintura chinesa (BSP/WittyVlad); **72be** Cópia de iluminura do século XIII do Romance de Alexandre, fac-símile de detalhe de gravura publicada em 1878 com Alexandre, o Grande, observando a vida marinha (iS/Steven Wynn); **73ad** *Rafael com Tobias e seu peixe*, vitral com desenhos dos arcanjos, Saint Sulpice, Fougères, Bretanha (iS/Stan Tiberiu Loredan); **74al** Arcada decorativa no Palácio de Udaipur, Rajastão, decorado com pavões (Sh/JeremyRichards); **74bc** Relevo de Hórus na capela de Anúbis, Djeser-djeseru, templo funerário de Hatshepsut, Luxor (Gabana Studios Germany/Mana, Egito); **75a** Totem de águia, Parque Stanley Park, Vancouver (iS/RonTech2000); **75cd** Mosaico de pomba em igreja ortodoxa de Betânia, Jordânia, local do batismo de Cristo por João Batista (Sh/Darrell J Rohl); **76ae** Totem de corvo no Alasca (Sh/Michael Klenetsky); **76ad** *Leda e o cisne*, cópia de original perdido de Leonardo da Vinci (AA/Galleria Borghese, Roma/ADO); **76be** Tecido oriental com estampa de grou (Sh/trendywest); **77ad** Fênix, relevo do templo de Klong Son, Ilha de Koh-Chang, Tailândia (Sh/aaleksander); **78ae** Selo antigo francês (Sh/Halima Ahkdar); **78-79c** Escudo heráldico concedido a Cristóvão Colombo, explorador genovês, por Fernando e Isabel de Castela, monarcas católicos espanhóis. Imagem do manuscrito Livro dos Privilégios, 1492 (AA/Museo Navale,Pegli/GDO); **79ad** Águia de duas cabeças da Rússia imperial com São Jorge, orbe e cetro (iS/Nikolay Alexandrov); **80ad** Cobra em túmulo de pedra (iS/pixonaut); **80be** Medalha de prata comemorativa de 1914 com a figura de Hércules destruindo a Hidra de Lerna (iS/Daniel Baumgartner); **81a** Panorama do Monte Serpente, Ohio (Corbis/Richard ACooke); **81ce** Ataúde de múmia egípcia (BSP/Scott); **81c** Estátua de Shiva, templo de Grand Bassin, ilhas Maurício (iS/Laurent); **81cd** Coatlicue, aquela com saia de serpente, deusa asteca da terra, vida e morte, México (DBP/NAM); **81bd** Símbolo do caduceu em edifício de Munique (iS/xyno); **82ad** Baixo relevo da cabeça de Medusa na Casa de Pilatos, Sevilha (iS/Roberto A Sanchez); **82be** *Adão e Eva com a serpente*, vitral (iS/Manuela Krause); **82bd** Deus crocodilo Sobek, Templo de Kom Ombo, Egito (BSP/pajche); **83be** Dragão ao lado da Rathaus (prefeitura) de Munique (iS/Stan Rippel); **84ae** Bracelete de ouro do túmulo de Amenemope com escaravelho de lápis-lazúli e disco solar dourado (WFA/EM); **84be** Borboletas decorativas na porta de cristaleira chinesa antiga (Sh/qingqing); **84bd** Mariposa da morte (Getty images/Dorling Kindersley/Frank Greenaway); **85be** *Abelha rainha e operárias*, manuscrito francês sobre ervas do século XV (AA/Biblioteca Estense, Modena/GDO); **85c** Colar de ouro com pendentes, presente tradicional por coragem em batalha, do túmulo da rainha Ah-hotep I (1590-1530 a.C.) em Dra Abu el-Naga, Tebas (AA/EM/ADO); **86ae** *São Jorge e o dragão*, por Paolo Uccello, c. 1470 (Sc/The National Gallery, Londres); **87ad** Desenho antigo de dragão chinês (Sh/sunxuejun); **87be** Vaso de laca vermelho chinês com representação de dragão (BSP/Juha Sompinmäki); **87cd** Escultura de dragão colorido (Sh/Photobank); **87bd** *Dragão e tigres*, por Hashimoto Sadahide, xilogravura do século XIX, Japão (V&A); **88ad** Par de grifos, madeira folhada a ouro (iS/Rafael Laguillo); **88bea** Do Livro da Donzela Meshsekeb, papiro egípcio, séculos X-XI a.C. (AA/Museu Egípcio, Turim/GDO); **88ceb** Esfinge, Gizé (Sh/sculpies); **88bd** Quimera, estátua de leão alado com rabo de peixe, Amsterdã (Dr/Marianne Lachance); **89ac** Unicórnio do Palácio de Linlithgow, Escócia (iS/Alejandro Sanz Torrente); **89ad** *Amorino ou cupido ao lado do centauro Néssus*. Tomado pelo desejo, Néssus raptou Djanira, a mulher de Hércules, mas foi morto por uma lança envenenada atirada pelo herói. Gravura do século XIX, por C. Randon, a partir de estátua do século X (iS/HultonArchive); **89b** *Andrômeda resgatada de monstro por Perseu*, Paris, c. 1410-1411 (BAL/BL – Harl 4431 f. 98v); **90be** Pagode de templo taoista, Xi'an, China (Sh/Nataliya Hora); **91c** Veste de sacerdote taoista com símbolo central do *yin yang* circundado por trigramas do oito, China, século XIX (V&A); **93bc** *O sonho do cavaleiro*, por Antonio P. e Salgado Pereda, óleo sobre tela, c. 1650 (AKG/Academia de San Fernando); **94e** *Adão e Eva*, pintura no exterior da Haus Clagüna, Ardez, Engadina, Suíça (Dr/Claudio Giovanni Colombo); **94bd** *Mãe do milho*, por Joe Cajero Jr. (Corbis/AINACO); **95ad** Painel do Código Fejérváy-Mayer (pré-1521) mostra como Tezcatlipoca trouxe a Monstra Terrestre até a superfície das águas: usando o pé como anzol para pescá-la. Ao engolir o pé, perdeu a mandíbula inferior. Gravemente ferida, não pôde submergir novamente e a terra foi criada a partir de seu corpo. (WFA/Liverpool Museum, Liverpool); **95bc** Tapete baseado em pintura de areia com o mito da criação: duas "pessoas sobrenaturais" colhem a planta sagrada do milho, presente delas para os mortais. Navajo, século XIX (WFA/Coleção Schindler, Nova York); **95bd** Setet e Khnum, antiga representação dos deuses egípcios em parede de templo, Ilha Elefanta, Assuã (iS/Rafi k El Raheb); **96e** *Vênus*, por Lucas Cranach, o Maior, início do século XVI (BAL/Stadelsches Kunstinstitut, Frankfurt-am-Main); **96d** Cúpula budista (detalhe) do mosteiro de Palgor Chorten, Gyantsé, Tibete (iS/Terraxplorer); **97ad** *Iaia de Cízico (Marcia) com pente e espelho*; iluminura de tradução francesa de *Opus de claris Mulieribus* (Sobre mulheres famosas), de Bocaccio, início do século XV (AKG/BL – Ms. Royal 16 G V, fol. 80); **97be** *Abrindo a boca ritual*, relevo de deuses na parede de templo, Sacara, Egito (Sh/Quintanilla); **97bc** Máscara púnica de homem fazendo careta, terracota, século IV a.C., Cartago, Tunísia (AA/Bardo Museum, Tunis/GDO); **97bd** Enfeite de madeira talhada numa casa maori, Nova Zelândia (BSP/Chris Jewiss); **98ae** Homem planeta, do *Livro das horas*, impresso por Philippe Pigouchet para Simon Vostre, 1498 (BAL/Lambeth Palace Library, Londres); **98ad** Detalhe de duas brisas de O *nascimento de Vênus*, de Botticelli, c. 1485 (AA/Galleria degli Uffizi, Florença/ADO); **98bc** O coração é removido da vítima sacrificial e oferecido ao Sol, de fac-símile do Código Florentino de Frei Bernardino de Sahagún, metade do século XVI, México (AA/Biblioteca do Templo Mayor, México/GDO); **98bd** Anjo em vitral segurando coração (iS/Victoria Wren); **99ad** Estátua de Augusto, Roma (Sh/Jonathan Larsen); **99be** Mão de bonze de Buda do templo de Nakhon Pathom, Tailândia (iS/wrangle); **100al** Vishnu de manuscrito francês do *Livro Mogol*, século XVII (AA/Biblioteca Nazionale Marciana, Venice/GDO); **101c** Atitudes e posturas praticadas por devotos hindus, século XVIII (AA/BL); **102ae** *O pesadelo*, óleo sobre tela, Henry Fussli, 1781 (BAL/Instituto de Artes de Detroit/Aquisição da sociedade de fundadores com fundos de senhor e senhora Bert L.Smokler e senhor e senhora Lawrence A. Fleischman); **102be** *Vênus*, de Willendorf (Corbis/Ali Meyer); **102bd** *Yoni e lingam* (Alamy/Nikreates); **103al** Iantra tibetano em mosteiro em Katmandu, Nepal (BSP/Paul Prescott); **103ad** Estatueta de Yab-yum (Sh/Jun Mu); **103be** Taça de ouro em forma de bolota, com dois leões sustentando escudo de heráldica com a inscrição "IHS" (In Hoc Signo, por este signo) Inglaterra, c. 1610 (AKG/EL); **103bd** Desenho do gigante Cerne Abbas, antigo símbolo de fertilidade, Inglaterra (Corbis/Skyscan); **105b** Relevo em Deir el Bahri, Egito (iS/Achim Prill); **106ae** Estátua de mármore de Ártemis em Selchuk, Turquia (Sh/Valery Shanin); **106ac** Deusa celeste Nut cercada de estrelas, criada por Geb, deus da Terra, papiro a partir de pintura de túmulo do Vale dos Reis, Tebas, Egito (AA/Ragab Papyrus Institute, Cairo/GDO); **106ad** Cópia de estátua do deus viking Thor com seu martelo Mjolnir, século IX, encontrada na Islândia; **106b** Amaterasu emerge de sua caverna Ama-no-Iwato, no sul de Honshu, e restaura a luz do Sol no mundo. Tríptico, século XIX (DBP/Galeria de Arte Japonesa); **107ad** Vishnu e a deusa Lakshmi (Dr/Sundeep Goel); **107b** Estátua dourada de Brahma (iS/Hector Joseph Lumang); **108ae** Estátua chinesa antiga de Avalokiteshvara, c. 1800 (iS/Yungshu Chao); **108ad** pintura de parede em KV19, tumba de Mentuherkhepeshef, Tebas (Gabana Studios, Alemanha/Carola SchneiderGermany); **108a** Uluru (Ayers Rock) (Dr/728jet); **109ac** Cerâmica com imagem de Mictlantecuhtli, senhor dos mortos. No caminho ao seu mundo inferior, os mortos eram reduzidos a esqueletos por um vento de facas (WFA/Museu Antropológico, Universidade de Veracruz, Jalapa); **109ad** Gravura hindu de Rama e sua esposa, Sita (Sh/Dmitry Rukhlenko); **109be** Planeta Marte, do Manuscrito das Esferas (AA/Biblioteca Estense, Modena/ADO); **110e** Vitral de São Miguel, detalhe da janela leste de Santa Maria de Buckland, Oxfordshire, por Henry Holiday (1839-1927) (BrLawrence Lew, OP); **110d** Bodisatvas pintado em porta de templo, Tailândia (iS/Itsara Indrakamhaeng); **111a** *Anjos e arcanjos ao redor de Deus*, código provençal Breviário do Amor, por Master Ermengol de Beziers, fim do século XIII e início do século XIV (AA/Real Biblioteca de lo Escorial/GDO); **111be** Detalhe da *Ascensão do profeta Maomé*, Pérsia (Irã). Escola islâmica do século XVI (BAL/Giraudon/Museu de Arte de Seattle); **111bc** Abdiel e Satã, cena de *Paraíso perdido*, de John Milton, gravura de Gustave Dore, 1870 (iS/Duncan Walker); **112ae** Pintura de mandala tibetana em teto de mosteiro, Alto Pisang, Nepal (Sh/Paul Prescott); **112be** Decoração no teto do templo de Jokhang, em Lhasa, Tibete (iS/Grigory Kubatyan); **112-113c** Estátua de Buda, Dalada Maligava, Templo de Tooth, Kandy, Sri Lanka, início do século XIX (AKG/Ullstein Bild); **113bd** Pegada de Buda com símbolos auspiciosos, Índia (Sh/Paul Prescott); **115b** Mandala tibetana (Sh/Bestweb); **116ae** Sadhu pintado com cinzas, Nepal (Getty Images/Image Bank/Ian Winstanley); **116aec** São Francisco predicando aos pássaros, detalhe de afresco sobre a vida de São Francisco na basílica superior, Assis, Itália, 1297-1299 (Corbis/Sygma/Fabian Cevallos); **116tcd** Mão de uma estátua de Buda vestido de tecido laranja, Tailândia (iS/wrangle); **116ad** Árvore de Bodi decorada em Ayuthaya, Tailândia (Sh/Valery Shanin); **116b** Brocado vermelho com estampa chinesa (iS/Yougen); **117ac** *O Senhor aparece para Maria Madalena*. Janela com vitral vitoriano na Igreja de São Nicolau, Islip, Oxfordshire (Br Lawrence Lew, OP); **117b** Ícone com representação da Virgem Maria rezando, século XIX (Sh/Bogdan Vasilescu); **118ae** Tábua de argila do Iraque, listas quantitativas de produtos em sumério arcaico (antiga escrita cuneiforme) c. 3200-3000 a.C. (BAL/Museu Ashmolean, Universidade de Oxford); **118bce** Número um em pista de corrida (iS/tillsonburg); **118bcd** Caractere 2 de máquina de escrever (iS/Maria Toutoudaki); **118bd** Trie Cassyn, símbolo da Ilha de Man (Sh/Fabrizio Zanier); **119ad** Trevo de três folhas (iS/); **119bce** Moeda da República Tcheca (Sh/Castka); **119bcd** Dados brancos (iS/pixhook); **120a** Espelho de bronze, verso com as cinco direções, decorado com montanhas flutuantes, China, dinastia Tang, 618-907 a.C. (AKG/Museu do Palácio Nacional, Taipei); **120be** Roda budista, relevo em pedra na Cidade Proibida, Pequim (Sh/Photobank); **120bc** Número nove digital (Sh/Aleksandr Kurganov); **121bd** Número 10 em algarismo romano em lousa (Sh/Stephen Aaron Rees); **121ac** Moeda de prata com a cabeça de Nero, 37-68 d.C., tesouro de Cafarnaum (AKG/EL); **121be** Número 11 pintado em banco de igreja (Sh/Katharina Wittfeld); **121bc** Detalhe de antigo relógio indicando um minuto para as doze (Sh/Wellford Tiller); **121bd** Cerca com o número treze (Sh/motorolka); **122be** Nove de copas, dez de ouros, ás de paus, e ás de espadas com o lema de Visconti "de bom tom", cartas comuns – cartas de tarô italiano feitas pela família Visconti-Sforza, século XV (Sc/Art Resource/Pierpont Morgan Library – M.630); **122ad**, **bd** e **123** coleção de cartas de tarô, litografia colorida, escola francesa, século XIX (BAL/Archives Charmet/PC); **124c** Vista aérea do labirinto de Longleat House, Inglaterra (Dr/Martin Crowdy); **124b** Labirinto na grama, desenho baseado no de Creta (Sh/clearviewstock); **125a** Labirinto de Chartres séxulo XIII (Photolibrary.com/JC& D Pratt); **125ce** Nó celta, desenho de igreja em Croick, nas terras altas da Ecócia (iS/Pawel Kowalczyk); **125bd** Detalhe de Teseu matando o minotauro, piso de uma vila romana em Loigersfelder, próximo a Salzburgo século IV (AKG/Museu Kunsthistorisches, Viena/EL); **126a** Vista de baixo do centro de um templo em estilo grego a céu aberto, construído nos anos de 1930 perto de São Francisco (iS/Eliza Snow); **126be** Fóssil de amonoide (iS/Heiko Grossmann); **126acd** Tronco de pinheiro cortado na transversal (iS/Joze Pojbic); **126bcd** Escultura de ovo pintado, Lituânia (Dr/Gediminas Packevicius); **126bd** Teto do salão de orações, Templo do Céu, Pequim (Photolibrary.com/Luis Castaneda); **127a** Roda de cura em Sedona, Arizona (Corbis/George HH Huey); **127b** Pedra da Caaba, Meca, Arábia Saudita (Sh/Sufi); **128a** Pirâmides de Gizé, Egito (iS/Volker Kreinacke); **128be** Luz de triângulo abstrato num hotel do Havaí (Dr/Rboncato); **128ad** Estrela de Davi em portão de antiga sinagoga, Jerusalém (Dr/Aron Brand); **129ae** Teto circular com forma de estrela (Dr/Jordan Tan); **129ce** Azulejos do Palácio de Topkapi, Istambul (Sh/almond); **129be** Pentagrama em tampa de fossa (Dr/Bjarne Henning Kvaale); **129bd** A cúpula do tesouro (Qubbat al-Khazna), Mesquita de Omíada.

Damasco, Síria (Sh/WitR); **130ae** Litografia de Meca (Corbis/Philip de Bay); **130be** Bandeira da Arábia Saudita (Sh/JackF); **131c** Azulejos decorativos de mesquita, Bukhara, Uzbequistão (Sh/Galyna Andrushko); **132e** Ícone da crucificação no Mosteiro de Santa Catarina, Sinai, século XII, quadro com dezoito bustos de santos (AA/Boistesselin/Kharbine-Tapabor); **132d** Cruz antiga, ouro e pedras preciosas, fim do século XIII, Limoges (AKG/Musée National de l'Hôtel de Cluny/François Guénet); **133ad** Mosaico em abside da basílica de Apolinário em Classes, Ravena, século VI (AA/ADO); **135ac** Arado, Outubro, folio do Breviário de Amor (códex provençal), século XIII (AA/Real Biblioteca de lo Escorial/GDO); **136acd** Selo aéreo dos Estados Unidos com estampa da Estátua da Liberdade, 1959-1961 (iS/Ray Roper); **136ad** Anjos descendo uma escada na fachada de Abadia de Abbey (Sh/E Sweet); **136be** Karo-Batak, "Barco do Espírito", pano de Sumatra, Indonésia (WFA/PC, Nova York); **137ae** *São Cutberto cava um buraco e obtém água com suas preces*, iluminura de manuscrito Bede's Vita Sancti Cuthberti (Vida de São Cutberto), Inglaterra, Durham, fim do século XII (AKG/BL – Ms. adicional 39943, fol. 41 r); **137ac** Colheita, Virgo, do manuscrito gótico Beatae Elisabeth Psalter, século XIII (AA/Museu Arqueológico Cividale, Friuli/GDO); **137ad** Xilogravura de ferreiro inglês usando forja, 1603 (iS/Arquivo Hulton); **137b** Afresco de libação no Palácio de Cnossos, Palácio de Creta (Sh/scion); **138ad** "Solados eternos" de Aquemênidas em Persépolis, Irã (Sh/John Said); **138ce** Faca sacrificial com empunhadura de mosaico, povos asteca e mixteca, México, séculos XV e XVI (BM); **138be** Machado otomano em pedra gravada (iS/William Keith Wheatley); **139ce** Antiga moeda inglesa forjada em 1900 (iS/Karen Mower); **139ad** Escudo redondo otomano (Sh/psamtik); **139b** Iluminura sobre a batalha de Roncevaux Pass, em *Crônicas francesas ou de Saint Denis*, França, século XIV (AA/BL); **140ae** Estátua de guardião em templo, Tailândia (iS/Adrian Hillman); **140ad** *São Jorge matando o dragão*, vitral ao norte da chancelaria de São Miguel, Hallaton, Leicestershire, por Richard Pook Collett, início do século XX (Sh/nachogalacho); **140be** Rama (herói da épica *Ramáiana*), em Hanuman, derrota o demônio de dez cabeças Ravana, pintura sobre papel, Tamil Nadu, Índia, c. 1820 (BM); **141ae** Emblema nacional russo em pináculo do Portão da Ressurreição, no Quadrado Vermelho, Moscou, Rússia (iS/wrangle); **141ce** Francesco e Sperindio Cagnola, *Flagelação de Cristo*, século XV, "a Bíblia do homem pobre", Igreja da Trindade, Piemonte (AA/GDO); **141d** Armadura medieval (Sh/Michele Perbellini); **142ae** Estátuas de deuses hindus em templo na Índia (iS/Hung Meng Tan); **143e** Arenito talhado com figura de Harihara, Índia, século X (AKG/EL); **143d** Pintura de parede com imagem do deus hindu Ganesha, Jaisalmer Fort, Rajastão, Índia (Sh/ErickN); **144a** *Coroação de Carlos V da França*, miniatura de Crônicas de Jean Froissart, França, século XIV (iS/Arquivo Hulton); **144b** Homem nativo americano em roupas tradicionais (Sh/Caitlin Copeland); **145ad** *Mão de Deus do Sinal*, ícone, escola Novgorod (Sh/Vibrant Image Studio); **146ae** Pintura de túmulo no Egito Antigo com representação de banquete (Dr/Eishier/Metropolitan Museum, Nova York); **146ce** Iluminura de pão sacrificial sendo assado em forno, Bíblia moralizada, França, início do século XIII (AKG/Biblioteca Nacional da Áustria – Codex Vindobonensis 2554, fol.27v); **146c** Cesta de pão e dois peixes, antigo mosaico cristão do interior da Igreja da Multiplicação do Pão e dos Peixes, Tabgha, Israel, século V ou VI (iS/Tomasz Parys); **146bd** Feixe de trigo, atributo de Deméter, fragmento de arquitrave do santuário de Deméter, Elêusis, Grécia 50 a.C. (AKG/Hervé Champollion); **147a** *Oferenda de arroz cozido para os deuses xintoístas da fertilidade*, Manual do cultivo do arroz (Tawarakasane kosaku emaki), fim do século XVI (AA/Universidade de Tóquio/Coleção Granger); **147b** Detalhe de painel sobre a boa colheita do milho nos dois últimos anos de um período de quatro anos. Tlaloc abençoa a planta, mostrada como Chalchihuitlicue. Do Codex Fejérváry-Mayer (WFA/Museu de Liverpool, Liverpool); **148a** Maestro Lienhart Scherhauff, *A última ceia*, afresco italiano, 1460 (AA/Museu Diocesano, Bressanone/GDO); **148bd** *Estudo de uma melancia*, guache e goma arábica, fim do século XVIII (BAL/PC/Bonhams, Londres); **149ac** *Prensagem da uva*, mosaico romano tardio (Sh/Khirman Vladimir); **149ad** *Indra sendo ungido com soma*, guache sobre papel, escola indiana, século XVIII (BAL/BN/Archives Charmet); **149be** Amitaba (Tse-pameh), do Tibete central, aquarela opaca sobre algodão, século XV (BAL/Museu de Belas Artes, Boston, Massachusetts,/Gift of John Goelet); **150ad** Cavalheiro Ostiário do Bastão Negro na entrada da Casa dos Senhores, em abertura do Parlamento, Londres (Getty Images/AFP/Leon Neal); **150be** *Mosaico de São Eduardo, o rei e confessor*, por William Burges na capela de Worcester College, século XIX (Br Lawrence Lew, OP); **150bc** Ladislau I (1040-1095), santo e rei da Hungria, de *Crônica dos húngaros*, por Johan de Thwrocz, 1488 (AA/Biblioteca Nazionale Marciana, Venice/GDO); **150bd** *São Davi*, vitral em Great St Mary's, Cambridge (Br Lawrence Lew, OP); **151ad** Coroa da Torá, prata com pedras preciosas, Polônia, 1729 (BAL /Museu de Israel, Jerusalém/Coleção Stieglitz e doada com contribuição de Erica e Ludwig Jesselson); **151ce** Afresco com representação de Santa Anastácia, curadora de cavalos, com garrafa de óleo em uma mão e cruz na outra, da igreja bizantina de Nossa Senhora de Asinou, Montanhas Tradoos, Chipre, século XII (AKG/De Agostini Picture Library); **151bc** *Rei Salomão*, pintura romanesca no teto da Igreja de São Martinho, Zillis, Suíça, c. 1150 (AA/Igreja de São Martinho, Zillis/GDO); **152ae** Uniforme militar de soldado condecorado, Cemitério Nacional de Arlington, USA (iS/Valerie Paganessi); **152be** Selo do presidente dos Estados Unidos (Sh/VladislavGurfinkel); **152bce** Escudo heráldico do papa Benedito XVI (Sh/Clara); **152bcd** Símbolo da Mais Nobre Ordem da Jarreteira, liga azul com o lema Honi Soit Qui Mal Y Pense, a mais antiga ordem de cavalaria britânica fundada em 1348 pelo rei Eduardo III (Getty Images/Buyenlarge); **152bd** Insígnia oficial (quadrado mandarim) de um funcionário de alto escalão da China, seda bordada, fim do século XVII (WFA/PC); **153a** Detalhe de pintura de parede no túmulo de Amun-herkepeshef; o faraó veste a coroa vermelha de Amun combinada com um par de grandes plumas (WFA/E Strouhal); **153b** Fragmento de papel de parede decorado com uma roseta revolucionária francesa, barrete e foice, 1793-1794 (AA/Museu da Revolução Francesa (Vizille/GDO); **154ae** O rei Davi toca saltério, acompanhado por tocadores de tuba, órgão e címbalo. Do Psalterium Beatae Elisabeth, iluminura de manuscrito, século XIII (AKG/EL); **154ae** Detalhe de anjo com pandeiro de Maria, *Menino Jesus e anjos tocando música*, pintado em painel de madeira por Sano di Pietro, c. 1448-1450. Do Mosteiro de San Francesco, em Colle, Vale d'Elsa (AKG/Pinacoteca Nazionale, Sena); **154bce** Ísis segurando um sistro, Abidos, Egito (Corbis/Roger Wood); **154bcd** Músico cortesão toca gaita de fole, pintura miniatura de *Cantigas de Alfonso X*, pergaminho com iluminuras miniaturas e partituras, Espanha, século XIII (AA/Real Monasterio del Escorial Spain/Coleção Granger); **154bd** *Krishna tocando flauta a Rhada ao lado de vaca*, têmpera, Kangra, Índia, 1820-1825 (V&A); **155ad** Pintura romana de Apolo em parede (*Apolo com lira*), Roma (BSP/LeonardoRC); **155c** Músico com flauta de pã, mosaico romano, Roma, século II (AA/Museo della Civilta Romana, Roma/GDO); **155b** Detalhe de anjo tocando trompete, vitral de Sir Edward Burne-Jones na Christ Church Cathedral, Oxford, c.1877-1878 (Br Lawrence Lew, OP); **156ae** Pagode chinês, Lago Jurong, Singapura (Sh/jasonleehl); **156be** Ponte clássica chinesa, Pequim (Sh/sming); **156bc** Porta de antigo templo no Mosteiro Thikse, Ladakh, Índia (Sh/Jeremy Richards); **156bd** Rosácea da Igreja de Santo Agostinho Rieti, Lácio, Itália (Sh/Claudio Giovanni Colombo); **157ae** Capitólio dos EUA, Washington (Sh/Condor 36); **157ac** Escadaria em espiral no Castelo Bouzov, República Tcheca (Sh/nohanka); **157ad** Interior da catedral de Wells, Somerset (Sh/Matthew Collingwood); **157be** Obelisco egípcio no centro da Piazza del Popolo, Roma. Cruz católica adorna o topo (iS/Harry Thomas); **157bc** Ruínas de Qutb Minar, Déli, Índia (Sh/Sam D. Cruz); **158ac** Medalha maçônica (Dr/Rafael Laguillo); **158be** Selo da Grande Loja, Roma, com pirâmide e esfinge, *História da maçonaria*, de R. F. Gould, c.1887 (PC); **158bd** Pirâmide e olho no verso de nota de um dólar (Sh/James E Knopf); **159c** Avental de mestre da Loja de Saint-Julien em Brioude, couro pintado, França, século XIX (BAL/Giraudon/Musée Crozatier, Le Puy-en-Velay); **161b** *A agitação do oceano de leite*, pintura indiana, século XIX (AA/Victoria and Albert Museum, Londres/Eileen Tweedy); **162ae** *Krishna em forma cósmica*, Rajastão, 1890 (BAL/Victoria and Albert Museum, Londres); **162ac** Xilogravura da Criação de Adão, de *Crônicas de Nuremberg*, c.1493 (iS/nicoolay); **162ad** Impressão europeia a partir de desenho de Pan Gu segurando o símbolo do taiji. Gravura colorida sobre papel, c. 1790 (BM); **162bc** Inherkha adorando o pássaro sagrado de Heliópolis Benu, Deir el-Medina, Oeste de Tebas, Egito, 20ª dinastia, 1186-1069 a.C. (AKG/James Morris); **162bd** Criatura mítica em alto relevo de pedra, detalhe do portão de Ishtar da Babilônia, construído por Nabucodonosor II, 604-561 a.C. (Dr/Lord.max/ Pergamon-Museum, Berlim); **163ad** Pintura aborígene do Tempo do Sonho, representação de serpente, Austrália, século XX (BAL/Museu Horniman, Londres/ Heini Schneebeli); **163ce** Cabeça de serpente em bronze, de uma das torres do portão do Palácio de Oba, Benin, cidade da Nigéria (BAL/BM); **163bc** Pintura viking em pedra de Odin (Wotan) em seu cavalo Sleipnir, recebido por uma valquíria com uma bebida. Lillbjors, Gotland, Suécia, século VIII (AKG/EL/Historiska Museet, Estocolmo); **164ad** *Arca de Noé*, miniatura otomana da escola anatólia, século XVI (AA/Biblioteca de Topkapi, Istambul/GDO); **164be** Primeiro avatar de Vishnu como Matsya "O Peixe", pintada e gravada em madeira, século XIX (BAL/Musée Guimet, Paris/Bonora); **164bd** *Deucalião e Pirra repovoam o mundo após o dilúvio*, iluminura do Mestre do *Livro de oração comum*, Bruges c. 1500 (BAL/BL – Harl 4425 f.153); **165ae** Gravura do quinto volume do *Atlas Novus* de Jansson, publicado em Amsterdã, 1650 (BAL/PC); **165be** Vaso cerâmico asteca com representação da deusa da água Chalchiuhtlicue, México (AA/Museo del Templo Mayor, México/GDO); **165cd** Selo cilíndrico do deus da água Ea *(à direita)* com rios nascendo de seu corpo. Ilustra o mito em que o homem pássaro Zu é levado a seu juiz, Ea, por sua tentativa de usurpar a autoridade do supremo Enlil por roubar a "tábua do destino", onde estava escrito o destino de todos os deuses e homens. O deus da agricultura, identificado pelo arado em cima do ombro, representa as deidades da vegetação prejudicadas pelo ladrão. Acádia, 2250 a.C. (WFA/BM); **166e** Pintura em relevo em dolomita de um alto sacerdote vestido com pele de pantera e realizando um sacrifício em frente à alcova funerária de Ramsés IX, Vale dos Reis, Tebas, 20ª dinastia, 1126-1108 a.C. (AA/GDO); **166d** Antigo rito sacrificial em honra a Deus, iluminura de manuscrito francês, século XIV (AA/Biblioteca Nazionale Marciana, Veneza/ADO); **167ae** Abraão preparava-se para sacrificar seu filho Isaac quando foi interpelado por um anjo (*abaixo*, o rei Nimrod condenou Abrãao à figueira), de *A fina flor das histórias*, ou *Zubdat al-Tawarikh*, por Seyyid Loqman Ashuri, 1583. (AA/Museu de Arte Turca e Islâmica, Istambul/ADO); **167ace** Sacrifício humano asteca (AA/Museo Ciudad, México/ADO); **167acd** Sati, ilustração de *O livro mogol*, século XVII (AA/Biblioteca Nazionale Marciana, Veneza/ ADO); **167ad** *Orestes e sua irmã Ifigênia no templo de Ártemis*, vaso cerâmico século IV a.C. (AA/Museu Arqueológico Spina, Ferrara/ADO); **168ae** O Cordeiro de Deus com cruz de ouro, relevo (Sh/Oculo); **168b** Detalhe de retábulo realizado por Ninian Comper, na capela missionária da St. George's Catholic Cathedral, Southwark, c.1928-1931 (Br Lawrence Lew, OP, gentilmente concedida pelo decano da St. George's Cathedral, Southwark); **169c** Janela leste mostra o esplendor dos santos reunidos ao redor da Cruz, St. George's Cathedral, Southwark (Br Lawrence Lew, OP, gentilmente concedida pelo decano da St George's Cathedral, Southwark); **170ae** *Idade do ouro*, por Lucas Cranach, o Maior, óleo sobre painel, 1530 (Getty images/BAL/Alte Pinakothek, Munique); **170ce** *O ceifador* (representação da morte) (Sh/Pres Panayotov); **170be** Relevo tridimensional, Grécia Antiga (Corbis/Coleção Burstein); **170bd** *Día de los Muertos* (Dia dos Mortos), celebrações em Olevera Street, Los Angeles, Califórnia (Sh/Bobby Deal/RealDealPhoto); **171ae** *Valhala e a serpente Midgard*, Islândia, 1680 (BAL/Instituto Arni Magnusson, Reykjavik); **171ad** Nicolas Poussin, *Les bergers d'Arcadie* (Pastores de Arcadia), também chamado de *Et in Arcadia Ego*, óleo sobre tela, 1637-1638 (AA/ML/GDO); **171ce** *Hades e Perséfone*, pintura em cerâmica grega, Apúlia, encontrada em Canosa di Puglia, Itália, 330 a.C. (AKG/ Staatlische Antikensammlungen & Glyptothek, Munique/ EL); **171be** Interpretando os rituais – jovem mulher carrega um prato com oferendas, detalhe de pintura de parede sobre a iniciação feminina no culto a Dioniso, Cidade dos Mistérios, Pompeia, Roma, metade do século I a.C. (AKG); **171bd** Cena com o deus Mercúrio ou Hermes segurando um caduceu e levando uma criança morta nos Campos Elísios, pintura em parede do hipocausto de Octavius, século III (AA/Museo Nazionale Romano, Roma/ADO); **172be** *Trabalho de Sísifo em Tártaros*, pintura de cerâmica grega, Apúlia, encontrada em Canosa di Puglia, Itália, 330 a.C. (AKG/Staatlische Antiken-sammlungen & Glyptothek, Munique/EL); **172ad** *Descida do Buda Amida com dois bodisatvas*, pintura de Katô Nobukiyo, Japão, período Edo, 1796 (BM); **172b** Caçando no pântano: fragmento de pintura de parede da tumba de Nebamun. Tebas, Egito. 18ª dinastia, c.1350 a.C. (BM); **173ae** Inana-Ishtar (deusa alada do céu, da Terra e do mundo inferior), também associada a Lilith (esposa de Adão), com coroa de chifres lunares e colar de arco-íris com leões e corujas, relevo de terracota, Mesopotâmia, c. 2000 a.C. (AA/PC/Eileen Tweedy); **173ac** Bandeira de Jolly Roger (pirata) (iS/Kostas Koutsoukos); **173be** Templo do fogo em Isfahan, Irã. Esses templos eram os locais de culto zoroastristas mais importantes, o fogo sagrado queimando no interior simboliza a batalha contra o diabo (WFA/Euan Wingfield); **173bd** Montanha do Paraíso taoista em Penglai, porcelana policromada e folhada feita fornos shiwan, Guangdong, China, fim do século XIX (BAL/ Museu Nacional da Escócia); **174ae** Relevo egípcio do deus com cabeça de pássaro, Toth (iS/Okrad); **175c** Peitoral com pássaro escaravelho da tumba de Tutancâmon, decorado com ouro *cloisonné* e pedras semipreciosas, Egito, Novo Reino, c.1370-1352 a.C. (Sc/EM); **176e** *Perseu com a cabeça de Medusa*, por Benvenuto Cellini, em Loggia de'Lanzi, Piazza della Signoria, Florença, 1545-1554 (Sh/Timur Kulgarin); **176d** Estátua colossal de um domador de leão heroico (antes, acreditava-se que era Gilgamesh), relevo em pedra na entrada da sala do trono do palácio do rei Sargão II, em Khorsabad (atual Iraque), Assíria, 722–705 a.C. (AKG/ML/EL); **177ad** *Távola redonda com Santo Graal ao centro*, da *História do Santo Graal*, de Robert de Boron, iluminura de manuscrito, França, século XV (AKG/BN – Ms. fr. 116, fol. 610 v); **177be** *Ulisses e as sereias*, mosaico romano de Dougga, Tunísia, século III (Sh/Tomasz Szymanski/Museu Bardo, Túnis); **177bc** *São Brandão, o Navegador*, monge irlandês (c. 486-575), iluminura de manuscrito, c. 1200 (AA/BL); **177bd** *Os demônios do rio de águas pretas levam o mestre* (episódio da *Jornada ao Oeste*), litografia colorida de *Mitos e lendas da China*, Edward T.C. Werner, 1922 (BAL/PC); **178ad** *Hércules derrota o leão de Nemeia*, medalha de bronze parcialmente folhada, por Pier Jacopo Alari Bonacolsi Antico, c. 1460-1528 (AKG/Museo Nazionale del Bargello, Florença/Orsi Battaglini); **178bc** *Hércules e Télefo*, mármore de Tívoli, séculos I ou II (AA/ ML/GDO); **178bd** Eurístenes, rei de Trizina, detalhe de uma hidra, pintura em cerâmica grega c. 500 a.C. (AKG/ ML/EL); **179ae** *Hércules desviando o curso do rio para limpar as estrebarias de Augias*, mosaico da cidade romana de Volubilis, Mauritânia, Marrocos c. 50 a.C.-24 d.C. (AA/ GDO); **179ad** Relevo de Hércules derrotando Aqueloo em forma de touro, do *Oxyrhynchus*, Egito, c. 300-500 (BAL/ Brooklyn Museum of Art, Nova York/Fundação Charles Edwin Wilbour); **179ce** *Hércules e os pássaros de Estínfalo*, gravado em cerâmica grega, atualmente no Museu de Boulogne, França (AA/Bibliothèque des Arts Décoratifs, Paris/GDO); **179cd** *Hércules matando Diomedes montado em cavalo*, mosaico da cidade romana de Volubilis, Mauritânia, Marrocos, c. 50 a.C. – 24 d.C. (AA/GDO); **179b** Estátua de Hércules matando o centauro, por Giambologna na Loggia dei Lanzi, Piazza della Signoria, Florença, 1599 (Sh/edobric); **180ae** *Agonia do Inferno, descida de Cristo ao limbo*, afresco exterior do Mosteiro de Moldovita, Moldávia, Romênia, 1537 (AA/ Mosteiro de Moldovita, Romênia/ ADO); **180be** *A madona da piedade*, peça central do retábulo *Misercordia*, têmpera sobre painel, por Piero della Francesca, 1445 (BAL/Pinacoteca, Sansepolcro, Itália); **180bd** Estátua de pedra de Brahma, deus criador hindu, dinastia Chola, de Tamil Nadu, sul da Índia, c. 1110-1150 (BM); **181ad** *Expulsão de Adão e Eva do Jardim do Éden*, metade esquerda de painel com o confronto entre o novo e o antigo Adão (Lei e Graça) por Lucas Cranach, o Maior, depois de 1529 (AKG/Germanisches Nationalmuseum, Nuremberg); **181ce** Iluminura do Diabo respirando o veneno de Scivias *(Conhecer os caminhos de Deus)*, por Hildegard von Bingen, cópia de fac-símile de *Rupertsberg Codex*, século XII. Original, antigamente em Wiesbaden, desapareceu durante a Segunda Guerra Mundial (AKG/ EL); **181c** Deusa da Lua, identificada com a Lua minguante (a água que jorra de seu corpo e o adereço de cabeça em forma de serpente são referências à estação chuvosa), ilustração do *Codex Troana Cortesianus*, também conhecido como *Códex de Madri*. Um dos únicos quatro códices maias é composto inteiramente de almanaques organizados de acordo com o calendário ritual de 260 dias – usado por toda a Mesoamérica para adivinhação e profecia, c. 1230 (WFA/Museu das Américas, Madri); **181bd** Pedra do Sol asteca, calendário com glifos que representam os dias, meses e o Sol, período pós-clássico asteca (AA/NAM/ GDO).